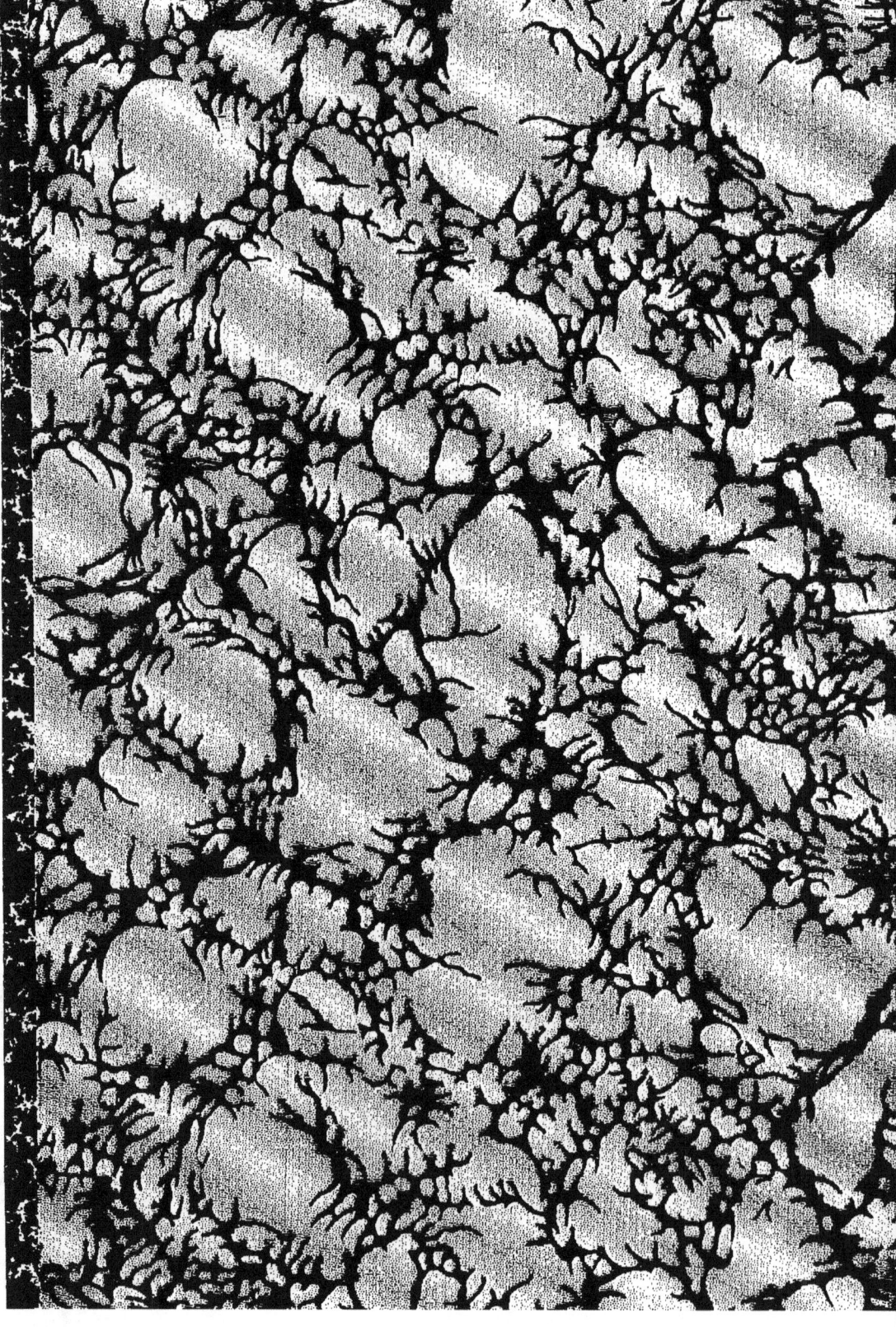

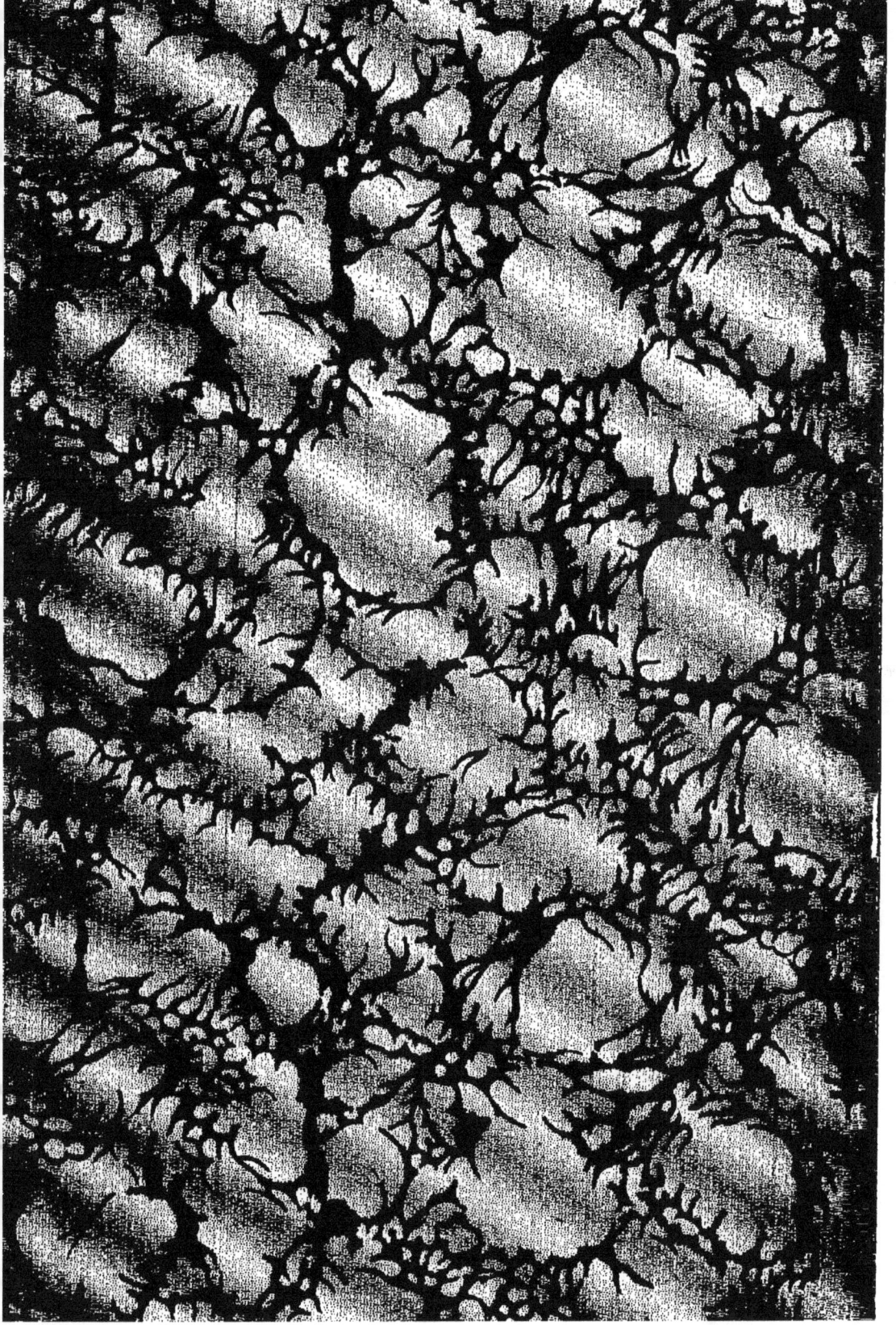

VIE

DE

M. L'ABBÉ FLOTTES

ANCIEN VICAIRE-GÉNÉRAL

PROFESSEUR DE PHILOSOPHIE A LA FACULTÉ DES LETTRES DE MONTPELLIER

comprenant

UNE ÉTUDE DE SES PRINCIPAUX OUVRAGES

avec Portrait

Par M. l'Abbé C. D.

Chanoine théologal.

*Est aurum et multitudo gemmarum :
et vas pretiosum labia scientiæ.*
Prov., c. 20, v. 15

L'or ne manque pas, et l'on trouve
des perles en abondance ; mais les lèvres
savantes sont un vase précieux et rare.

MONTPELLIER	PARIS
F. SEGUIN, LIBRAIRE	DURAND, LIBRAIRE
rue Argenterie, 25	rue des Grès-Sorbonne, 7.

1866

VIE

DE

M. L'ABBÉ FLOTTES

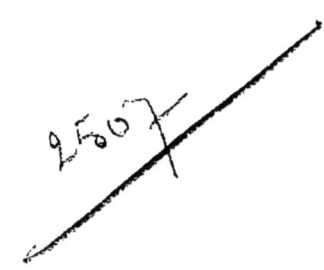

MONTPELLIER, TYPOGRAPHIE DE BOEHM ET FILS.

L'ABBÉ FLOTTES.

Marsal del. Montpellier, Boehm & Fils

VIE

M. L'ABBÉ PLOTTES

Par M. l'Abbé C. D.

VIE

DE

M. L'ABBÉ FLOTTES

ANCIEN VICAIRE-GÉNÉRAL

PROFESSEUR DE PHILOSOPHIE A LA FACULTÉ DES LETTRES DE MONTPELLIER

comprenant

UNE ÉTUDE DE SES PRINCIPAUX OUVRAGES

avec Portrait

Par M. l'Abbé C. D.

Chanoine théologal.

*Est aurum et multitudo gemmarum :
et vas pretiosum labia scientiæ.*
Prov., c. 20, v. 15

L'or ne manque pas, et l'on trouve
des perles en abondance ; mais les lèvres
savantes sont un vase précieux et rare.

MONTPELLIER	PARIS
F. SEGUIN, LIBRAIRE	DURAND, LIBRAIRE
rue Argenterie, 25	rue des Grès-Sorbonne, 7.

1866

PRÉFACE

La vie qui fait la matière de ce livre n'est marquée par aucun grand événement. C'est la vie d'un homme de mœurs antiques par sa simplicité modeste et par la constante uniformité de sa longue carrière ; c'est la vie d'un prêtre pieux, ornée de toutes les vertus sacerdotales, féconde en œuvres de zèle et de charité ; c'est la vie d'un savant, passionné pour la vérité, non pour en faire l'objet d'une égoïste contemplation, et moins encore un instrument de fortune, mais pour la propager et la défendre. Un pareil tableau aura sans doute sa beauté aux yeux des âmes pour qui l'éclat et le bruit ne sont rien, et pour qui la vérité est tout ; et, dans des temps où les vertus modestes sont peu communes, où la science, oubliant sa noblesse et méconnaissant sa véritable fin, tend trop universellement à se mettre au service de l'ambition, c'est une œuvre utile assurément que de tracer et de présenter au public ce tableau d'une vie active et laborieuse, mais toujours humble et désintéressée, d'une puissante intelligence unie à un beau caractère, supérieur aux vaines prétentions qui agitent la plupart des hommes.

Le trait saillant de cette vie, c'est l'amour de la vérité, le zèle à la propager et à la défendre. Le savant parcourt sa carrière dans le monde des idées ; c'est là qu'il faut chercher la trace de ses pas. Pour écrire son histoire, il faut rendre compte du travail de sa pensée. Sa physionomie est, en quelque sorte, tout intellectuelle : l'exposé de ses doctrines est donc nécessaire pour en tracer un portrait fidèle. Mais un simple exposé ne suffit pas. L'homme intérieur, l'homme de la pensée, n'est dépeint que lorsque la lumière descend sur les faits de l'intelligence, pour les montrer tels qu'ils sont dans leur rapport avec la vérité.

L'histoire serait bien vaine et bien peu digne d'attention, si elle n'avait pour but que de transmettre des noms plus ou moins éclatants à la postérité. Son but est essentiellement moral. Comme l'expérience personnelle doit servir, dans les vues de la Providence, au perfectionnement des individus, l'humanité, qui n'est qu'un être collectif, a son expérience propre qui se compose des faits importants dans l'ordre intellectuel et moral, dont les peuples et les individus sont les auteurs ou les sujets. L'histoire doit les recueillir, selon qu'ils peuvent servir à transmettre d'utiles vérités, en augmenter le précieux trésor, leur donner un plus grand ascendant, les revêtir d'une plus imposante autorité. Les faits du passé doivent donc être présentés par elle comme un enseignement pour les âges futurs.

L'histoire est la peinture de la vie humaine. Cette peinture, pour être fidèle, ne doit pas se borner à tracer, pour ainsi dire, les contours d'une figure historique, c'est-à-dire, à raconter les faits, exposer les doctrines ; mais elle doit les entourer des couleurs qui leur conviennent, de telle sorte que, placé devant ce tableau, le lecteur voie nettement marqué des couleurs du vrai et du beau ce qui l'est en réalité, et de couleurs toutes différentes ce qui manque de ces caractères de beauté morale et de vérité.

L'histoire n'est une vraie peinture des hommes qu'à cette condition ; ce n'est aussi qu'à cette condition qu'elle est, selon l'expression de Bossuet, la maîtresse de la vie humaine.

Notre tâche n'aurait donc pas été remplie si, après avoir raconté les principaux événements qui ont marqué la vie de l'abbé FLOTTES, et donné un aperçu de ses doctrines, nous n'avions essayé, autant que nous en étions capable, de soumettre ses écrits à une impartiale appréciation. Les ouvrages qu'il a publiés sont peu répandus : ils n'ont été tirés qu'en un petit nombre d'exemplaires ; les sujets traités dans ces ouvrages appartiennent à une haute philosophie ou à la théologie ; ils ne sont guère que du ressort des savants. Nous devons cependant présenter une analyse rapide de toutes ces productions de l'éminent professeur, et l'examen qui en sera fait, donnera nécessairement à cette histoire un caractère sérieux et scientifique, en contraste sensible avec les histoires ordinaires.

Mais, sans être versés dans les sciences auxquelles se rattachent les sujets traités par l'abbé Flottes, les lecteurs intelligents ne liront pas sans fruit l'exposé que nous en faisons dans ce livre. Ils pourront y puiser quelques notions utiles sur plusieurs graves questions qui sont de tous les temps, que le nôtre a vu renouveler et discuter avec grand éclat, et qui touchent à ce qu'il y a de plus nécessaire au monde : la religion et l'autorité même de la raison.

Puisse notre travail inspirer la pensée de donner au public une collection complète des œuvres d'un écrivain dont le nom, alors plus connu, prendra place à côté de tant de noms qui ont illustré notre Église de France par l'immortel éclat de la science et de la vertu !

VIE

DE

M. L'ABBÉ FLOTTES

CHAPITRE PREMIER

Naissance, éducation, premiers essais littéraires de l'abbé FLOTTES.— Ses rapports avec le docteur Frédéric Bérard. — Sa nomination à une chaire de théologie du séminaire diocésain. — Son ordination sacerdotale.

Au moment où la tombe venait de recevoir la dépouille mortelle du prêtre vénérable dont nous écrivons l'histoire, une voix amie, mais écho fidèle de la voix publique, faisait entendre ces paroles : « Un des hommes qui ont fait le plus d'honneur à la ville de Montpellier, l'abbé Flottes, soit comme prêtre, soit comme professeur, soit comme savant, a toujours vécu dans les suprêmes régions de l'intelligence, dans la sphère pure et sereine des nobles et saintes pensées, où l'homme participe à la vie divine : il a perpétué en sa personne l'union du sacerdoce et de la science, et il lui a dû, avec la populaire célébrité de son nom et le cachet particulier de son talent, la magique auréole dont sa trace demeurera illuminée[1]. » Ces paroles résument en quelques traits le tableau que nous avons à dérouler sous les yeux du lecteur.

Jean-Baptiste-Marcel FLOTTES naquit à Montpellier le 16 janvier 1789. Ses parents, d'une condition honnête, étaient peu favorisés des biens de la fortune : le seul héritage de quelque importance qu'ils pussent léguer à leur fils consistait dans leurs sentiments religieux, dans leurs exemples d'honneur et de probité sans tache, dans l'instruction qu'ils eurent à cœur de lui procurer, et dont une rare vivacité d'intelligence, dès ses plus jeunes ans, pouvait faire présager le brillant succès. Le jeune Flottes eut un frère qui mourut en bas âge ; sur lui dès-lors se concentrèrent toutes les sollicitudes d'une tendresse vivement excitée par la délicatesse de son tempérament, sa physionomie gracieuse et pleine d'expression, son caractère doux et soumis. Les premières lueurs de son esprit naissant remplissaient leur âme d'une secrète joie : ce sentiment, dont on connaît la puissance sur le cœur des parents, les rendit attentifs aux desseins de la Providence : ils comprirent que la culture des dons précieux qui se révélaient dans cet enfant devenait pour eux un devoir sacré. Leurs vagues pressentiments n'allaient pas néanmoins s'égarer en de hautes espérances. Le père occupait un emploi dans les bureaux de la préfecture. Simple dans ses goûts et

[1] Discours prononcé aux funérailles de M. l'abbé Flottes, par M. Germain, doyen et professeur d'histoire à la faculté des lettres de Montpellier.

content des modestes ressources que lui procurait cet emploi, il ne concevait pas pour son fils de plus vastes pensées. Les vues de la mère étaient différentes sans être beaucoup plus ambitieuses : son désir était de le faire entrer dans la carrière ecclésiastique.

Le soin de former son esprit fut confié d'abord à un maître initié aux principes de la bonne littérature, et qui, dans les limites d'un enseignement élémentaire, savait les faire goûter à ses élèves. Les chefs-d'œuvre de la scène française sur lesquels il exerçait leur mémoire, pour former leur goût et développer leur intelligence, excitaient l'enthousiasme du jeune Flottes. Dans la suite, il aimait à raconter les rôles qui lui avaient été confiés dans la représentation de quelques-unes de ces pièces, lorsque, à la fin de l'année classique, avait lieu la distribution solennelle des prix, le sentiment profond qu'il y attachait, son attention à s'identifier avec le personnage qu'il représentait, et les applaudissements qu'il provoquait de la part des nombreux spectateurs appelés à ces solennités littéraires. Il était alors à peine âgé de dix ans. Sa belle figure, ses yeux brillants et animés, sa chevelure blonde tombant sur ses épaules, sa voix douce et sonore, tout son extérieur et son jeu plein de naturel, excitaient un vif intérêt. Il eut à jouer une fois le rôle de Mérope, une autre fois celui de Palmire dans *Mahomet*. Dans cette dernière représentation, au moment où, reconnaissant un père dans Zopire égorgé par Séide, un frère dans le meurtrier trompé par Mahomet et victime lui-même d'une trame exécrable, Palmire éclate en transports de douleur, le désespoir de cette princesse se peignit dans l'accent, le geste, l'attitude de l'enfant. Des applaudissements retentissent : le jeune acteur est tenté de rire ; mais, se rappelant la gravité de son rôle, il maîtrise ce premier mouvement qu'aucun signe ne trahit aux yeux de l'assemblée. Sa mère, présente à ce spectacle, s'alarme d'un pareil succès : elle craint pour son fils le goût du théâtre. Les vacances terminées, elle ne voulut plus le laisser entre les mains du même maître. D'ailleurs, ses talents précoces exigeaient une plus forte direction. D'autres guides lui étaient nécessaires pour l'initier à la langue de Cicéron et à celle de Démosthènes.

Quelques années avant la révolution de 89, les Pères de la Compagnie de Jésus possédaient à Montpellier un établissement très-florissant dans lequel une nombreuse jeunesse, sous des maîtres habiles, se formait à l'étude des belles-lettres. Cet ordre religieux ayant été supprimé, leur établissement fut remplacé par un collége communal qui lui-même fut emporté par la tempête révolutionnaire, parvenue au plus haut degré de violence. Enfin, le calme commençant à renaître, une École centrale fut créée. Les écoles centrales établies dans les chefs-lieux de département, ont été la première origine de l'institution universitaire et de ses lycées.

Admis au nombre des élèves qui fréquentaient cette école, et déjà préparé par les soins d'un autre maître, le jeune Flottes poursuivit avec la plus grande distinction le cours de ses études littéraires.

Parmi les papiers qu'il avait recueillis et conservés avec soin, nous avons trouvé, après sa mort, une immense affiche imprimée, portant ce titre : « Distribution des prix aux élèves de l'École centrale de l'Hérault, faite dans la salle décadaire de la ville de Montpellier, par le Préfet du département, le 1er vendémiaire an XII de la République française. » Entre les lauréats nous voyons briller le jeune Flottes, qui partage avec un de ses condisciples le 2me prix d'histoire, obtient le 1er prix de langue grecque, le 2me de version latine, le 2me de thème latin, et enfin le 1er prix pour les compositions du courant de l'année. Après la nomenclature de tous les lauréats, on lit ce qui suit : « Le Préfet du département de l'Hérault arrête : Que la liste ci-dessus sera imprimée et affichée dans toutes les villes du département et les communes de Saint-Guilhem-le-Désert, Saint-Pargoire, Saint-André, Mèze, Marsillargues et Saint-Georges. Fait à Montpellier, le 3 vendémiaire an XII, etc. » Cette publication officielle dans toutes les villes du département et dans toutes les localités qui comptaient un de leurs enfants parmi les vainqueurs des luttes littéraires à l'École centrale, devait naturellement exciter entre les élèves une vive émulation.

Pieux, appliqué, ennemi de toute dissipation, le jeune élève dont nous venons de rappeler les premiers triomphes, ne connaissait que l'école, l'église et la maison paternelle. Sa mère, qui le destinait, comme on l'a vu, à l'état ecclésiastique, veillait sur lui avec une tendre sollicitude ; elle n'ignorait pas que si la science, dans une certaine mesure, est une condition essentielle du ministère ecclésiastique, rien ne peut suppléer au défaut d'une piété solide, dans l'homme appelé à devenir tout à la fois *le sel de la terre et la lumière du monde*, et à négocier entre Dieu et ses frères les grands intérêts de l'éternité. De bonne heure elle s'était efforcée d'en inculquer les sentiments au cœur de son fils : elle l'avait fait avec d'autant plus de force et de succès, que sa foi était plus vivement excitée par l'état de la France, où régnaient alors, au milieu des plus lamentables ruines et parmi des torrents de sang, l'anarchie et l'impiété.

Qu'on se rappelle ces temps malheureux où l'on ne pouvait ni faire profession publique de sa foi « sans s'exposer au supplice, ni sacrifier sans trouble, ni chercher Dieu qu'en tremblant. La doctrine sainte qui, selon l'oracle de l'Évangile, doit être prêchée jusque sur les toits, pouvait à peine parler à l'oreille. Les enfants de Dieu étaient étonnés de ne voir plus ni l'autel, ni le sanctuaire, ni ces tribunaux de miséricorde qui justifient ceux qui s'accusent. O douleur ! il fallait cacher la pénitence avec le même soin qu'on eût fait le crime : et Jésus-Christ même se voyait contraint, au grand malheur des hommes ingrats, de chercher d'autres voiles et d'autres ténèbres que les voiles et les ténèbres mystiques dont il se couvre volontairement dans l'Eucharistie[1]. »

Des prêtres courageux étaient restés, se dérobant sous des déguisements divers à la persécution, et ne cessant, en face de l'échafaud toujours dressé, de consoler, d'exhorter, de bénir. Le Saint sacrifice était offert en secret, et les fidèles les plus dévoués, mystérieusement avertis, s'empressaient d'y prendre part. La mère du jeune Flottes, chrétienne fervente et courageuse, ne manquait jamais d'y assister : elle y conduisit un jour son enfant, alors dans sa sixième année. Une indiscrétion devait infailliblement appeler la mort sur la tête du prêtre, et peut-être faire d'autres victimes. On lui témoigne une inquiétude évidemment autorisée par l'imprudente simplicité de cet âge. « Je réponds, dit-elle, de mon fils. » On se rassure ; l'enfant est admis, et sa discrétion, devançant les années, justifie constamment l'assurance donnée par sa mère. Mais quelle impression dut produire sur l'âme candide et pure de cet enfant le spectacle offert à ses yeux ! Au lieu d'une grande basilique resplendissante de lumières et magnifiquement parée, une chambre retirée au fond d'un appartement solitaire, décorée à la hâte des plus simples ornements ; un Prêtre d'autant plus pénétré pendant la célébration des saints mystères, que l'autel non sanglant où il immolait la sainte victime était la première marche d'un autel sanglant sur lequel

---

[1] Bossuet ; *Oraison funèbre de la Reine d'Angleterre.*

peut-être quelques instants après il serait immolé lui-même; un petit nombre de fidèles choisis qui, ramenés par la pensée à ces temps où le divin sacrifice ne pouvait être offert que dans l'obscurité des catacombes, se préparaient, eux aussi, à sceller par le martyre la foi qu'ils professaient, et dont la piété ardente, se manifestant en chacun d'eux par une émotion visible, redoublait la ferveur de tous les témoins de cette scène!... L'âme du jeune Flottes, douée d'une intelligence précoce, en dut être vivement frappée, et la piété commença dès-lors à jeter dans son cœur de profondes racines.

Quelques années après, lorsque le calme eut été rendu à la France et que la religion put rouvrir ses temples, la paroisse Notre-Dame, dans la ville de Montpellier, voyait à sa tête un prêtre dont la mémoire a survécu, entourée de la double auréole d'un rare talent et d'une éminente vertu. M. l'abbé Théron, ancien jésuite, était entré, depuis la suppression de cette société célèbre, dans les rangs du clergé séculier voué aux fonctions du ministère pastoral, et plus tard l'évêque diocésain l'avait chargé du gouvernement de cette paroisse. Son zèle, son savoir, l'élévation de son esprit, son élocution facile, attiraient autour de sa chaire de nombreux auditeurs. Tous les dimanches, quand l'office des vêpres était terminé, les fidèles désireux d'une instruction plus nourrie et plus développée que celle des catéchismes ordinaires, se pressaient autour de cette chaire, et l'éloquent catéchiste, dont la parole ne s'adressait plus à des enfants avec qui il faut balbutier les premiers éléments de la foi, tenait suspendu à ses lèvres un auditoire choisi, en exposant dans un langage clair, noble, animé, les grandes et solides vérités du dogme et de la morale évangéliques. Quoique domiciliée sur une autre paroisse, la haute réputation de ce digne prêtre fixa particulièrement l'attention de Mme Flottes. Esprit sans culture, cette femme trouvait dans sa piété la source des sentiments élevés et des bonnes inspirations. Elle comprit tout ce que pouvaient pour l'avenir de son fils le patronage d'un tel homme, l'ascendant de ses vertus, la sagesse de ses conseils. Elle le mit sous sa direction, lui fit prendre rang parmi les acolytes qui servaient à l'autel pendant les offices du dimanche, et parmi les auditeurs les plus assidus de ce pieux et zélé pasteur.

A seize ans, son cours d'humanités et de philosophie était terminé. C'était en 1806. L'Église de France, à peine sortie de ses ruines, sentait la nécessité de remplir les rangs de son sacerdoce cruellement décimé par la révolution. Le séminaire diocésain n'était pas encore organisé. Mgr Rollet, premier évêque placé sur le siége de Montpellier après le concordat de 1801, avait obtenu du Gouvernement le local où devaient être réunis les jeunes élèves du sanctuaire, pour s'y former à la science et aux vertus sacerdotales. Mgr Rollet ne fit que passer sur le siége épiscopal : il laissa

l'œuvre inachevée, Son successeur, Mgr Fournier,
prélat dont la mémoire sera toujours chère à l'Église
de Montpellier, et à qui il fut donné de la faire sortir
de ses ruines par la création de nombreux établissements, fruit de son zèle, de ses largesses, de l'ascendant exercé par sa parole et par ses exemples;
Mgr Fournier, préoccupé avant tout de l'avenir du
sacerdoce et de la perpétuité du saint ministère dans
l'intérêt des peuples confiés à sa sollicitude, disposait
tout avec activité pour l'inauguration de cette grande
école de l'apostolat catholique. L'instruction des jeunes
aspirants à l'état ecclésiastique appartenant à la ville de
Montpellier, exerçait déjà, depuis les premiers jours
du précédent épiscopat, le zèle de deux hommes de
mérite divers, mais l'un et l'autre joignant à une haute
intelligence des connaissances très-étendues. Le vénérable M. Coustou, qui durant près d'un demi-siècle
a rempli les fonctions de vicaire-général du diocèse,
ne pouvant, à cause des devoirs de sa charge, donner
tous ses soins à cette œuvre importante, ne s'était réservé que l'enseignement de la rhétorique; M. Crespin,
savant théologien et prédicateur distingué, dont le
souvenir est toujours vivant dans la paroisse Saint-
Roch, au sein de laquelle il a, pendant quatorze
ans, exercé les fonctions du ministère pastoral, fut
chargé de l'enseignement théologique. C'est sous ces
maîtres habiles que le jeune Flottes étudia les règles
de la prédication et les grands principes de la science
sacrée. Des notes concernant les premiers élèves qui

composaient le noyau du séminaire diocésain, et rédigées par M. Coustou en sa qualité de vicaire-général, pour être mises sous les yeux de Mgr Fournier, ont été retrouvées au secrétariat de l'Évêché; et le Prélat qui occupe aujourd'hui le siége épiscopal, persuadé que ces précieux vestiges de ses premiers pas dans la carrière ecclésiastique offriraient au cœur de l'abbé Flottes un charme tout particulier, eut la gracieuse pensée de les lui transmettre avec ces mots écrits de sa main : « *Renovabitur ut aquilæ juventus tua* (Ps. 102). 23 octobre 1864. † FRANCISCUS, *episc. Monsp.*» La note concernant l'abbé Flottes est ainsi conçue : « M. Flottes (Jean-Baptiste), âgé de 17 ans. Il étudie en théologie sous M. Crespin. — Il a subi le 31 juillet un examen sur les traités des actes humains, de la conscience et des lois. Il annonce beaucoup de talent. Il a l'esprit juste, beaucoup de netteté dans les idées, de la fermeté dans la mémoire, de la facilité à s'exprimer. Il saisit promptement, il développe bien ce qu'il sait. Il est très-appliqué; mais sa santé très-mauvaise est un obstacle continuel à son amour de l'étude et à ses progrès. — Il est doux, modeste, pieux, et donne les plus grandes espérances. »

Le séminaire diocésain fut enfin ouvert par Mgr Fournier. Mais la santé de l'abbé Flottes ne lui permit pas de prendre place parmi les jeunes lévites qui vinrent alors s'y renfermer. Il continua d'étudier la théologie sous la direction des deux curés de Saint-Roch et de Notre-Dame. Toujours retiré dans son modeste appartement, il méditait avec l'application la plus sérieuse, dans les auteurs qui lui avaient été recommandés, les traités dont il avait à rendre compte et les explications qui lui avaient été données. La théologie n'est pas une science d'invention ni de pur raisonnement. Ses principes et ses règles, invariables comme ses dogmes, se transmettent de main en main dans l'Église catholique. Les leçons d'un maître rempli du véritable esprit de la théologie chrétienne sont indispensables pour tracer une route sûre et diriger les premiers pas. L'antique Église d'Alexandrie avait ses maîtres célèbres, sous lesquels se formaient les saints et les docteurs. Saint Jérôme allait à Constantinople recueillir les leçons de saint Grégoire *le théologien*. Vincent de Lérins traçait la règle immuable de la foi, après l'avoir reçue de la bouche de *plusieurs hommes éminents en doctrine et en sainteté*. L'abbé Flottes suivait donc ses guides avec une respectueuse docilité, tout en s'efforçant de pénétrer les raisons qui justifiaient leurs préceptes. A l'étude des divines Écritures il joignit celle des saints Pères. Il analysait leurs ouvrages les plus importants, recueillait des notes, matériaux précieux pour des constructions dont il entrevoyait le plan et que l'avenir lui permettrait peut-être de réaliser.

Dans le cours de ses études à l'École centrale, il avait contracté une liaison intime avec un jeune condisciple qui depuis s'est fait un nom dans la science, et qui, s'il n'eût été arrêté dans sa carrière par une mort prématurée, eût jeté le plus grand éclat sur la Faculté de médecine que possède la ville de Montpellier. Ce jeune homme, c'était Frédéric Bérard, auteur de plusieurs écrits importants, où sont exposés avec un talent remarquable les principes d'une philosophie spiritualiste et ouvertement chrétienne ; parmi ces écrits, nous devons signaler spécialement l'ouvrage intitulé : *Doctrine des rapports du physique et du moral, pour servir de fondement à la physiologie intellectuelle et à la métaphysique.* — Paris, 1823, 1 vol. in-8º.

Ces deux amis avaient conçu l'un pour l'autre la plus tendre affection. Tous les soirs, jusqu'au jour où Bérard, parvenu au degré de docteur en médecine, quitta Montpellier pour aller à Paris se perfectionner dans la science à laquelle il s'était consacré, et pour mettre ses talents en lumière sur un plus grand théâtre, les deux amis se réunissaient dans la modeste maison qu'habitait l'abbé Flottes. La mère de ce dernier joignait à la tendresse la plus vive pour son fils unique une étrange bizarrerie de caractère, qui faisait dégénérer son affectueuse sollicitude en vexations continuelles. Une de ces vexations consistait à laisser les deux amis sans lumière pendant leurs réunions du soir en hiver, sans doute pour imposer à son fils un repos qu'elle jugeait nécessaire après des journées dont aucun instant n'avait été dérobé au travail de l'esprit. Ces jeunes gens se soumettaient sans mur-

murer; mais afin que leurs soirées ne fussent pas consumées en vaines conversations, il fut convenu entre eux que dans le courant de la journée, indépendamment des objets particuliers de leurs études respectives, ils appliqueraient leur attention à des matières présentant un terrain commun à l'étudiant en théologie et à l'étudiant en médecine, telles que littérature, philosophie, démonstrations de la divinité du christianisme, et que, sans lumière et sans livres, ils se rendraient mutuellement compte de leurs lectures et des réflexions qu'elles leur auraient suggérées. Nécessairement, des excursions se faisaient dans le champ que chacun d'eux cultivait spécialement ; et tandis que l'étudiant en médecine initiait son ami aux principes de l'art de guérir et aux faits les plus intéressants qui s'y rattachent, l'étudiant en théologie ne manquait pas d'exposer à son tour les principes de la science sacrée, de cette science dont la hauteur et la magnificence le ravissaient d'admiration. Lorsque, dans ses conversations, il rappelait les souvenirs de ses premières années, l'abbé Flottes se félicitait de ce travail de mémoire et de ces efforts d'attention que les bizarreries de sa mère lui avaient imposés : l'habitude de la réflexion, la vigueur d'attention qui fait la force des esprits, il en était, disait-il, redevable à cette circonstance, ainsi qu'au petit nombre de livres que dans ce temps il avait eus à sa disposition. Il aimait à raconter que, dans le cours de ses classes de latinité, il avait lu jusqu'à quatorze fois le *Traité des études* de Rollin ; plus tard le *Traité de la vérité de la religion chrétienne,* par Abbadie, était devenu sa lecture de prédilection, et le même ouvrage fournit souvent le sujet des conférences nocturnes entre les deux amis. Des lectures variées sont sans doute indispensables au développement complet de l'intelligence ; mais si ces lectures ne tendent qu'à satisfaire une vaine curiosité, ou si, manquant d'ordre et de méthode, elles ne viennent pas en quelque sorte se ranger autour d'une étude principale, objet d'une forte et constante application et centre de tous les mouvements de l'esprit, on aura tout effleuré, on n'aura rien approfondi : savants d'entre-deux, dit Pascal, qui font les entendus et jugent plus mal de tout que les autres.

On a vu le témoignage honorable rendu à la capacité et à la vertu du jeune étudiant, par le juge le plus compétent et le plus consciencieux, M. le vicaire-général Coustou. Sa piété, son application aux études sérieuses, son goût pour l'état ecclésiastique, ne s'étaient jamais démentis. Son cours de théologie était terminé, et cependant il n'avait pas encore pris les premiers degrés du saint ordre auquel il se destinait. Mgr Fournier, sur le témoignage de son vicaire-général, joint à ceux des curés de Saint-Roch et de Notre-Dame, avait conçu pour lui une haute estime. Mais le jeune candidat, d'un tempérament faible et singulièrement délicat, ne pouvait s'accommoder du régime du séminaire. Sa mère s'opposait obstinément à sa sortie de la maison paternelle. Justement convaincu qu'après une double révolution, l'une opérée dans les esprits, dès le commencement du xviiie siècle, par la guerre la plus acharnée contre tous les principes religieux ; l'autre, sanglante et dévastatrice, qui avait consommé l'œuvre de l'impiété et achevé de démoraliser la France par le spectacle de toutes les horreurs, par la ruine des temples, par l'extinction du culte catholique, par la fuite ou la mort violente de ses ministres ; convaincu, dis-je, qu'après ces deux révolutions désastreuses, pour ressusciter l'Église de France et ramener les esprits à la foi de l'Évangile, l'éducation cléricale devait être l'objet des soins les plus assidus et de la plus vive sollicitude, le Prélat exigeait que tous les aspirants au sacerdoce vinssent éprouver et cultiver leur vocation sous la direction des Prêtres vénérables qu'il avait mis à la tête de son séminaire. Il voulut bien, néanmoins, en 1809, admettre le jeune Flottes à l'ordination, qui eut lieu dans le mois de mars, et l'agréger à l'ordre ecclésiastique, en lui conférant la tonsure cléricale. Deux ans après, il lui conféra les ordres mineurs. Ces ordinations étaient précédées d'un examen sur la théologie, et le succès de ces examens faisait fléchir la fermeté de l'Évêque, tant qu'il ne s'agissait que de ces premières initiations à l'ordre sacerdotal. Mais lorsqu'il fut question d'un engagement irrévocable par l'admission aux Ordres sacrés, le Prélat fut inflexible. La mère du jeune abbé ne l'était pas moins, et celui-ci, quelque désir qu'il eût de se consacrer au service des saints autels, ne savait qu'obéir et se résigner. Son père n'était plus, et pour un jeune homme timide, retiré, qui, depuis qu'il était au monde, ne connaissait encore que la prière et l'étude, sa mère était une seconde Providence, aux dispositions de laquelle il devait s'abandonner avec une entière docilité. Les bizarreries de la mère, jusqu'au dernier jour de sa longue vie, ont constamment trouvé dans le fils, douceur, respect et soumission sans bornes. Placé entre deux volontés, arbitres de ses destinées, l'abbé Flottes priait, étudiait, méditait, recourait aux conseils des respectables guides de sa jeunesse, que nous avons plusieurs fois nommés.

La mort de son père venait de tarir une des sources qui alimentaient l'humble fortune de la famille ; il en résultait une grande gêne dans les affaires domestiques. Alors, deux pensées lui vinrent dans l'esprit : la première fut d'accepter l'offre, précédemment rejetée par condescendance pour sa mère, de donner des leçons particulières de latinité au jeune fils d'une des illustrations médicales de la ville de Montpellier ; l'autre, d'utiliser, à l'avantage du public, les recherches auxquelles il s'était livré dans le cours de ses études théologiques, en composant un ouvrage pour la défense de la foi chrétienne. Cet ouvrage, s'il avait quelque succès, le conduirait à un double résultat : il devait lui concilier à un plus haut degré l'estime de son Évêque et vaincre son inflexibilité ; il devait dans tous les cas lui ouvrir les voies à une situation meilleure.

Il se hâta de réaliser ces deux pensées. Au premier

élève qui lui avait été offert, vinrent se joindre deux étrangers, les deux fils du comte d'Ezpeleta, ancien vice-roi du Pérou avant le démembrement des colonies espagnoles, résidant à Montpellier vers la fin du premier empire, par suite des troubles qui agitaient l'Espagne, sa patrie. Ces trois élèves, formés par les leçons du savant abbé, conçurent pour leur maître une tendre et respectueuse affection, que ni le temps ni les événements n'ont jamais affaiblie.

L'écrit par lequel il devait pour la première fois se mettre en communication avec le public, dans un but, non point d'amour-propre et d'ambition, mais d'aspiration bien légitime vers une position favorable à ses goûts studieux, n'était pas une entreprise au-dessus de ses forces. Les matériaux étaient tout préparés. Dans ses lectures de chaque jour, il notait soigneusement les passages qui pouvaient se rapporter au genre spécial de doctrine vers lequel se dirigeaient principalement les tendances de son esprit. Des marques nombreuses introduites dans les ouvrages traitant de ces questions devaient, par une indication abrégée des matières, lui rappeler, au besoin, les textes relatifs au sujet de ses méditations ; et ces marques étaient quelquefois multipliées avec un tel excès que, grossi outre mesure, le livre avait rompu en partie son enveloppe.

A l'époque dont nous parlons, la philosophie Voltairienne était en grande faveur : le nom de Voltaire retentissait partout comme symbole de l'esprit irréligieux que le siècle précédent avait légué à la France.

L'abbé Flottes, dans ses études sur le Christianisme et sur les preuves qui en établissent la divinité, avait dû méditer les objections accumulées à l'envi par les incrédules : il avait jugé que, pour en bien saisir la portée et afin de ne pas s'exposer à imputer à des auteurs célèbres des erreurs indignes de leur génie, il fallait examiner les objections dans les sources mêmes. Il avait lu Voltaire. Des écrivains catholiques, dans des ouvrages d'un mérite incontestable, avaient relevé avec beaucoup d'érudition et une grande vigueur de raisonnement d'innombrables contradictions, d'incroyables faussetés, de pitoyables sophismes qu'une haine aveugle avait inspirés à ce patriarche de l'incrédulité moderne et à ses disciples ; mais il y avait encore à glaner dans ce vaste champ d'erreurs. L'abbé Flottes composa donc un écrit considérable qui devait former un volume in-8° d'environ 400 pages. C'était une réponse à des difficultés relatives à l'ancien Testament. Comme l'incrédulité moderne avait reproduit, en essayant de les rajeunir, les objections de Celse, de Porphyre, de Julien l'apostat, il intitula son ouvrage : « *Les mensonges du philosophisme, ou les sophistes anciens et modernes convaincus d'avoir été de mauvaise foi dans leurs écrits contre la religion chrétienne.* » Sous le même titre, un second volume de même étendue, contenant la défense du nouveau Testament, devait compléter ce travail.

L'ouvrage terminé, il fallait trouver un éditeur qui voulût bien courir les risques de cette publication, en prenant les frais à sa charge, et un journal de la capitale qui ouvrit ses colonnes pour rendre compte de cet essai de polémique religieuse. Poussé par un instinct secret qui lui indiquait la capitale comme un théâtre où le talent, mis en lumière, conduit plus promptement à la fortune et à la gloire, l'intime ami de l'abbé Flottes venait tout récemment de s'y transporter. Il avait déjà pris le degré de docteur dans la Faculté de Montpellier. L'abbé Flottes lui adressa son manuscrit, en le chargeant de lui trouver un éditeur et de le faire annoncer dans quelque journal de la capitale. Quoique l'ouvrage dont il s'agit n'ait jamais été publié, nous ne croyons pas devoir omettre, dans ce récit, les faits divers qui s'y rattachent, soit parce qu'ils nous révèlent les préoccupations de l'auteur à cette époque de sa vie et l'appréciation de son œuvre par des juges très-compétents, soit parce que l'exemple du jeune écrivain peut être utile au talent ignoré et sans appui qui cherche à se faire jour, en lui montrant combien d'obstacles il peut rencontrer à l'entrée de la carrière, et par combien de force d'âme et de persévérance il faut suppléer au défaut du nom et de la fortune. Les grands talents sont nécessaires au monde; celui qui les a reçus du Ciel ne peut en demeurer le propriétaire oisif; il en doit compte à Dieu, qui les lui confie pour sa gloire; à la société, pour laquelle ils sont de précieux instruments de bien; à lui-même, parce que, de leur culture laborieuse et de leur sage et utile direction, résultent son perfectionnement moral et l'heureux accomplissement de sa destinée.

Le manuscrit de l'abbé Flottes fut l'objet d'une correspondance très-active entre les deux amis. Frédéric Bérard y déploie le caractère le plus aimable, l'affection la plus tendre, un dévouement à toute épreuve. Nous aurons plus tard l'occasion de dire tout ce que le caractère de l'abbé Flottes avait de gracieux et d'attachant. L'amitié si vive qu'il avait inspirée à Bérard nous en offre déjà la preuve. Le jeune docteur s'était mis en rapport avec les hommes les plus éminents dans la science à laquelle il s'était voué. L'un d'entre eux, homme grave, d'un âge avancé, et qui se distinguait de la plupart de ses confrères par ses sentiments religieux, lui témoignait une bonté toute paternelle. Bérard lui montre le manuscrit, en le priant de l'aider de ses conseils dans l'affaire confiée à son amitié. Le vieux docteur promet de soumettre ce travail à un prêtre distingué de la capitale. Mais c'est le temps du carême ; ce prêtre occupe, pendant cette station quadragésimale, la chaire d'une des paroisses de Paris. Ce contre-temps amène des longueurs. L'abbé Flottes est impatient de voir son ouvrage livré à un imprimeur : le temps s'écoule, il s'inquiète et se décourage. Bérard lui écrit dans les termes les plus affectueux ; en même temps, il lui fait part de ses impressions après une lecture attentive du manuscrit : l'ouvrage lui paraît excellent ; il voudrait cependant la suppression de quelques expressions trop blessantes pour les philosophes du jour. « Tu as eu, lui dit-il, le bon esprit de ne pas multiplier les injures ; cependant il y en a encore quelques-unes dont j'exige impérieusement le sacrifice. La vérité est telle, que les hommes l'embrasseraient, si on n'indisposait pas contre elle par une défense maladroite. Je puis t'assurer qu'aujourd'hui on ne supporterait pas Nonotte. Barruel, qui a fait de si bons livres, passe pour un énergumène.»

Bérard put bientôt s'assurer qu'il ne se méprenait pas sur l'esprit de son époque. D'abord, le prêtre distingué auquel l'ouvrage fut soumis après la station du carême, se déclare très-satisfait et convaincu de son utilité, parce que, dans un cadre très-resserré, il renferme et réfute, sans phrases, sans longueurs, et souvent par les témoignages mêmes de ceux qui en sont les auteurs, les principales objections qui ont été faites contre les saintes Écritures. Il espère que l'ouvrage se vendra bien. Encouragé par cette décision, Bérard s'adresse à un libraire: celui-ci prend connaissance du manuscrit, le trouve un peu *sec et scholiaste*, juge néanmoins qu'on peut en demander cinq cents francs; mais il ne peut s'en charger pour son propre compte, les livres de ce genre n'étant pas l'objet spécial de son commerce. Bérard s'adresse à un autre libraire-imprimeur qui éditait les livres religieux. Un temps assez long s'écoule avant que celui-ci, détourné par les affaires, par des absences, ait pu prendre connaissance du manuscrit. Enfin, il donne sa réponse: l'ouvrage lui paraît très-bon; mais les temps sont mauvais, les livres de polémique religieuse ne se vendent pas. C'était en 1813; le gouvernement impérial se montrait peu favorable aux discussions religieuses, et les graves événements qui se préparaient donnaient aux esprits d'autres préoccupations.

L'amitié sincère et dévouée ne se décourage pas. Tandis que l'abbé Flottes, fatigué de toutes ces lenteurs, se plaint amèrement, accuse Bérard de négligence, celui-ci, jaloux de conduire à bonne fin son entreprise, conçoit la pensée de procurer à l'œuvre de son ami une approbation respectable qui donnera de grandes chances de succès, puis de rédiger lui-même une analyse de ce travail, et, par l'intermédiaire des hommes éminents dont il a su conquérir l'estime et la bienveillance, de la faire insérer avec quelques réflexions dans le *Journal de l'Empire.*

Il se présente chez l'abbé Sicard, ce célèbre instituteur des sourds-muets, dont le nom était déjà depuis longtemps en vénération dans toute l'Europe. L'abbé Sicard promet de lire le manuscrit; mais ses immenses occupations lui laissent peu de loisir pour cet examen. Les mois s'écoulent : Bérard est pressé de quitter Paris; il multiplie ses visites chez le vénérable abbé, au risque de se rendre importun. Il le trouve un jour au moment de son déjeuner: ils lisent ensemble le manuscrit; l'abbé Sicard se montre très-satisfait, *il le lit avec passion*, et demande encore du temps pour en faire un examen sérieux. Un mois après, nouvelle entrevue: « J'y ai été ce matin, écrit Bérard à son ami: il était au lit; il m'a dit qu'il avait lu le manuscrit sans omettre une seule ligne, qu'il ne lui manquait que quelques pages à voir ; il m'a assuré qu'il était excellent, qu'il l'avait lu avec enthousiasme, qu'il était convaincant au possible ; qu'il n'y avait à craindre que des rapprochements avec Guénée [1]. » Enfin, le 20 août, Bérard écrit à son ami : « Me voilà au comble de mes vœux. Tu seras toujours peut-être un peu disposé à te plaindre de moi ; mais j'ai pris mon parti là-dessus ; je ne t'en aimerai pas moins.... Voici le témoignage de M. Sicard sur ton livre, témoignage qui me servira beaucoup auprès des imprimeurs, et qui, placé en tête du livre, ne pourra qu'en assurer le succès. Tu ne saurais t'imaginer combien M. Sicard est ici estimé, et combien il le mérite. Voici donc ce témoignage :

« Vous désirez, Monsieur, connaître mon opinion sur le manuscrit que vous m'avez communiqué, et qui est une réfutation savante de tous les mensonges de Voltaire sur les faits principaux des livres de Moïse et de quelques-uns de Salomon.

» C'est avec une grande satisfaction, Monsieur, que je remplis un vœu aussi honorable, puisque je n'ai que des éloges à donner à un travail qui m'a paru la réponse la plus complète à toutes les attaques de ce célèbre ennemi de notre sainte religion. On ne peut être trop étonné de sa maladresse, de son ignorance et surtout de sa mauvaise foi, quand on rapproche les textes qu'il a falsifiés, de la lettre

---

[1] Guénée, auteur des *Lettres de quelques Juifs*, etc.

même des saintes Écritures qu'il a altérées avec une hardiesse qui n'eut jamais de modèle et qui sans doute n'aura jamais d'imitateurs. Cet ouvrage, tout savant qu'il est, m'a paru propre à éclairer tous les genres de lecteurs, parce que l'auteur a su le mettre à la portée de tous les esprits. C'est le triomphe le plus complet de la vérité sur le mensonge. Puissent les jeunes gens qui ont le malheur de tout admirer dans un écrivain souvent admirable, lire cet ouvrage sans préjugés et avec l'unique désir de trouver la vérité ! Ils la verront rayonnante de sa lumière propre dans cette victorieuse réponse, sans jamais y trouver ce ton de dérision dont elle n'a jamais besoin, et que lui interdit la charité. Ils la verront toute nue, sans aucun prestige, et n'empruntant pas même les charmes de l'éloquence, dont elle ne refuse pas toujours de se faire accompagner, mais dont elle peut se passer. Peut-être désirerait-on que l'auteur eût ajouté quelquefois des développements qui auraient fortifié ses preuves ; peut-être aussi devait-il un peu plus soigner son style. Il avait un grand modèle dans l'estimable auteur des *Lettres de quelques juifs portugais*, qui a fait le désespoir de l'ennemi qu'il combat avec le même avantage, toujours avec la même force, mais pas avec la même élégance, avec le même charme et avec la même correction.

» Agréez, Monsieur, l'assurance de mon estime et de ma respectueuse considération.

» Paris, 18 août 1813.

rables que son manuscrit avait obtenus, l'abbé Flottes voyait briller devant lui un plus heureux avenir. Mais il n'était pas encore au terme de ses épreuves. Malgré l'approbation de l'abbé Sicard, malgré l'annonce dans le *Journal de l'Empire,* les libraires-imprimeurs de la capitale persistèrent à dire que les livres de polémique religieuse avaient peu de chances de succès. Bérard, non moins mécontent que son ami, revint à Montpellier avec le précieux manuscrit.

L'âme de l'abbé Flottes se fortifiait parmi les épreuves de ses premières années. Grave et réfléchi, il interrogeait humblement les conseils de la Providence, et, de plus en plus convaincu que la vraie sagesse consiste à s'abandonner à sa conduite, il s'armait de courage. Dans ces premiers essais des luttes de la vie, son caractère prenait cette trempe vigoureuse, et son intelligence cette hauteur de vues et cette fermeté sereine qui ont formé les traits les plus saillants de sa physionomie morale. Ses rapports avec l'ami de son enfance, non interrompus malgré les nombreuses occupations qu'une extrême ardeur pour la science médicale imposait à celui-ci, faisaient une agréable diversion à l'amertume de ses mécomptes et à la gravité de ses études solitaires. L'un et l'autre gagnaient à ce commerce intime. Leur amitié, fondée sur une parfaite conformité de fortune domestique, de passion pour la science, de sympathie naturelle, trouvait dans les sentiments religieux qui leur étaient communs le plus fort de tous les liens. En contact habituel avec

» L'abbé Sicard, instituteur des sourds-muets, chanoine honoraire de l'Église de Paris, membre de l'Institut impérial de France. »

Après avoir transcrit ce témoignage, dont il lui transmit ensuite l'original, Bérard ajoute : « Quant au style, notre grand homme a tort : tu as pris le style qui convient, plus de développements nuiraient à la force de la vérité. Guénée a bien fait de prendre le ton qu'il a pris. Voltaire était vivant, et les esprits étaient différents. Quant aux petites corrections de style, elles se feront en lisant attentivement les épreuves. »

L'auteur des *Helviennes*, l'abbé Barruel, avait donné de vive voix une approbation conforme à celle de l'abbé Sicard. Mais il fallait encore une annonce dans un journal de la capitale. C'était une faveur difficile à obtenir; on témoignait sans détour peu d'envie de recommander un ouvrage contre les philosophes. « Quant aux journaux, écrit Bérard, je ne suis pas sûr qu'ils consentent à parler de ton livre. Tu me dis que Geoffroy mène bien mal Voltaire, qu'on le lui passe bien. Mais Geoffroy ne l'attaque que sur la littérature, et avec passion : ton ouvrage et mon extrait sont écrasants pour la probité même d'un écrivain. » L'activité persévérante de Bérard triompha des difficultés, et il put annoncer à son ami que, grâce à l'intervention d'un homme influent, le compte-rendu de l'ouvrage paraîtrait dans le *Journal de l'Empire*. Ainsi, après plusieurs mois d'une pénible attente, grâce à l'infatigable zèle de son ami, aux témoignages favo-

une intelligence pénétrante et ferme, autant que chrétienne, Bérard en recevait nécessairement la vive empreinte. L'esprit sévère et méthodique de l'abbé Flottes l'accoutumait à ces procédés scientifiques qui, s'appuyant sur l'observation la plus exacte, distinguant avec soin tout ce qui appartient à des ordres divers, des effets remontant à leurs causes, et à des effets de nature diverse assignant des causes proportionnées et d'une évidente analogie, pouvaient seuls le conduire à la connaissance de la vérité. Bérard a rendu ce témoignage à l'abbé Flottes, que c'est par ses leçons qu'il a été formé à cette sage méthode. Mais ce qu'il rencontrait de plus précieux dans son ami, c'était une foi vive, affermie par un examen sévère des fondements de la Révélation, et par de savantes recherches dans les monuments les plus célèbres de l'antiquité chrétienne.

Personne n'ignore combien les études médicales, en arrêtant presque constamment la pensée dans la contemplation de la matière, deviennent aisément, pour les esprits peu réfléchis, une occasion d'incrédulité; et, d'ailleurs, dans un siècle où les doctrines d'impiété avaient envahi toutes les âmes, et au sortir d'une révolution qui les avait imprimées plus profondément en entraînant dans une même ruine la religion et la monarchie, un jeune homme qui aspirait à se faire un nom devait être tenté de ménager l'esprit du jour. Malgré tant de causes de séduction, l'ami de l'abbé Flottes, nourri de ses maximes, n'eut pas la lâcheté de céder au torrent : ferme dans ses convictions religieuses, il entreprit peu d'années après, dans un ouvrage qui fixa l'attention des savants, « de réparer, au nom de la saine physiologie, le mal qu'on avait fait au nom de cette science, de la réconcilier avec les sciences morales et métaphysiques qu'elle voulait asservir, et avec la religion qu'elle avait voulu détruire. Comparant dans leurs derniers détails les phénomènes moraux et les phénomènes de la vie, seule manière d'arriver à des résultats positifs, il établit leur distinction fondamentale sur cette même analyse dont on a tant abusé, pour n'avoir point apprécié toute l'étendue et la force de ce moyen de connaissance. Il démontre jusqu'à l'évidence qu'il faut séparer à jamais ces deux ordres de phénomènes, d'après leurs caractères essentiels, si l'on n'est décidé à s'égarer dans de nouvelles hypothèses. Sur ces principes si simples et si sages, consacrés par l'ensemble des faits et par les autorités les plus imposantes, s'élèvent trois ordres de sciences différentes : la métaphysique, la physiologie, et la science mixte des rapports du physique et du moral[1]. » Par une série d'observations profondes et de conséquences rigoureuses, Bérard dégage avec une clarté saisissante, des nuages qu'avait entassés une philosophie matérialiste, cette pure et sublime nature de l'âme, avec ses facultés spéciales et ses destinées immortelles ; il montre que l'existence de la matière

---

[1] *Le Drapeau blanc*, 16 septembre 1823.

ne nous est pas donnée d'une manière plus certaine que celle de Dieu et de l'âme, proclamée par la conscience.

Appliquant ses principes à la morale et à la religion, il fait observer que l'examen de toute révélation surnaturelle se réduit à une question de fait ; que, sous ce rapport, il appartient à la critique historique, et dès-lors est soumis à ses lois générales. « Fidèles, dit Bérard, à la méthode suivie dans les autres sciences, les philosophes ont presque toujours mal posé les questions de ce genre, ou ne les ont jamais considérées dans leur pureté. Ils ont prétendu concevoir les révélations comme ils avaient voulu concevoir la nature, et ont fini par les embarrasser de mille hypothèses, ou par les rejeter d'une manière absolue. Ce n'est point ici le lieu de rappeler les preuves que la religion chrétienne invoque à son appui ; j'établis seulement que la manière dont on l'a attaquée est le plus souvent de toute nullité ; qu'elle est contraire au principe même de toute révélation religieuse et à la logique propre à ces matières ; qu'elle renferme un *non-sens;* que les milliers de volumes qu'on a dirigés contre elle dans cet esprit sont hors de la logique de la chose, j'oserai même dire de toute logique humaine ; car, à suivre cette méthode, on ne devrait admettre comme vrai que ce que l'on conçoit ; et comme il est démontré, je crois, par le fait et par la théorie de nos facultés, que nous ne concevons aucune existence, il est évident que, pour être conséquent à ce principe, il faudrait rejeter toute existence, celle de la matière comme celle de nous-mêmes. Et, en effet, plusieurs de ceux qui ont attaqué le Christianisme ont été jusque-là, et ce sont ceux qui se sont montrés les plus conséquents.»

Pour peu qu'on ait connu l'abbé Flottes, on voit ici avec évidence le reflet de ses doctrines sur les pensées du jeune écrivain. Et si l'on était tenté de croire qu'une si éclatante manifestation de foi chrétienne avait pu être inspirée à Bérard par des vues toutes politiques, nous invitons le lecteur à l'écouter un instant dans des confidences pleines d'abandon, où se montre à découvert tout le fond de l'âme. Quelques extraits de sa correspondance, en nous fournissant de nouvelles preuves de sa tendre amitié pour l'abbé Flottes, en constateront l'heureuse influence sur son esprit dans l'ordre de la science et de la foi, et nous révéleront en même temps certaines particularités qui ne paraîtront pas dépourvues d'intérêt. Ce n'est pas nous écarter de notre sujet que de présenter dans le tableau d'une illustre amitié l'image de l'homme dont nous racontons la vie. N'est-ce pas dans ces pures affections, noble besoin des natures les plus distinguées, que se peignent au vif tous les traits de l'intelligence et du cœur? Et si deux amis, selon la définition des anciens, sont une seule âme en deux corps, n'est-ce pas raconter l'histoire intime d'un homme, que de peindre cet autre lui-même, surtout si c'est lui qui l'a fait à son image, par l'ascendant d'une haute raison armée de toute la puissance du sentiment?

Dans une lettre datée de Paris, 12 juin 1823, Bérard disait : « Mon très-cher Flottes, je ne t'ai pas écrit parce que j'écrivais trop pour mon propre compte, et que d'ailleurs je n'avais rien à te dire. Je m'étais fait transporter de Montpellier à Paris de toutes pièces, et j'étais toujours machine à travail. J'ai terminé [1], tu me liras avec attention, tu me jugeras avec exactitude,... et à mon retour nous nous disputerons en théologiens, comme de raison... J'espère que tu seras content du ton de franchise et d'abandon qui règne dans mon livre. Mes amis de Paris étaient effrayés quand je leur communiquais ce que j'avais fantaisie de dire. Je crois qu'aucun auteur philosophe dans un siècle *philosophe*, n'a jamais encore osé être aussi positivement croyant. Eh bien ! cependant mes amis m'ont passé tout cela à la lecture ; ils m'ont encouragé, et j'ai vu avec plaisir que je parvenais à leur communiquer mon enthousiasme pour les idées métaphysiques et religieuses. Ils ont agi sur moi comme j'agissais sur eux, et ont augmenté mon audace. Tu n'entendras bien tout ceci que si tu sors de ta pensée et de tes alentours, et te transportes à Paris au milieu de nos médecins et de nos philosophes. Je t'avouerai que j'ai découvert avec ravissement qu'il s'était fait à Paris, depuis mon dernier séjour, une révolution très-marquée dans les idées métaphysiques et religieuses. Tout n'est pas encore perdu; la nature hu-

---

[1] L'ouvrage intitulé : *Doctrine des rapports du physique*, etc.

maine n'était qu'évanouie, on peut encore la réveiller, pourvu qu'on ne laisse cette fonction qu'à la philosophie et à la religion pure de tout esprit d'intolérance et d'ambition. Mais si celle-ci emprunte d'autres armes, tout est perdu. Jamais on n'a vu une époque plus remarquable, plus décisive pour les destinées de l'humanité que la nôtre. Je te donnerai des détails à cet égard très-curieux. Vous ne connaissez pas votre position, ni les moyens de l'améliorer. M. de Lamennais fait, à lui seul, plus de mal à la religion que tous les philosophes de tous les temps. J'en suis profondément affligé. Elle est si belle, cette religion, que l'univers entier serait à ses genoux, si l'on n'altérait sa pureté primitive par de faux systèmes, et surtout par un alliage monstrueux de politique que notre divin Maître avait proscrit si fortement. On rabaisse la religion à une institution politique et à l'ignorance de la foi aveugle et sans garantie. Dès-lors, elle subit toutes les chances des choses humaines ; on prend vos Messieurs au mot : ils l'humanisent, au lieu de lui laisser ce caractère de pureté qui suffirait seul, selon moi, pour établir sa divinité. Les écarts mêmes de l'esprit ecclésiastique, pardon de ma franchise, me paraissent montrer de plus en plus sa divinité. Je suis un peu comme cet Anglais protestant qui se convertit quand il vit les désordres de la cour de Rome; mais tout le monde ne pense pas comme cela. Nous en sommes venus à ce point qu'il faut mettre de côté toute vaine réserve, aborder franchement un ennemi qui n'a de force que dans l'ombre et quand on n'ose pas l'attaquer. L'incrédulité est un système absurde pour la raison, impossible pour la pratique, anti-social. Les peuples comme les individus, les savants comme les ignorants, ont faim et soif de la vérité religieuse : il faut la leur présenter telle qu'elle est, sinon les préventions prendront plus de force, et amèneront des résultats qu'il est facile de prévoir, au point où en sont les choses. Pardon, mon très-cher, pour mon homélie... Ces hautes questions font sur moi l'effet des armes sur Achille. Je n'oublierai jamais que c'est à toi que je dois des idées aussi saines, et par contre-coup toute la méthode que je professe dans mon ouvrage. Si jamais je pouvais croire que l'histoire de mon esprit valût la peine d'être écrite, il me serait doux de publier tout ce que je te dois. »

Bientôt après, Bérard eut accès auprès de l'abbé de Lamennais. La conversation de l'illustre écrivain opéra sur lui une sorte de séduction, et la sévérité de son premier jugement, fondé sur tout ce qui se répétait autour de lui dans le monde médical qu'il fréquentait, en fut un peu tempérée. « Mon livre, écrivait-il, m'a mis en relation avec MM. Laromiguière, Cousin, Royer-Collard aîné, Maine de Biran, François de Neufchâteau, Tracy, Degerando... Je suis surtout très-bien avec le fameux abbé de Lamennais. Il gagne beaucoup à être connu ; il vaut beaucoup mieux que sa réputation... Il est d'une simplicité de mœurs admirable, d'une modestie au-dessus de tout éloge. Il n'est pas possible d'être plus profond dans la conversation. Il est fâcheux qu'il soit exagéré et systématique dans ses idées. Il pourrait faire plus de bien encore, s'il était plus sage ; tandis que, selon moi, il nuira à la bonne cause sous certains rapports. Ce qu'il y a de bon en lui, c'est que je me permets de le contredire, et que nous n'en sommes pas moins bons amis. Je discute avec lui comme avec toi ; il te remplace, mais tu es plus sage. Nous nous occupons ensemble des plus hautes questions ; il est admirable, *même en s'égarant.* » Ainsi se révélait à ses yeux, malgré l'éblouissement qu'il devait produire au premier aspect, le vrai caractère de cet astre qui, à son lever, avait, par un éclat merveilleux, réjoui la terre et fait tressaillir de joie tous les enfants de l'Église, et qu'on vit bientôt après, météore effrayant, se précipiter d'une course vagabonde, et se perdre dans l'espace après l'avoir éclairé des plus sinistres lueurs.

Enfin, le 21 novembre 1824, Bérard écrit de Paris à son ami : « Je me fais un devoir, et plus encore un plaisir, de me hâter de t'apprendre le bon état de mes affaires. Je connais trop ta tendre et constante amitié pour moi, pour ne pas être assuré de toute la joie que je te donnerai en t'apprenant que ma nomination (à une place de professeur à la Faculté de Montpellier) est décidée et faite dans le Conseil royal de l'Instruction publique. Je t'envoie ma *Lettre de Cabanis,* avec mes commentaires. Veuille bien la lire avec ton attention ordinaire, et nous en parlerons et discuterons prochainement ensemble. J'ai développé une partie de mes idées sur ce sujet important. Je crois ces idées neuves, et, ce qu'il y a de mieux encore, je les crois fort utiles dans le moment actuel. J'ai pris, je pense, un ton très-convenable, et je ne crois pas que les ennemis aient lieu ou raison de m'adresser sur ce point le moindre reproche. Quelques malins qui ne me connaissent pas ou qui ne veulent pas me connaître, disent que j'ai écrit sur ces matières ce que je ne pense pas, et que j'ai calculé mes paroles plutôt que dit ma pensée. Je leur prouve que mes idées sont tellement enchaînées entre elles, que ce n'est pas un système de calculs, mais un système d'idées. La constance de mes opinions et de ma conduite montrera, j'espère, aux plus incrédules que tout cela part de ma conscience. Je ne puis m'empêcher, à l'occasion de tout cela, de penser que c'est à toi que je dois mon éducation religieuse. Je m'estime heureux de pouvoir rattacher ce que je ferai de mieux au souvenir du meilleur de mes amis. »

Bérard conserva jusqu'à ses derniers jours la foi de ses premières années. Nous avons recueilli de la bouche de l'abbé Flottes une particularité que nos lecteurs nous sauront gré d'avoir consignée dans cette histoire. Un vieux docteur, esprit voltairien, avait un jour raillé Bérard sur les sentiments religieux dont il faisait profession, et témoigné, en termes grossièrement familiers, qu'à ses yeux ce n'était pas foi sincère, mais pur badinage. Lorsque ensuite, sur son lit de mort, Bérard eut réclamé et reçu les consolations solennelles de la religion, il interpella le vieux docteur : « Eh bien! maintenant qu'en dites-vous? Est-ce pur badinage ? »

Nous sera-t-il permis d'exprimer ici le vœu que cette illustre École dont s'enorgueillit la ville de Montpellier, ne consente jamais à séparer la science, objet spécial de son enseignement, de cette philosophie chrétienne dont la lumière découvre à de grandes profondeurs les secrets de la vie ; lumière divine, dont les splendeurs fécondèrent un génie naissant, trop tôt arrêté dans sa course, et réjouirent ses derniers regards, quand les ombres de la mort descendaient sur sa couche funèbre !

Le souvenir d'une noble amitié nous a fait interrompre notre récit au moment où l'abbé Flottes, dans l'impossibilité de mettre au jour une œuvre importante, fruit de longues veilles, n'entrevoyait aucun terme à ses épreuves. Mais la Providence n'abandonna point le pieux et savant abbé. Lorsque tout espoir semblait évanoui, une heureuse révolution vint améliorer son existence. Sa mère avait tout attendu de la protection du vénérable M. Théron, curé de Notre-Dame, et M. Théron n'était plus. Vaincue enfin par l'inflexibilité de Mgr Fournier, elle se résigna à se séparer de son fils, et consentit à ce qu'il entrât au séminaire. Ce jour-là même, le professeur de théologie dogmatique venait de se retirer. Au moment où la cloche appelait les élèves à la salle des conférences, le supérieur de l'établissement, M. Bastet, vieillard grave et austère, appelle le nouveau séminariste et lui dit en son langage toujours laconique : « Allez faire la conférence. » L'abbé, qui s'y rendait comme élève, y paraît en professeur. Il monte en chaire, interroge, argumente, développe le sujet de la conférence. On sort : le supérieur l'appelle de nouveau, et lui dit : « Vous êtes professeur ; vous pouvez aller chez vous. »

Voilà donc le jeune disciple devenu maître, et honoré, à vingt-quatre ans, de l'importante et difficile mission d'enseigner la théologie dogmatique dans le séminaire épiscopal. Cet emploi, en parfaite harmonie avec ses goûts, ses aptitudes intellectuelles, ses longues et sérieuses études, lui souriait merveilleusement, et la faculté de résider auprès de sa mère, hors des heures de conférence, s'accordait en même temps avec les exigences d'une santé qui réclamait les soins les plus attentifs. Bientôt après, il fut appelé à l'ordination du 18 septembre, pour le sous-diaconat ; le 5 mars de l'année suivante 1814, il fut promu au diaconat, et reçut enfin la prêtrise le 26 de ce même mois, après une intervalle de vingt et un jours.

L'abbé Flottes avait conservé les écrits contenant les réflexions et les résolutions que la grâce de Dieu lui avait inspirées pendant les retraites qui précédèrent les ordinations auxquelles il fut appelé, depuis la tonsure cléricale jusqu'à la prêtrise. Elles portent l'empreinte de la piété la plus tendre et la plus judicieuse. On n'a pas de peine à concevoir qu'un esprit aussi naturellement sérieux et pénétrant fût vivement frappé des graves obligations que contracte envers Dieu et envers l'Église celui qui se consacre au service des saints autels.

Enfin, il était heureux Quoique les émoluments du professorat fussent peu considérables, il n'était plus à charge à sa mère. Il possédait l'estime de son Évêque, la confiance du supérieur et des directeurs, ses collègues au séminaire. Les nombreux élèves réunis dans cet établissement admiraient son savoir, la promptitude et la netteté de son esprit, la solidité de ses réponses aux difficultés qu'on lui proposait. Après son ordination sacerdotale, un grand nombre d'entre eux, frappés de ces grandes qualités, jointes à la douceur et à la solidité du caractère, plus libres d'ailleurs dans leurs communications avec lui, par cela même qu'il ne faisait pas sa résidence dans l'établissement, lui confièrent la direction de leur conscience.

Depuis 1813 jusqu'en 1817, l'abbé Flottes remplit les fonctions de professeur de théologie au séminaire. Dans cet intervalle, il livra à l'impression un opuscule sous ce titre : « Introduction aux ouvrages de Voltaire, par un homme du monde qui a lu *avec fruit ses ouvrages immortels.*» Dans cet écrit, l'auteur, empruntant le langage de l'ironie, se présente comme le vengeur de Voltaire, mais dans le but de mettre à nu ses mensonges et ses contradictions. En lançant ce petit écrit, il paraît avoir voulu pressentir le public sur le succès qu'il pourrait se promettre pour l'ouvrage bien plus étendu dont nous avons déjà parlé, et qui devait être suivi d'un second de même étendue, ayant pour objet les difficultés soulevées par les incrédules contre le nouveau Testament. Le manuscrit de cet important ouvrage, retrouvé parmi les papiers de l'abbé Flottes, suppose d'immenses recherches ; sous tous les rapports, il est bien supérieur à l'*Introduction aux ouvrages de Voltaire*. Dans cet opuscule, l'auteur n'a pas évité, comme il l'avait fait dans les *Mensonges du philosophisme, ce ton de dérision dont la vérité n'a jamais besoin, et que lui interdit la charité*. Mais il avait cru peut-être devoir provoquer l'attention par une forme moins sèche, moins grave, relevée au contraire par l'assaisonnement d'une piquante ironie. Cet opuscule ne peut soutenir la comparaison avec aucun des ouvrages qu'il a publiés dans la suite. Lui-même, dans la pleine maturité de son talent, n'en a jamais parlé que comme d'un petit essai de sa jeunesse ; et depuis lors, quand il gratifiait ses amis de toutes les productions de sa plume, celle-là est toujours restée dans l'ombre, même pour les intimes. Elle lui valut néanmoins un témoignage fort honorable consigné dans la lettre suivante qui fut adressée aux frères Tournel, imprimeurs à Montpellier : « 27 mars 1816. Messieurs, j'ai été chargé par le Gouvernement de l'examen de l'ouvrage intitulé : *Introduction aux ouvrages de Voltaire, par un homme du monde,* etc. Je n'en connais pas l'auteur ; mais j'ose garantir que non-seulement c'est un homme instruit, mais qu'il est encore un bon Français. C'est dans ce sens que j'ai parlé de son ouvrage, et je vous prie, pour mon compte, de lui exprimer tout le plaisir que j'ai éprouvé en le lisant. J'ai l'honneur... Le chevalier de Mersan, secrétaire des commandements de S. A. Mme la Duchesse d^{re} d'Orléans, l'un des trois membres de la commission d'examen. »

Dans ce même temps, l'abbé Flottes préparait un autre ouvrage qu'il annonce dans une lettre adressée à ce même chevalier de Mersan, et qui devait être intitulé : *La morale du philosophisme, mise en parallèle avec la morale chrétienne.* Il se proposait de montrer que la première, par ses principes, était la ruine de tout ordre, de toute vertu, de toute dignité humaine, de toute société ; que les crimes de la révolution en avaient été la conséquence nécessaire ; que ces crimes ne pouvaient être imputés à la vraie philosophie, dont les maximes, parfaitement conformes à celles du Christianisme, consacrent toutes les vertus qui font le bonheur et la gloire de l'humanité.

CHAPITRE II

L'abbé Flottes aumônier et professeur de philosophie au lycée de Montpellier.—Son zèle et sa prudence dans l'exercice du saint ministère. — Ses prédications.

Ces premiers travaux de l'abbé Flottes, dont nous venons de rendre compte dans le chapitre précédent, révèlent la puissante activité de son intelligence. C'est dans ce même temps qu'une nouvelle carrière vint s'ouvrir devant lui : la carrière de l'enseignement philosophique, qui fixera désormais sa destinée. Quelques années avant d'entrer au séminaire, ayant revêtu l'habit ecclésiastique, il s'était chargé, sur l'invitation du curé de Notre-Dame, son protecteur, de remplir les fonctions de catéchiste dans l'église de cette paroisse. Malgré sa jeunesse, il y avait tant de gravité dans ses manières, tant de circonspection dans sa conduite, tant de maturité dans son esprit, tant de solidité dans son enseignement, que, toujours contenu et attentif, malgré sa turbulence naturelle, ce petit peuple dont l'instruction lui était confiée, l'écoutait avec un respect religieux. Vers le commencement du règne de Louis XVIII, l'aumônier du lycée de Montpellier obtint une place dans le chapitre royal de Saint-Denis. Sous l'influence de cette atmosphère d'impiété dont l'esprit de la révolution avait enveloppé la France, les élèves du lycée se montraient presque généralement antipathiques aux pratiques religieuses, n'apportant pas même au pied des autels ce que les seules bienséances prescrivent de respect pour nos saints mystères, d'attention à la parole du prêtre exposant la doctrine du salut. Témoin lui-même des succès du jeune catéchiste dans l'église paroissiale de Notre-Dame, persuadé que sa gravité naturelle relevée par la dignité du sacerdoce, par son titre de professeur de théologie et par l'éclat d'un talent qui n'était plus un mystère pour le public, lui donnerait un grand ascendant sur cette jeunesse du collége, le Recteur de l'Académie, dans sa sollicitude pour cet important établissement, crut devoir demander au Prélat qui gouvernait le diocèse de vouloir bien, sans préjudice des fonctions que l'abbé Flottes remplissait au séminaire, le nommer à l'aumônerie du lycée. L'Évêque, qui sait combien est délicate la santé du jeune professeur, répond : « S'il le veut, j'y consens. » L'abbé Flottes accepte. Bientôt tout change de face. Il s'applique à gagner la confiance des élèves par la douceur de ses manières, et leur respect par l'autorité de sa parole. Tous les dimanches, dans une courte allocution, il annonce à son jeune auditoire la vérité évangélique avec une netteté d'exposition, une élévation de pensées, une précision de langage qui commandent l'attention, disposent à la foi, et produisent enfin la docilité par la conviction. L'esprit religieux gagne de proche en proche. Quand il a ébranlé par l'éclat dont il a su environner la vérité chrétienne, le sage aumônier sait aussi condescendre aux faiblesses du cœur; et ménageant un respect humain qui aspire à se vaincre, il reçoit en secret ceux dont la foi n'ose affronter les railleries de leurs compagnons d'études : il les fortifie par la grâce des sacrements. Bientôt la victoire est complète, et nul ne rougit de se montrer chrétien.

A cette époque, le gouvernement de Louis XVIII, frappé des inconvénients qui résultaient de la trop vaste étendue des diocèses créés en France par le Concordat de 1801, songeait, de concert avec le Souverain Pontife, à ériger de nouveaux siéges épiscopaux, et à faire une nouvelle circonscription des églises du royaume. Mgr Fournier, évêque de Montpellier, avait été appelé à Paris. L'archevêché de Narbonne devait être rétabli : il fut offert à ce Prélat, qui l'accepta. Dans ce même temps, la chaire de philosophie au lycée de Montpellier devint vacante. Elle est proposée à l'abbé Flottes. Celui-ci consulte le supérieur du grand séminaire, qui lui conseille d'accepter, attendu que le successeur déjà désigné de Mgr Fournier se propose de confier à des prêtres de Saint-Sulpice la direction de cet établissement. Sur cette réponse, l'abbé Flottes n'hésite pas : il renonce, entre les mains de ce supérieur, à sa chaire de professeur de théologie, pour remplir au lycée, avec les fonctions d'aumônier qu'il exerçait déjà depuis près de trois ans, celles de professeur de philosophie. Mgr Fournier, informé de son acceptation, lui écrit de Paris, le 2 novembre 1817: «Vous voilà donc, mon cher abbé Flottes, professeur de philosophie au collége, et quittant mon séminaire, où vous professiez la théologie, sans m'en prévenir, sans me demander mon agrément... Je ne puis, mon cher abbé, vous louer en cela. Quoi qu'il en soit, comptez toujours sur mon attachement, et sur mon désir sincère de contribuer à tout ce qui pourra vous rendre heureux. † Marie-Nicolas, évêque de Montpellier. »

L'abbé Flottes peut désormais exercer une double action sur cette jeunesse dont la direction spirituelle lui était déjà confiée. Comme prêtre, dans l'ordre de la foi, il éclaire, il bénit, il sanctifie. Sur sa chaire de professeur, son objet est de former la raison, de l'exercer à s'interroger elle-même, à démêler le vrai du faux à travers les sophismes qui l'obscurcissent, à sonder les vérités qui ne dépassent point sa sphère naturelle, en discuter les preuves, résoudre les difficultés. Là, par la démonstration de ces vérités fondamentales qui sont la base de l'ordre religieux et moral, il prépare le champ dans lequel il pourra, comme ministre de la religion, cultiver et faire fleurir la foi chrétienne. Ses rapports de chaque jour avec les autres professeurs du lycée, en lui gagnant leur estime et leur affection, produisent les plus salutaires effets. Par leur intermédiaire, et secondé d'ailleurs par un chef d'un mérite éminent, il peut faire pénétrer dans toutes les classes l'esprit qu'il fait régner dans la sienne. Plusieurs de ces maîtres et bon nombre d'élèves formés par ses leçons lui vouèrent un attachement dont il nous a été donné souvent de voir les touchantes démonstrations. Quand ses jours furent menacés par le coup qui termina sa vie, et lorsque enfin il eut succombé, nous les vîmes faire éclater une douleur qui ne ressemblait pas au deuil ordinaire d'une amitié rompue par la mort.

Le chef distingué qui dirigeait l'établissement à l'époque où l'abbé Flottes y remplissait les fonctions de professeur et d'aumônier, mérite ici une mention particulière. L'abbé Astoud, proviseur du lycée de Montpellier depuis 1815 jusqu'en 1831, a laissé dans cette ville, et surtout dans le corps des professeurs qui, sous son administration, furent chargés de l'enseignement dans les diverses classes, les plus précieux souvenirs. Ils ne formaient tous qu'une même famille, vivant dans la plus cordiale intimité. Tous les professeurs, à l'exception de ceux qui étaient engagés dans le mariage, prenaient leurs repas à une même table, à laquelle présidait le proviseur. Homme de grand esprit, qui avait beaucoup vu, beaucoup observé, aux lumières que donne l'expérience joignant des connaissances littéraires très-étendues, d'un caractère à la hauteur de son esprit, solide, ouvert, affectueux et dévoué, il animait ces réunions par une conversation spirituelle, d'où toute contrainte était bannie, et doublement profitable au lycée par la communication des lumières et par l'union des cœurs. L'abbé

Flottes vivait dans cette société, s'asseyait à cette table, et payait largement son contingent d'esprit, de savoir et d'aimable cordialité. Le proviseur le distinguait singulièrement entre tous ses collègues dans le professorat. Il voulut partager avec lui son appartement; l'abbé Flottes fut pour ce digne chef, non un coopérateur ou un collègue, mais un frère, et plus encore qu'un frère, car il devint le confident de tous les secrets de son âme et le guide de sa conscience.

Le titre d'aumônier du lycée avait été conféré à l'abbé Flottes le 8 février 1815. Peu de jours après, Mgr Fournier voulut lui donner un éclatant témoignage de son estime. Le 13 de ce même mois, il le nomma chanoine honoraire de son église cathédrale. Cette distinction alors n'était point prodiguée; le mérite le plus rare ou les services les plus honorables pouvaient seuls y prétendre, et l'abbé Flottes n'était encore que dans sa vingt-sixième année!

Les fonctions du professorat et celles du saint ministère dans l'intérieur du lycée ne pouvaient suffire à l'ardeur de son zèle et à l'activité de son esprit. L'amour de la science, qui dévorait son âme, trouvait le secret de se satisfaire largement par le bon emploi du temps. Ce temps, si restreint par tant d'inévitables assujétissements, il le multipliait en quelque sorte par l'ordre rigoureusement méthodique de sa vie, et par une habitude de retraite à laquelle il ne dérogeait que pour accomplir d'indispensables devoirs. Quel que fût cet amour de la science, il ne l'a pourtant jamais laissé dégénérer en passion. Il n'arrive que trop souvent que les nobles plaisirs de l'intelligence absorbent l'âme qui en est éprise, et la rendent, autant que les voluptés des sens, indifférente à tout ce qui se passe autour d'elle. Les natures ardentes sentent vivement et profondément : si l'idée du vrai et du beau vient s'offrir à leurs yeux dans toute sa splendeur, elles aspirent à éterniser des extases pareilles à ce que l'histoire nous raconte des Pythagore et des Archimède. Forcées, par les impérieuses nécessités de la vie, de descendre par moments de ces hauteurs, elles se hâtent d'y remonter, oubliant que la contemplation de la vérité, nue et sans voile, dans tout l'éclat de sa beauté, ne sera jamais l'apanage de l'humanité sur la terre, et que Dieu nous mesure la lumière et le sentiment dans les proportions nécessaires, non pour nous asseoir et jouir, mais pour marcher et agir. Nos yeux, dit Malebranche, ne nous sont point donnés pour découvrir la grandeur des corps avec une rigoureuse précision, mais seulement dans les proportions nécessaires pour régler nos mouvements et conserver notre vie. Il en est de même de la science : sa fin est toute pratique, et l'application à la recherche de la vérité doit se régler, non sur l'attrait, mais sur l'utilité commune.

L'abbé Flottes fit de cette maxime la règle de sa conduite. A peine honoré du caractère sacerdotal, il se vit appelé par la confiance des fidèles à la direction des consciences. Sa jeunesse portait sa recommandation dans une haute réputation de science et de piété.

Tous les jours il donnait quelques heures à cette sainte fonction : il n'a cessé de s'y livrer, malgré les occupations les plus multipliées, jusqu'à son dernier jour. Dieu seul a été témoin du bien opéré par lui dans l'impénétrable secret de ce ministère ; seulement, des âmes touchées de la grâce après un oubli plus ou moins long de leurs devoirs envers Dieu, d'autres profondément affligées et que la parole du digne prêtre a soutenues et fortifiées dans leurs épreuves, ont quelquefois, sous l'impression d'un vif sentiment de reconnaissance, déchiré le voile qui dérobait aux regards le mystère d'une charité toute pleine de tendresse paternelle, de patience et de dévouement. Que de fois nous l'avons vu, dérogeant à l'ordre fixé pour ses différents travaux, par l'effet de cette charité qui se fait tout à tous, suspendre ses savantes recherches, s'interrompre dans l'ardeur de la composition, pour aller entendre les confessions de personnes de tout rang et de tout état, qui ne pouvaient se rendre aux heures accoutumées ! Tous les matins, au moment où il se disposait à sortir de sa chambre, on voyait sa porte gardée et comme assiégée : c'étaient de pieux laïques, des prêtres qui venaient déposer dans son sein les secrets de leur conscience, des personnes de toute condition qui venaient prendre ses conseils et réclamer ses décisions. Tous les jours également, après son dîner, de nombreuses visites se succédaient, soit pour jouir des charmes de sa conversation, soit pour faire appel à ses lumières sur des questions, tantôt de littérature, tantôt de philosophie ou de théologie.

La haute idée que ses supérieurs avaient conçue de sa prudence et de son habileté dans la direction des âmes, les détermina à lui confier celle des sœurs de la Charité qui desservaient l'hôpital Saint-Éloi dans la ville épiscopale. Il a rempli cette charge pendant trente ans, depuis 1828 jusqu'en 1858, avec un zèle et une régularité que, ni la faiblesse de sa santé, ni les intempéries des saisons, ni les occupations les plus graves, n'ont pu ralentir un seul jour. Les pieuses filles de Saint-Vincent-de-Paul ne perdront jamais le souvenir de celui qui fut si longtemps le Père de leurs âmes : elles ont fait éclater leur reconnaissance et leur vénération par les larmes que leur arracha, après trente ans des plus saintes communications, la rupture forcée du lien spirituel qui les attachait à ce pieux directeur.

Plus tard, en 1844, il joignit à ces fonctions celle de Supérieur du monastère de la Visitation. Ce dernier emploi il l'a rempli, jusqu'en 1852, avec le même zèle et la même sagesse qui lui avaient mérité au plus haut degré la confiance des filles de Saint-Vincent-de-Paul. Dans la direction de celles-ci, il s'était profondément pénétré de l'esprit de leur glorieux fondateur : il en avait longtemps médité les maximes, étudié la conduite et le langage même, afin de disparaître, s'il était possible, et de n'offrir à ces saintes filles d'autre image, de ne faire entendre à leur cœur d'autre voix que celle de cet illustre et parfait modèle de la charité évangélique. Supérieur du monastère de la Visitation, il s'appliqua à l'étude des écrits de saint François de Sales, se pénétra de ses maximes, s'appropria, autant qu'il fut possible, la suavité de son langage ; et nous avons pu constater, sur des témoignages authentiques, l'heureux effet produit par l'homme de Dieu sur cette nombreuse Communauté, l'un des plus précieux ornements de cette cité de Montpellier.

Le tableau que nous venons de tracer est sans éclat devant le monde. Si l'abbé Flottes se fût absorbé dans ses travaux littéraires et scientifiques; si, par un patient et continuel remaniement de ses productions, il s'était efforcé de leur donner toute la perfection qu'un génie tel que le sien était capable de leur imprimer ; s'il y avait déployé toute la beauté, l'harmonie, la magnificence de style et l'ampleur de vues qu'on admire dans quelques parties de ses écrits et dans un certain nombre de ses leçons de philosophie, il eût sans doute attaché à son nom une plus grande célébrité. Mais il est une vie intérieure dont la beauté se dérobe aux yeux des hommes, et des œuvres dont l'éclat immortel ne doit point briller sur la terre. On l'a proclamé sur sa tombe : « L'abbé Flottes accordait volontiers à quiconque les recherchait, les secours ou les consolations du ministère sacerdotal. » La science, pour lui, n'était qu'un instrument de bien, et la réputation qu'elle lui apportait un moyen d'action sur les esprits, pour les conduire à Dieu. Des âmes d'une sainteté éminente, spécialement vouées aux plus sublimes pratiques de la perfection évangélique; d'autres âmes vertueuses, mais engagées par état dans toutes les sollicitudes de la vie, au milieu du monde; d'autres enfin, longtemps étrangères à tous les devoirs du Christianisme, ont été placées par la divine Providence sous sa direction. Toutes y ont trouvé lumière, paix du cœur, progrès sensible dans la vertu. A leurs fruits, a dit le Maître, vous distinguerez des faux prophètes les envoyés de Dieu. De pareils succès ne s'obtiennent point par de lâches accommodements avec les passions du cœur, et par le sacrifice des principes immuables de la morale chrétienne. L'abbé Flottes avait en horreur ces maximes de relâchement qui justifient le désordre parce qu'elles désespèrent de le vaincre, et ouvrent aux âmes, pour aller à Dieu, une voie que lui-même n'a point tracée. Cette horreur des doctrines relâchées, il la proclamait bien haut; mais sachant compatir aux infirmités humaines, il se prêtait, autant que pouvait le permettre l'inflexibilité de la règle, à tous les tempéraments réclamés par la diversité des caractères et des situations.

Peu content d'instruire, de sanctifier la jeunesse confiée à ses soins, de prodiguer ses conseils et tous les secours de son ministère à toutes les âmes que la Providence lui adressait, l'infatigable abbé, cédant aux sollicitations des Pasteurs préposés aux diverses paroisses de Montpellier, faisait souvent entendre sa voix dans les chaires de leurs églises. Nous avons parcouru le recueil de ses sermons : leur caractère particulier, c'est la solidité de la doctrine, l'ordre méthodique et la vigueur du raisonnement, la noblesse du style, peu de ces grands mouvements qui font les puissants orateurs; néanmoins, le développement de ses preuves, lumineux et abondant, est toujours animé d'une chaleur pénétrante qui ouvre et remue le cœur pour y faire triompher la vérité. Il avait su se garantir d'un défaut qui, à cette époque, déparait l'éloquence de la chaire. L'exposition de la morale évangélique, basée sur les principes des dogmes révélés, qui donnait tant de dignité et surtout d'utilité pratique aux discours des Bossuet, des Bourdaloue, des Massillon, était presque généralement négligée et remplacée par des dissertations plus ou moins éloquentes contre les doctrines de la philosophie moderne. L'abbé Flottes, en établissant le dogme catholique, tendait surtout à réformer le cœur, persuadé que le plus grand obstacle à la foi, ce sont les passions qui le subjuguent.

Depuis son ordination sacerdotale jusqu'en 1829, il exerça par intervalles ce ministère de la prédication. A partir de cette époque, sa santé et ses occupations multipliées ne lui permirent plus de s'y livrer. Nous devons mentionner ici une singularité dont un exemple avait été offert par un prédicateur estimé du xviiie siècle, l'abbé Poulle; elle démontre la vigueur de son esprit et la puissance de sa mémoire. Il composait ses sermons par un travail tout intérieur, sans en écrire un seul mot jusqu'à ce que l'œuvre fût entièrement terminée. Alors seulement il se décidait à les fixer par l'écriture; et puis, pour les graver dans sa mémoire avant de monter en chaire, il les méditait pendant quelques jours dans le trajet de sa demeure au confessionnal, et du confessionnal à sa demeure. Tous les lieux lui étaient propices pour l'exercice de la pensée, et ni le bruit, ni le mouvement n'étaient un obstacle à l'activité de son esprit.

CHAPITRE III

Polémique contre M. l'abbé de Lamennais.

———

L'estime dont l'abbé Flottes jouissait auprès de ses concitoyens croissait de jour en jour ; mais sa réputation n'avait pas encore franchi les limites de sa ville natale, lorsque l'apparition d'un brillant écrivain dans les régions de la science le fit sortir de son obscurité. L'abbé de Lamennais venait de publier le premier volume de son *Essai sur l'indifférence en matière de religion*. L'abbé Flottes le lut avec une avidité proportionnée au bruit que ce livre faisait dans le monde, à la joie qu'il inspirait à tous les amis de la religion, à la célébrité qu'il avait procurée à son auteur. Mais les amis de la religion, « tout en se réjouissant de ce que le Christianisme comptait un apologiste de plus, tout en admirant dans M. de Lamennais la chaleur du style, la richesse de l'imagination, l'élévation des pensées, la puissance de la dialectique, s'aperçurent que cet éloquent écrivain se livrait parfois à des hyperboles et à la déclamation, et ils craignirent même qu'il n'eût une prédilection secrète pour le paradoxe. Ces craintes n'étaient que trop fondées. Le deuxième volume de l'*Essai* fut publié, et cet ouvrage, destiné à établir un système qui n'admet pour fondement de la certitude que le témoignage universel, fut rejeté par la presque universalité des savants. M. de Lamennais se défendit : les lecteurs qui prirent la peine de vérifier les textes cités dans la défense, purent se convaincre que, par des lacunes habilement ménagées, l'auteur présentait quelquefois les passages dont il invoquait l'autorité, sous un jour qui n'était pas le vrai [1]. »

Bientôt après parurent le troisième et le quatrième volume de l'*Essai*. Déjà convaincu de la fausseté du système philosophique de l'auteur, et justement prévenu contre l'exactitude des témoignages qu'il produisait en faveur de ses doctrines, l'abbé Flottes apporta l'attention la plus scrupuleuse à l'examen de ces nouvelles publications. « Ces deux volumes, dit-il, comme toutes les productions du même écrivain, sont remarquables par le style, et portent l'empreinte de son talent. Le quatrième presque tout entier doit être regardé comme un monument précieux, où la divinité du Christianisme brille avec tant d'éclat, qu'un aveuglement opiniâtre peut seul la méconnaître ; mais dans le troisième, M. de Lamennais a cédé complètement à son goût pour les nouveautés. Il s'efforce, dans ce volume, de prouver ces étranges assertions : que la loi morale n'a été connue et n'a pu l'être que par le

---

[1] *Errata du troisième volume de l'Essai sur l'indiff., ou Observ. critiques*, etc., par l'abbé Flottes.

moyen extérieur de l'enseignement ; que l'idolâtrie n'était pas en opposition avec l'unité de Dieu, et que, même au milieu de l'idolâtrie, la croyance du vrai Dieu, d'un Dieu unique, immatériel, infini, éternel, créateur de l'univers, s'était conservée dans tous les temps et chez tous les peuples. L'esprit de système a égaré M. de Lamennais, et ne lui a point permis de s'apercevoir que, pour soutenir ces paradoxes, il altérait les textes et tombait dans des contradictions.»

Ces altérations de textes et ces contradictions, l'abbé Flottes entreprit de les démontrer dans une brochure qu'il publia en 1823, sous ce titre : *Errata du troisième volume de l'Essai sur l'indifférence en matière de religion, ou Observations critiques adressées à M. l'abbé de Lamennais*. En commençant cette polémique, qui continua jusqu'en 1829, sans s'écarter jamais du respect justement dû à un talent de premier ordre, il sembla prévoir l'abîme où l'amour du paradoxe, joint à un orgueil excessif, a enfin précipité cet homme dont la gloire eût été grande et durable si l'intérêt de la vérité eût toujours été son unique guide. « Quel est donc le pouvoir des préjugés et de l'obstination? On embrasse un principe, on le suit, on arrive à un précipice, et l'on s'y jette plutôt que de reconnaître qu'on s'est trompé.» Ces paroles, empruntées au troisième volume de l'*Essai*, et rappelées par l'abbé Flottes au début de sa réfutation, sont comme une prophétie de la triste chute de l'illustre écrivain qu'il va combattre. Avec cette sagacité profonde qui le caractérisait, l'abbé Flottes avait pu deviner que M. de Lamennais, lancé dans une fausse voie, reviendrait difficilement sur ses pas. Le ton le plus tranchant, un goût décidé pour les opinions singulières, un talent supérieur avec cette confiance en soi-même que donne le sentiment de sa force, l'adulation qui aveugle les royautés de tout genre ; tout cela, rapproché des preuves malheureusement trop évidentes et trop nombreuses de la mauvaise foi de l'auteur de l'*Essai*, pouvait bien suffire pour faire, sinon prophétiser avec assurance, du moins appréhender vivement de déplorables écarts.

Nos lecteurs pourront juger du mérite de ce premier écrit contre l'abbé de Lamennais, par le rapide aperçu que nous allons en donner.

Le but que se propose l'abbé Flottes, c'est de réfuter ces deux assertions : La loi dite naturelle n'a pu être connue en aucun temps que *par le secours de l'enseignement extérieur :* Le vrai Dieu a été connu dans tous les temps et chez tous les peuples, par une tradition universelle.

Les philosophes de l'antiquité et les théologiens catholiques soutiennent de concert que chaque homme trouve dans la lumière de son esprit et dans les sentiments de son cœur, un secours suffisant pour connaître les premiers principes de la loi morale, appelée loi naturelle. M. de Lamennais s'élève contre cette assertion, il la déclare *absurde*. Il prétend que la loi écrite d'après saint Paul, *Rom.* 2, dans le cœur des Gentils, peut être entendue d'une loi gravée dans le cœur, *après qu'elle a été révélée à l'individu par l'enseignement extérieur.* C'est là une explication des paroles de l'Apôtre inconnue jusqu'à l'abbé de Lamennais, inconnue de ceux-là mêmes qui dans leur interprétation ont hésité entre la loi naturelle et la loi de grâce imprimée par le Saint-Esprit dans l'âme des Gentils convertis à la foi. On ne peut citer aucun Père, aucun théologien qui ait vu autre chose, dans l'enseignement social, que le moyen de mettre en lumière ce qui est caché dans le fond de toute nature intelligente, et d'éveiller son attention sur des sentiments que la main de Dieu y a gravés. Si la raison des particuliers doit s'incliner devant la *raison universelle,* l'opinion toute nouvelle de Lamennais doit donc être rejetée.

Lamennais cite des autorités en les altérant. Il cite saint Irénée qui a dit : « Dieu a donné aux hommes des préceptes naturels gravés en eux dès le commencement; » mais il retranche ce mot décisif *gravés en eux, ab initio infixa.* Il cite Fénelon et Bossuet pour prouver que l'autorité, l'enseignement extérieur, est le seul moyen par lequel les hommes peuvent connaître la loi morale. Or, Bossuet et Fénelon ne parlent pas de la loi morale, mais des vérités révélées et du sens des Écritures, qui, en effet, ne peuvent être connus avec certitude que par l'enseignement de l'Église.

L'illustre écrivain veut ensuite prouver que le vrai Dieu a été constamment connu chez tous les peuples.

D'après lui, saint Paul, *Rom.* c. 1, dit que les peuples idolâtres connaissaient le vrai Dieu sans le *glorifier*. Mais l'Apôtre parle expressément des *philosophes* et non des *peuples*. C'est ce que porte évidemment le texte de l'apôtre ; c'est ce qu'ont vu tous les Pères et les commentateurs ; Bossuet n'est que leur écho, lorsqu'il dit : « Les philosophes avaient à la fin reconnu qu'il y avait un autre Dieu que celui que le vulgaire adorait, mais ils n'osaient l'avouer (*Hist. univ.*, 2ᵉ part. c. 15). L'abbé Flottes fait remarquer en passant que, d'après le témoignage formel de saint Paul, l'existence et les attributs de Dieu sont révélés par les merveilles de la nature, *per ea quæ facta sunt*, et non *uniquement* par une tradition primordiale.

Lamennais affirme que la philosophie *seule* ébranla les croyances primitives conservées chez les païens. Clément d'Alexandrie soutient au contraire que la philosophie a conservé au sein des nations idolâtres l'étincelle de la vérité, et qu'elle a préparé les Gentils à la prédication de l'Évangile. Bossuet parle comme Clément d'Alexandrie. « Ce qui se passait même parmi les Grecs était une espèce de préparation à la connaissance de la vérité. Leurs philosophes connurent que le monde était régi par un Dieu bien différent de ceux que le vulgaire adorait... Une vérité si importante répandue parmi les Gentils, quoique combattue, quoique mal suivie même par ceux qui l'enseignaient, commençait à réveiller le genre humain. » (*Hist. univ.*, 2ᵉ part., c. 15.)

L'abbé Flottes montre ensuite l'inutilité de plusieurs citations qui ne prouvent rien ; il répond à quelques passages de saint Augustin mal interprétés contre le sentiment de ce Père qui, s'appuyant sur l'autorité de saint Paul, n'attribue qu'aux *philosophes*, chez les païens, quelque *connaissance* du vrai Dieu.

Un passage de Tertullien donna lieu, dans le *Journal des Débats,* à une réclamation. L'abbé Flottes paraissait avoir lui-même altéré ce texte, qu'il prétendait dénaturé par l'auteur de l'*Essai*. Avec la candeur inséparable d'un amour sincère de la vérité, il s'empressa d'adresser au même journal une explication de son erreur. Il avait été trompé par deux exemplaires d'édition différente, l'une de Paris, publiée en 1580 par R. Laurent de la Barre, l'autre de Bâle, publiée en 1562.

Mais le texte tel que le citait Lamennais, et qui paraît être le vrai, ne favorisait nullement son système. « L'auteur de l'*Apologétique aux Gentils*, dit l'auteur de l'*Essai,* déclare expressément que les inventeurs des fables païennes savaient que le Christ devait venir. » Il est évident que ceux qui, à l'origine, ont altéré les vraies croyances par l'invention des fables païennes, n'ignoraient pas ces vraies croyances avant de les altérer ; mais cela ne prouve point que depuis lors elles se fussent conservées pures chez les nations idolâtres.

L'abbé Flottes termine ainsi son opuscule : « Je ne relèverai pas d'autres erreurs. La critique pouvait encore s'exercer sur une infinité de points, dans le troisième volume de l'*Essai*. Elle avait le droit de reprocher à M. de Lamennais d'avoir invoqué, en faveur de ses paradoxes, des textes dont l'authenticité est pour le moins suspecte, tels que les Hymnes d'Orphée, les préambules des lois de Séleucus et de Charondas, etc.; d'avoir prétendu faire connaître la croyance des idolâtres sur la Divinité, par le témoignage de Porphyre, Hiéroclès, Jamblique, etc., qui s'étaient constitués les défenseurs du paganisme et qui étaient postérieurs de plusieurs siècles à l'établissement de la religion chrétienne; d'avoir entassé des citations pour prouver cette vérité non contestée, que les païens adoraient les éléments, des hommes et les passions; d'avoir conclu de la croyance des idolâtres qui admettaient un Dieu supérieur aux autres dieux, que ces idolâtres reconnaissaient un Dieu *immatériel*, *infini*, etc.; d'avoir voulu faire accroire que la loi naturelle ne peut être sûrement connue que par la tradition des peuples, parce que la tradition des peuples rendait hommage à cette loi; d'avoir inféré du voyage de Platon en Égypte, que la doctrine de ce philosophe sur le vrai Dieu était connue des Égyptiens, quoique plusieurs Pères et plusieurs savants pensent que Platon avait puisé sa doctrine dans les saintes Écritures; quoique saint Augustin croie que le philosophe grec n'avait été éclairé que par le spectacle de l'univers; quoique, enfin, les prêtres d'Égypte, qui n'enseignaient pas au peuple leur doctrine religieuse, eussent pu la confier en secret à Platon. Mais mon dessein n'a point été d'indiquer tous les défauts qui déparent le troisième volume de l'*Essai*, comme aussi mon intention n'était pas d'établir les doctrines que M. de Lamennais a attaquées, et dont la vérité a été prouvée dans des ouvrages excellents. Le but que je voulais atteindre, était de montrer que, pour soutenir ses paradoxes, notre illustre adversaire avait altéré les textes et était tombé dans des contradictions. Le petit nombre d'erreurs que j'ai signalées, en suivant l'ordre des pages du troisième volume, m'a fait parvenir à ce résultat. »

En 1824, l'abbé Flottes publia un nouvel écrit ayant pour titre : **M. l'abbé F. de Lamennais réfuté par les autorités mêmes qu'il invoque, ou Observations critiques sur la défense de cet illustre écrivain.** Cette publication est dirigée contre le système philosophique exposé dans le deuxième volume de l'*Essai*. Dans ce système « les sens, le sentiment et le raisonnement, ou pris à part ou réunis, ne sont nullement infaillibles ; l'homme isolé ne saurait être certain de rien ; l'autorité ou la raison générale, le consentement commun, est la règle des jugements de l'homme individuel. Donc, d'après M. de Lamennais lui-même, sa doctrine ne peut être regardée comme certaine, que dans le cas où elle serait sanctionnée par l'autorité, ou la raison générale, le consentement commun. Si le genre humain n'a jamais admis le système qui présente la *raison générale* comme l'*unique* fondement de la certitude, ce système se trouve renversé par les principes mêmes qui le constituent. Ce raisonnement nous paraît sans réplique. M. de Lamennais a senti toute la force de cette objection, et il a avancé *que sa doctrine était aussi ancienne, aussi universelle que le genre humain...* Il a invoqué en faveur de son système les autorités les plus respectables : il l'a placé sous l'égide de saint Augustin, de Descartes, de Malebranche, de Leibnitz, de Bacon, de Pascal, de Bossuet, de Nicole, d'Euler. Les prétentions de M. de Lamennais ne sont pas fondées. Ces grands hommes soutiennent, dans les passages mêmes cités par M. de Lamennais, une opinion contraire à celle que leur prête l'auteur de la *Défense...* Des écrivains de mérite ont combattu M. de Lamennais, et certes leurs ouvrages sont bien propres à réfuter son système et à prouver que ce système est dangereux pour la saine philosophie, pour la religion chrétienne, et pour l'autorité de l'Église catholique ; jusqu'à présent personne n'a songé à signaler les nombreuses citations inexactes à la faveur desquelles l'auteur de l'*Essai* s'est retranché derrière les autorités les plus imposantes. Cependant, en signalant ces erreurs de fait, on remporte sur M. de Lamennais une victoire complète. Alors il est prouvé que les grands hommes dont il invoque le témoignage, bien loin de lui être favorables, lui sont au contraire opposés ; alors il est prouvé que son système n'est étayé que sur *son autorité particulière* ; et dès-lors on a le droit de conclure, en opposant à M. de

Lamennais ses propres principes, que son système, qui *n'admet que la raison générale* comme fondement de la certitude, doit être rejeté par cela seul qu'il n'est établi que par la *raison individuelle* de son auteur. Ce raisonnement, qui est à la portée de tous les esprits, suffit pour réfuter le système de M. de Lamennais...»

On voit toute l'importance du plan d'attaque adopté par l'abbé Flottes. Lamennais a *réduit sa doctrine à quatre propositions très-précises.* C'est par rapport à ces quatre propositions, ou plutôt ces quatre paradoxes, que l'auteur des *Observations critiques* examine les autorités sur lesquelles on prétend les établir.

1er *Paradoxe.* — On ne peut être certain d'aucune vérité, pas même de sa propre existence, si auparavant on n'est assuré qu'il y a un Dieu. Ici l'auteur de l'*Essai* invoque d'abord l'autorité de Descartes. L'abbé Flottes n'a pas de peine à lui enlever cette autorité, en rétablissant les textes dans toute leur intégrité. « Les passages supprimés, dit-il, auraient prouvé que, d'après Descartes, nous étions certains de notre existence, en nous considérant comme une *chose qui pense,* indépendamment de l'existence de Dieu, et quand même on supposerait qu'il y a un Dieu trompeur; et alors aucun lecteur sensé n'aurait pu croire, un seul instant, qu'un génie tel que Descartes pût soutenir si maladroitement le contraire dans la même page et quelques pages plus haut. «*Me trompe qui voudra,* dit Descartes, *si est-ce qu'il ne saurait jamais faire que je ne sois rien, tandis que je penserais être quelque chose.* » Des passages clairs et décisifs démontrent également que Malebranche, Leibnitz, Bossuet, bien loin de faire dépendre de la connaissance de Dieu la certitude de leur existence personnelle, remontent au contraire jusqu'à Dieu en prenant pour point de départ le fait même de leur existence.

2ᵉ *Paradoxe*. — Les sens, le sentiment et le raisonnement, ou pris à part ou réunis, ne sont nullement infaillibles; ainsi, l'homme isolé ne saurait être certain de rien. Pour appuyer cette proposition, Lamennais cite Bacon, qu'il range parmi les sceptiques : ce qui est entièrement opposé à l'esprit du *Novum organum*, où cet écrivain célèbre établit la nécessité de l'observation par les sens dans l'étude de la nature, et, parmi ses aphorismes, il pose celui-ci : « Notre dessein n'est pas de déroger à l'autorité des sens, mais de les aider; ni de mépriser l'entendement, mais de le diriger. »

3ᵉ *Paradoxe*. — La foi, ou l'autorité, la raison générale, le consentement commun, est le seul fondement de la certitude : attribuer quelque infaillibilité aux sens, au sentiment, à la raison, c'est blesser le sens commun, adopter la méthode des hérétiques. Mais saint Augustin, à qui ne manquaient ni le sens commun, ni la véritable foi, a dit : *Je pense, donc je suis certain que j'existe et que je vis. L'homme existe, il est borné, imparfait*; *donc il y a un Dieu, un être infini, parfait*. Le même saint docteur admet le sens intime, les sens et le raisonnement comme des moyens d'arriver à la certitude. Il combat par la raison le pyrrhonisme des académiciens. Il est vrai que saint Augustin a dit : *Lorsque nous apprenons quelque chose, l'autorité précède la raison* ; mais il ajoute immédiatement : La raison néanmoins lui est supérieure : *tempore auctoritas, re autem ratio prior est. La raison*, dit-il encore, *ne se retire jamais entièrement devant l'autorité, puisqu'il faut examiner à qui nous devons ajouter foi.*

Lamennais cite Malebranche ; or ce philosophe a dit : « La connaissance que nous avons de notre âme par conscience ou sentiment intérieur, suffit pour en démontrer l'immortalité, la spiritualité, la liberté, etc. » Il cite Pascal, qui proteste au contraire par ces paroles : «Tout ce que la géométrie propose est parfaitement démontré, ou par la lumière naturelle, ou par les preuves. Rien de si contraire à la raison que le désaveu de la raison dans les choses qui ne sont pas de foi. » Il cite Descartes, et l'on a déjà vu que la base immuable de sa philosophie c'est la certitude des perceptions claires et distinctes. Il cite Leibnitz, et Leibnitz a dit : « Les vérités de fait ne peuvent être vérifiées que par leur confrontation avec les vérités de raison, et par leur réduction aux perceptions immédiates qui sont en nous, et dont saint Augustin et M. Descartes ont fort bien reconnu qu'on ne saurait douter; c'est-à-dire, nous ne saurions douter que nous pensons, et même que nous pensons telles ou telles choses. » Enfin il cite Nicole qui, après Descartes, pose ce principe : « Tout ce qui est contenu dans l'idée claire et distincte d'une chose, se peut affirmer avec vérité de cette chose. »

« Le but que nous nous étions proposé est atteint, dit en terminant l'abbé Flottes. Nous venons de prouver que les autorités invoquées par l'auteur de la *Défense,* bien loin de lui être favorables, lui sont au contraire opposées. C'est en vain que les partisans de notre illustre adversaire essayeraient de répondre que le *germe* de son système est contenu dans les écrits des grands hommes dont il cite de nombreux passages. Comment ces grands hommes pourraient-ils approuver *implicitement* un système qu'ils condamnent *formellement ?* En publiant sa *Défense*, M. de Lamennais n'a donc pas détruit cette objection insoluble, *surtout dans ses principes :* l'auteur de l'*Essai* se présente au XIXe siècle pour nous révéler et pour nous imposer son système de l'autorité générale. M. de Lamennais, nous en convenons, paraît environné de tout l'éclat du talent; mais cet éclat n'empêche pas de remarquer qu'il se présente *seul*, comme les beautés de son style n'empêchent pas les esprits attentifs d'apercevoir les nombreuses citations inexactes répandues dans ses ouvrages... Dans sa *Défense,* il a recours au raisonnement pour soutenir son système. Nous n'avons pas cru devoir le suivre dans cette partie de sa *Défense.* Cet écrivain n'a pas été d'accord avec lui-même, quand il a tâché d'établir, *autrement que par l'autorité*, le système de *l'autorité générale*. Avait-il oublié qu'il disait dans le deuxième volume de l'*Essai* : « Nos raisonnements participent de l'incertitude et de l'imperfection de nos connaissances. La certitude qui se tire du raisonnement est sujette à des difficultés bien terribles. Notre logique manque de base ; elle s'appuie *uniquement* sur des hypothèses gratuites, aussi douteuse elle-même que ces hypothèses. »

Le talent si remarquable de l'abbé de Lamennais, son style plein d'éclat et de mouvement, la profondeur de ses aperçus, sa dialectique vigoureuse, et l'appareil d'érudition qu'il déployait autour de ses idées, avaient séduit un grand nombre d'esprits. Le jeune clergé adoptait avec enthousiasme ses théories philosophiques et théologiques. A la vue de cet engouement dont s'alarmaient avec juste raison les Évêques de France et les anciens du sacerdoce, fidèles gardiens des anciennes traditions, l'abbé Flottes, persuadé que la cause de la vérité réclamait de sa part de nouveaux efforts, résolut de poursuivre une lutte qui n'avait pas été sans succès. Les journaux de la capitale en avaient rendu compte dans les termes les plus flatteurs. « Ce n'est qu'une brochure in-8° de 120 pages, mais elle est d'un athlète consommé, et qui a une longue expérience de ces questions et de ces discussions philosophiques. » Ainsi s'exprimait le *Journal des Débats*, 12 septembre 1824, en rendant compte des *Observations critiques* contre l'auteur de l'*Essai*. « Personne avant

M. l'abbé Flottes n'avait songé à vérifier les autorités citées par M. de Lamennais. On ne supposait pas qu'un homme d'un si haut mérite pût recourir à ces fraudes pieuses, à ces déplorables artifices qui ne conviennent qu'à la médiocrité battue et désespérée. M. l'abbé Flottes a fait un bon ouvrage ; il a rendu service à la philosophie et à la religion. » Tel fut le jugement de l'*Oriflamme*, onzième livraison. La *Revue encyclopédique*, la *France catholique* s'associèrent à ces éloges.

Encouragé par ces premiers succès, l'abbé Flottes publia, en 1825, un écrit plus étendu que les précédents, sous ce titre : *M. l'abbé F. de Lamennais réfuté par les autorités mêmes qu'il invoque, ou Observations critiques sur le 3ᵉ et le 4ᵉ volume de l'Essai, pour faire suite aux Observations critiques sur la Défense.* « Les propositions erronées, répandues dans les deux derniers volumes de l'*Essai*, sont en grand nombre, dit l'auteur de ce nouvel écrit. Les citations dont notre savant adversaire s'efforce de les étayer sont immenses. Il y en a des milliers. Il faudrait plusieurs volumes pour réfuter toutes ces propositions et pour relever toutes ces citations, la plupart inutiles ou inexactes. Ce long travail ne nous paraît pas indispensable pour prévenir contre le système et contre l'érudition de M. de Lamennais. Un travail moins étendu suffit pour atteindre ce but. Nous nous contenterons d'extraire du 3ᵉ et du 4ᵉ volume de l'*Essai* quatre propositions paradoxales : la première de ces propositions renferme tout le système de M. de Lamennais ; les trois autres en sont des conséquences plus ou moins directes ; et nous nous bornerons à signaler un petit nombre de citations inexactes. »

Les quatre *paradoxes* dans lesquels l'auteur des *Observations critiques* résume les deux derniers volumes de l'*Essai*, sont les suivants : La foi ou l'autorité, la raison générale, le consentement commun, est le seul fondement de la certitude. — Dieu, au commencement du monde, révéla par la Parole la loi appelée loi naturelle ; cette loi s'est perpétuée par la tradition chez tous les peuples ; et elle n'a pu être connue des hommes avec certitude que par le secours extérieur de l'enseignement. — L'idolâtrie n'était pas une erreur, mais un crime ; elle n'était pas la violation du dogme de l'unité de Dieu. — Le peuple, par opposition aux Sages, n'a jamais ignoré le vrai Dieu ; un Dieu unique, immatériel, éternel, infini, créateur de l'univers, gouvernant le monde : voilà le premier article du symbole de toutes les nations, qui leur a été transmis par une révélation extérieure, et qui s'est conservé par la tradition dans tous les temps et dans tous les lieux.

Ce ne sont pas, on le voit, de nouvelles questions que l'abbé Flottes va discuter dans ce nouvel écrit. La première, qui a pour objet le fondement de la certitude, a fait la matière de celui dont nous venons de rendre compte ; mais la discussion n'a porté que sur les témoignages des philosophes modernes, seuls invoqués dans la *Défense de l'Essai*. L'autorité des anciens est invoquée dans le 3e et le 4e volume de l'*Essai*, sur cette première question comme sur les trois autres. Un examen des textes les plus importants était nécessaire pour rendre complète la réfutation du système. L'auteur des *Observations critiques* fait remarquer que ce système de l'autorité générale paraît avoir été emprunté à un ouvrage de Pélisson, publié en 1686 sous ce titre : *Réflexions sur les différends de la religion*. « Pélisson se proposait de combattre *l'indifférence religieuse* qui, suivant ses expressions, semblait devenir insensiblement la religion dominante, et de ramener les protestants dans le sein de l'Église catholique. Les *Réflexions* de Pélisson furent attaquées; il les défendit, en publiant successivement trois volumes. Il y établit l'autorité du plus grand nombre comme le *seul* fondement de la certitude. Le système de l'autorité générale, qui y est professé et que M. de Lamennais a renouvelé, expira avec Pélisson. »

Nous ne pouvons reproduire ici cette savante discussion de textes nombreux qui fait la matière de l'ouvrage dont nous nous occupons maintenant. L'auteur y déploie l'érudition la plus variée, jointe à une rare sagacité et une grande vigueur de raisonnement. Partout il signale des passages mutilés ou traduits d'une manière inexacte, et les mêmes passages, entre les mains de l'abbé Flottes, deviennent des armes puissantes contre les doctrines de son antagoniste. En contradiction frappante avec les graves autorités qu'il invoque, l'abbé de Lamennais n'est pas moins en contradiction avec lui-même dans le même ouvrage et sur les points les plus essentiels. On en jugera par le tableau suivant :

«Tous les philosophes anciens ont admis l'éternité de la matière, opinion incompatible avec l'existence de Dieu.» (*Essai*, t. II, p. 157.)	« Pythagore, Empédocle, Philolaüs, Ocellus Lucanus, Timée de Locres, et tous les philosophes de l'école italique, reconnaissent un seul Dieu — qui a tout créé. — Socrate, Platon, etc., avaient la même doctrine. »
«Les stoïciens croyaient..., à je ne sais quelle nécessité fatale, qui entraînait tout et les dieux mêmes.» (*Ibid.*)	«Suivant les stoïciens, Dieu gouverne tout par sa Providence.»
«Aristote proclamait la Divinité, seule cause et seul principe de toutes choses.» (T. III, p. 250.)	«Aristote, d'après Cicéron, admettait l'éternité de la matière.» (*Ibid.*, p. 255, note 4.)
«Les poètes ont corrompu les croyances religieuses des peuples.» (*Ibid.*, p. 159.)	«Les poètes se conformaient aux croyances religieuses reçues généralement.» (*Ibid.*, p. 263.)
«On attachait si peu d'importance aux récits des poètes, qu'on leur donna même le nom de *fables*.» (*Ibid.*, p. 158.)	«Tout le monde lisait les poètes; ils furent à la fois les moralistes et les théologiens de l'antiquité.» (*Ibid.*, p. 263.)
«Il n'était pas question de dogmes dans les mystères du paganisme.» (*Ibid.*, p. 149.)	«L'unité de Dieu faisait partie de la doctrine enseignée dans les mystères.» (*Ibid.*, p. 267.)
«Les païens ne rendaient aucun culte au vrai Dieu.»	«On le priait (le vrai Dieu), on l'invoquait, on chantait des hymnes à sa louange.» (*Ibid.*, p. 290.)

«Suivant Aristote, *Dieu réside dans le ciel, qu'il ne quitte pas.* C'est aussi la doctrine des Indiens, des Chinois, des Perses, des Guèbres, des Péruviens, en un mot de toutes les nations. » (*Ibid.*, p. 86.)

« Un Dieu unique, *infini*, tel était le premier dogme de la religion primitive,.. perpétuellement conservé chez tous les peuples. » (*Ibid.*, p. 62.)

L'*Essai sur l'indifférence* renferme bien d'autres contradictions. Elles étonnent sans doute ; mais que penser de celles qu'il impose violemment, par mutilation et altération de textes, aux plus graves autorités, en leur attribuant un sens qu'elles repoussent formellement? L'abbé Flottes n'avait-il pas raison de s'écrier : « Comment notre illustre adversaire a-t-il pu se résigner à garder le silence, lorsque, d'après le jugement porté par des journaux très-répandus sur nos *Observations critiques*, sa bonne foi pouvait être compromise? Est-il possible de concevoir que M. de Lamennais n'ait pas cherché à expliquer comment, dans sa *Défense*, les textes sont toujours altérés dans les endroits où l'exposition du passage tout entier aurait prouvé que l'autorité qu'il invoque, bien loin de lui être favorable, lui est opposée?...

» Les admirateurs de l'auteur de l'*Essai* diront peut-être : L'antagoniste de M. de Lamennais *n'est rien du tout*. Nous l'avouons, l'antagoniste de M. de Lamennais est inconnu, mais il n'est pas *anonyme*. Il attaque avec modération, il reprend avec décence, nous pourrions même dire avec respect ; et dans une discussion où il s'agit de passages altérés, il rapporte les textes.

Arnaud et Bossuet n'auraient-ils pas rompu le silence si un écrivain, quelque *obscur* qu'il fût, les avait accusés par écrit, en produisant les pièces, de s'être servis, dans leurs ouvrages, de textes tronqués, falsifiés !

» ..... Pour nous, nous sommes convaincu, et les gens d'honneur ne nous démentiront pas, qu'un honnête homme, qu'un prêtre surtout, ne doit rien négliger pour démontrer qu'il ne peut pas même être soupçonné d'avoir altéré la vérité : car toute altération de la vérité est une espèce de sacrilége, Ce sacrilége, il est vrai, n'est pas puni par les lois, mais il est flétri au tribunal de la conscience et au tribunal de l'opinion publique. »

CHAPITRE IV

Continuation de la polémique contre l'abbé de Lamennais.

Dans les trois premiers opuscules dont nous venons de rendre compte, l'abbé Flottes a montré que le consentement commun était entièrement contraire au système philosophique en faveur duquel on l'invoquait avec tant d'éclat. En 1826, il fait paraître un nouvel écrit dans lequel il fait usage, contre les admirateurs de M. de Lamennais, « d'une preuve qui tire sa force de la disposition de leurs esprits et de l'opinion de M. de Lamennais lui-même. Ils répètent sans cesse que les antagonistes de l'auteur de l'*Essai ne sont rien du tout, qu'ils ne méritent pas l'honneur d'être nommés*. Ils disent aussi que l'auteur de l'*Essai* et l'auteur des *Soirées* (le comte J[h] de Maistre) *sont étonnants par l'imposante unité de leurs doctrines* ; qu'ils ont été suscités de Dieu l'un et l'autre, pour faire triompher la vérité, c'est-à-dire le système de l'autorité générale. D'ailleurs, M. de Lamennais s'étaie de l'autorité de M. de Maistre. » L'abbé Flottes entreprend donc d'opposer ces deux écrivains l'un à l'autre, sur les points les plus essentiels du système de l'*Essai sur l'indifférence*. Ces points essentiels sont ceux que nous avons déjà signalés : le consentement commun, seul fondement de la certitude ; la loi naturelle révélée au commencement par la parole, et, dans la suite, connue des hommes par la seule voie de l'enseignement extérieur ; l'idolâtrie, crime, mais non pas erreur, chez les peuples païens. Les passages les plus formels empruntés à l'auteur des *Soirées*, établissent des doctrines toutes contraires. Il reconnaît la puissance de la raison individuelle ; il admet l'évidence personnelle comme preuve et *criterium* de la vérité ; les idées innées, sans lesquelles, dit-il, l'homme ne peut être conçu ; la pensée préexistant au mot, et les principes primitifs gravés dans l'âme humaine par le Créateur, et non point par l'enseignement social ; les traditions vraiment universelles, effet et non pas cause des principes naturels ; le vrai Dieu ignoré chez les peuples païens ; le *paganisme étincelant de vérités, mais toutes altérées et déplacées, de manière que l'idolâtrie était une putréfaction.*

A cette opposition flagrante des doctrines dans les deux écrivains, l'auteur ajoute l'opposition de leurs jugements sur quelques philosophes anciens et modernes, dont les noms sont fréquemment rappelés dans l'*Essai*, les uns avec un dédain superbe, les autres avec éloge. Ces noms sont ceux d'Aristote et de Pascal, de Bacon et de Descartes. « Ce n'est pas sans raison, dit Lamennais, que l'Angleterre se glorifie d'avoir donné naissance à Bacon. Peu d'hommes ont rendu plus de services aux sciences physiques. Depuis longtemps elles s'égaraient dans de vaines subtilités et de ridicules abstractions, lorsqu'il entreprit de les rappeler à l'expérience, comme à la seule méthode efficace pour en procurer l'avancement. » — « C'est une très-grande erreur, dit M. de Maistre, que celle de croire que Bacon a influé sur la marche des sciences. Rien n'est plus curieux, dans l'histoire de l'esprit humain, que l'imperturbable obstination avec laquelle cet homme célèbre ne cessa de nier l'existence de la lumière qui étincelait autour de lui, parce que ses yeux n'étaient pas conformés de manière à la recevoir ; car jamais homme ne fut plus étranger aux sciences naturelles et aux lois du monde. On a très-justement accusé Bacon d'avoir retardé la marche de la chimie, en tâchant de la rendre mécanique, etc. »

Le lecteur aura, sans doute, bien de la peine à concevoir l'*imposante unité* de ces jugements. Mais c'est sur Descartes qu'il importe d'écouter les deux grands écrivains. Auteur d'un nouveau système, Lamennais voyait dans Descartes un rival. Il fallait donc enlever toute autorité au restaurateur de la philosophie dans les temps modernes, au puissant novateur dont le génie avait opéré dans la science une immense et heureuse révolution, et dont les principes, enseignés dans toutes les écoles, étaient défendus et développés par les hommes les plus illustres, dans l'Église comme dans le siècle. M. de Lamennais et ses disciples, adoptant la tactique de Voltaire contre tous les objets de ses attaques, versèrent à grands flots le mépris et l'insulte sur les principes de Descartes ; ils s'efforcèrent de les rendre odieux, surtout aux catholiques, en les présentant comme une source féconde d'hérésies. « La philosophie de Descartes est absurde, désastreuse, dit Lamennais. Elle est contre-nature, et elle conduit à l'athéisme et au scepticisme. La philosophie de Descartes est aussi dangereuse qu'elle est niaise.» Écoutons maintenant M. J^h. de Maistre. « Que j'en veux surtout à ces Français qui ont abandonné, oublié, outragé même le Platon chrétien né parmi eux, et dont Locke n'était pas digne de tailler les plumes ! Descartes était un géant. »

L'abbé Flottes conclut en ces termes : « L'auteur de l'*Essai* et l'auteur des *Soirées* combattent sous des étendards opposés. Et que l'on ne dise pas que l'opposition de ces deux écrivains célèbres, sur le fondement de la certitude, ne porte que sur une question accessoire ! Suivant M. de Lamennais, la question de la certitude *tient à la racine même du christianisme et de la raison humaine.* Que feront les admirateurs *sur parole* de M. de Maistre et de M. de Lamennais ? Ils les confondent l'un et l'autre dans leur *culte* ; ils les regardent tous les deux comme des envoyés de Dieu chargés *de la mission de porter la lumière partout où l'erreur a porté ses ténèbres.* Cependant leurs deux *prophètes* rendent des oracles contradictoires. Accueilleront-ils ces oracles contradictoires aveuglément et avec un égal respect? Certes l'admiration, portée même jusqu'à l'enthousiasme, doit reculer devant une pareille absurdité. »

La rapide analyse que nous avons donnée des écrits de l'abbé Flottes contre le système de l'*Essai*, suffit pour mettre hors de toute contestation la cause dont il a pris la défense. Mais ceux qui ont du goût pour la bonne philosophie, ceux qui désireront connaître toute la pensée des grands hommes dont l'auteur du système a dénaturé les doctrines, devront lire ces *Observations critiques*, où, sous une forme simple et sans prétention, brille la science la plus solide. Quoique l'abbé Flottes se soit renfermé dans l'examen des autorités invoquées, sans s'occuper des raisonnements de Lamennais, son argumentation n'en est pas moins pressante. Elle peut se résumer ainsi : Vous dites : l'autorité est l'unique base de la certitude, et pour le prouver vous citez le témoignage des plus profonds penseurs et des écrivains les plus célèbres, interprètes de la pensée du genre humain. Mais je vous prouve que ces témoignages vous sont contraires, et dès-lors votre système croule. — Non, dites-vous, car vous m'opposez l'autorité : or, que son témoignage soit conforme ou non à mon système, c'est toujours l'autorité qui décide, et par conséquent mon système subsiste. — On réplique : ou les témoignages que vous citez sont à vos yeux l'expression fidèle de la foi du genre humain, ou non. Dans le premier cas, ces témoignages vous étant contraires, l'autorité détruit le système de l'autorité, elle s'ensevelit dans son triomphe; dès que vous ôtez tout autre moyen de certitude, il n'y a plus de vérité, plus de raison humaine : vous avez réussi à établir le plus parfait scepticisme. Dans le second cas, en invoquant le témoignage individuel de chaque philosophe, c'est à l'autorité de la raison individuelle que vous faites appel; de même qu'en me proposant leur jugement et vos raisonnements particuliers, vous faites appel à ma raison individuelle.

Vous répliquez : « Je ne raisonne pas, je constate un fait, c'est que tous les hommes basent leurs croyances sur le consentement commun [1]. » — Je réponds, ou plutôt c'est vous-même qui répondez : « L'homme ne peut comprendre qu'avec son esprit, *juger qu'avec sa raison*, comme il ne peut voir qu'avec ses yeux, ni entendre qu'avec ses oreilles. La certitude est la base essentielle de la raison; car, être incertain si l'on connaît, c'est ne pas connaître; le doute n'est qu'une ignorance aperçue [2]. » Donc, pour avoir quelque certitude, l'individu doit être certain de la vérité de ce principe : *L'autorité est l'unique base de la certitude*. Pour en être certain, il faut que sa raison décide, car l'*homme ne peut juger que par sa raison*. Donc, ce n'est pas à l'autorité, mais à l'évidence, que nous en revenons.

« Je constate un fait. » Oui, vous constatez que les

---

[1] *Défense de l'Essai*, pag. 187.
[2] *Ibid.*, pag. 191.

hommes sont naturellement portés à croire ce qu'ils voient universellement admis, mais vous ne constatez pas qu'ils ne croient que cela ; et nous constatons, au contraire, par les autorités mêmes que vous invoquez, que tous croient au témoignage de la raison, du sens intime et des sens, dans de certaines limites. Vous-même vous constatez « que nous croyons tous invinciblement que nous existons, que nous sentons, que nous pensons, qu'il existe d'autres hommes, etc., et que chacun de nous croit invinciblement à l'existence de l'autorité comme à celle du témoignage[1]. » D'où il suit que nos croyances indépendantes de l'autorité entraînent notre assentiment au même degré que la foi à l'autorité, et que par conséquent la raison, le sentiment, les sens, donnent, dans leur sphère, la même certitude que l'autorité dans la sienne.

« Les partisans du système de l'auteur de l'*Essai*, dit l'abbé Flottes, accusent les adversaires de ce système de rejeter l'*autorité* et de n'admettre pour fondement de la certitude que la raison individuelle. Voici notre profession de foi : Nous reconnaissons, avec les philosophes chrétiens, que le *sens commun* et le *témoignage des hommes* sont des motifs de certitude ; mais nous soutenons avec eux qu'ils ne sont pas les *seuls*. Nous reconnaissons, avec les théologiens catholiques, que les chrétiens doivent recevoir les vérités révélées *par le canal de l'autorité infaillible de l'Eglise.* »

---

[1] *Défense de l'Essai*, pag. 187.

Persévérant dans ses principes sur l'autorité, unique base de la certitude, l'auteur de l'*Essai* dut les appliquer à la société politique. Le livre intitulé : *Des progrès de la révolution*, etc., qu'il publia en 1829, développe les maximes suivantes : L'homme ne vit que dans la société, et la société ne subsiste que par l'obéissance au pouvoir. Le pouvoir ne peut commander l'obéissance qu'au nom de Dieu. Pour cela, deux conditions sont nécessaires : la légitimité du pouvoir et la conformité de son action avec la justice immuable. L'Église, dépositaire infaillible des croyances générales, et, dans l'Église, le Pape, organe infaillible de la vérité, décident avec une autorité souveraine si ces conditions sont remplies. Le glaive matériel est nécessairement subordonné au glaive spirituel, comme le corps doit être soumis à la raison. Le prince qui se révolte contre l'autorité spirituelle perd tous ses titres à l'obéissance, et le peuple opprimé peut et doit user de la force pour se reconstituer chrétiennement. La Déclaration de 1682, qui proclame le pouvoir temporel indépendant du pouvoir spirituel dans l'ordre purement civil et politique, est erronée et hérétique.

Il y a lieu de s'étonner que l'abbé de Lamennais, après avoir établi, dans l'ordre religieux et moral, la souveraineté du genre humain, à l'exclusion des philosophes, qui, selon lui, avaient obscurci et corrompu toutes les traditions, n'ait pas poussé sa logique, dans cette nouvelle publication, jusqu'à constituer les peuples seuls juges et juges infaillibles de la légitimité du pouvoir. Cela viendra plus tard : les *Paroles d'un croyant* seront la conséquence rigoureuse de ses principes. Quant à présent, ayant reconnu l'Église héritière de l'antique autorité du genre humain, *sans laquelle on ne peut être sûr de rien*, il fallait nécessairement lui confier la décision suprême de toutes les questions sociales. Comment le système gallican, dont le rapport avec celui du *consentement commun* aurait dû séduire l'auteur de l'*Essai*, ne lui a-t-il point paru préférable au système ultramontain, qui remet tout entre les mains d'un seul ? Hélas ! il faut bien le reconnaître : comme tous les novateurs, M. de Lamennais s'occupait moins des droits de la logique que du besoin d'exciter du bruit autour de son nom. D'ailleurs, flatter les ultramontains, n'était-ce pas, à ses yeux, un moyen sûr d'attirer de nombreux partisans à ses systèmes, et de s'ériger un trône du haut duquel il aurait régenté l'univers ?

Déjà plusieurs fois il avait attaqué avec violence les maximes de l'église gallicane. Afin de donner plus de cours aux doctrines contraires, telles qu'il les concevait, il les avait formulées en aphorismes. Pour y répondre, l'abbé Flottes avait adopté le même procédé et fait paraître un petit écrit de quelques pages, avec ce titre : *Aphorismatibus in quatuor articulos Declarationis anno* 1682 *editæ, ad juniores theologos, auctore F. de L. M., alia opponuntur aphorismata, auctore J.-B-M. F.* Sous des formules d'une grande brièveté, mais claires, précises et substantielles, il exposait le véritable esprit de la Déclaration de 1682, et la défendait victorieusement contre les assertions de l'abbé de Lamennais, qui la dénaturait par de fausses interprétations, par des altérations essentielles et des conséquences odieuses, arbitrairement déduites. Les aphorismes de l'abbé Flottes étant rédigés en latin, leur publication ne put produire un grand effet.

Mais les doctrines contenues dans ceux de Lamennais étaient exposées dans les *Progrès de la révolution.* L'abbé Flottes les combattit par ses *Observations sur la brochure de M. l'abbé F. de Lamennais, intitulée : Des progrès de la révolution et de la guerre contre l'Église.* Le premier article de la Déclaration de 1682, d'après lequel les souverains sont, dans les choses temporelles, indépendants du pouvoir spirituel, en ce sens qu'ils ne peuvent être déposés ni directement ni indirectement par l'autorité des clefs de l'Église, ni leurs sujets dispensés par elle de l'obéissance qui leur est due, forme l'objet principal de la discussion. L'auteur oppose l'abbé de Lamennais à lui-même, en lui rappelant ces paroles qu'il écrivait en 1818 : « Je déclare tenir autant que personne au premier article (de la Déclaration) », et celles-ci d'une date plus récente, 1826 : « Personne ne dit qu'on doive maintenant rétablir l'usage de ce droit (exercé par les papes au moyen-âge contre les princes temporels). » En 1829, tout est changé; le même écrivain, discutant les quatre articles et spécialement le premier qui nie ce droit, en tant que divinement attribué à l'Église et à ses Pontifes, déclare hardiment cette doctrine *erronée et hérétique!*

Ainsi, en un temps où, parfaitement uni à son chef visible, au vicaire de J.-C., le corps des fidèles catholiques, dans toute l'étendue de l'univers, jouissait de cette *paix des intelligences* qui ne se trouve que dans l'unité de la foi et le saint concert de la charité, un homme appelé par son génie à devenir la gloire de la religion et le rempart de la vérité, venait, en remuant des questions délicates, troubler le monde et jeter un brandon de discorde dans les rangs du clergé. Cette Église de France, toujours attachée par le fond de ses entrailles au siége de Pierre, cette Église, toujours grande et glorieuse par l'éclat de la science et de la vertu, illustre encore par le généreux témoignage qu'elle avait, depuis quelques années à peine, rendu à la foi dans l'exil et sur les échafauds, il osait la dépeindre comme une Église en révolte, et montrer l'anathème prêt à tomber sur elle. Les esprits sages et modérés, quelles que fussent leurs opinions, gémissaient d'un tel emportement, et si l'abbé Flottes se crut obligé à relever quelques assertions du célèbre écrivain, il le fit avec la plus religieuse circonspection.

Quelques lignes seulement du nouvel écrit contre le livre *Des progrès de la révolution*, etc., sont consacrées à la justification de la Déclaration de 1682 dans son ensemble, au point de vue de l'orthodoxie. Sur tous les autres points discutés dans les *Observations*, l'auteur démontre que « les prétendues preuves de l'illustre écrivain sont des raisonnements peu justes, des citations inexactes ou peu concluantes. «Certes, dit-il, il est tout simple qu'un système qui a pour objet de former une alliance sacrilége entre les intérêts d'ici-bas et les intérêts de l'éternité, et d'établir que la révolte peut quelquefois être légitimée par la religion, ne repose que sur de pareils fondements. Pourquoi faut-il que M. de Lamennais ait consacré son génie à la défense de ce système, qu'il s'en soit déclaré le champion, et qu'il le défende avec une amertume et une violence que l'on serait heureux de ne trouver que chez des sectaires? La religion gémit de ce malheur. M. de Lamennais a appelé le public à discuter des questions qui auraient dû n'être agitées que dans l'intérieur des écoles, et il a semé de tristes divisions dans le clergé. Ses doctrines font blasphémer contre la religion de Jésus-Christ; elles font naître, dans l'âme des souverains, des préventions contre l'Église, et elles peuvent s'opposer à ce que nos frères égarés viennent se réunir au troupeau dont le successeur de saint Pierre est le Chef.... Tous les prêtres français reconnaissent la nécessité et éprouvent le besoin de se presser autour de la *chaire romaine*, « tant célébrée, dit Bossuet, par les Pères, où ils ont exalté comme à l'envi la principauté de la chaire apostolique, la principauté principale, la source de l'unité, et dans la place de Pierre l'éminent degré de la chaire sacerdotale; l'Église mère, qui tient en sa main la conduite de toutes les autres églises; le chef de l'épiscopat, d'où part le rayon du gouvernement; la chaire principale, la chaire unique, en laquelle seule tous gardent l'unité.» (Serm. sur *l'unité de l'Église*, 1er point.) Mais les prêtres français connaissent aussi ces belles paroles de Bossuet : « La puissance qu'il faut reconnaître dans le Saint-Siége est si haute et si éminente, si chère et si vénérable à tous les fidèles, qu'il n'y a rien au-dessus que toute l'Église catholique ensemble.» Les prêtres français savent que l'Évangile leur impose le devoir d'enseigner aux peuples de rendre à César ce qui est à César, et à Dieu ce qui est à Dieu. Ils savent pareillement que si jamais la persécution les forçait d'opter entre l'apostasie et la mort, ils devraient dire, avec Tertullien : La religion nous oblige plutôt à mourir qu'à tuer. »

L'auteur de l'*Essai* a dit ailleurs, pour justifier la révolte dans un intérêt religieux, que si les premiers chrétiens ne prirent pas les armes contre les empereurs persécuteurs, c'est qu'ils n'étaient pas assez forts. Bossuet avait déjà victorieusement réfuté cette double erreur de droit et de fait dans ses écrits contre Jurieu. Fénelon[1], qu'on a prétendu opposer à Bossuet, condamne avec la même force toute révolte contre les souverains. Après que le Pape Grégoire XVI a expressément réprouvé les assertions de Lamennais sur les dispositions des premiers chrétiens à l'égard des princes persécuteurs et sur le prétendu droit de révolte, on a

---

[1] *Examen de conscience sur les devoirs de la royauté.* — *Essai sur le pouvoir civil.*

peine à concevoir que des écrivains qui se proclament ultramontains soutiennent encore de si déplorables erreurs [1].

L'abbé de Lamennais ne répondit jamais aux objections de son adversaire. Était-ce dédain? était-ce conviction de son impuissance? Ce qui est certain, c'est qu'à l'argumentation de l'abbé Flottes il n'y avait pas de réplique possible. On peut opposer raisonnement à raisonnement; mais lorsqu'il s'agit de textes altérés et mutilés, et qu'on les rapproche des passages entiers, il suffit d'avoir des yeux pour juger. L'auteur de l'*Essai* ne pouvait néanmoins être indifférent à des attaques si pressantes; car les textes n'étaient pas, comme dans tout autre système, des preuves ajoutées à d'autres preuves déjà suffisantes par elles-mêmes. Dans les principes de l'abbé de Lamennais, la preuve des témoignages était décisive et fondamentale, puisque tout, selon lui, repose sur le témoignage. Une note du dernier écrit de l'abbé Flottes dans cette polémique, nous révèle une particularité, indice certain des préoccupations qu'il devait donner à l'illustre écrivain. «J'ai, dit-il, proposé plusieurs fois à M. de Lamennais de justifier mes observations sur des points de *fait*, devant tels juges qu'il voudrait désigner. L'illustre écrivain a gardé un profond silence. Il a fait paraître, en 1826, une nouvelle édition (in-12) de sa *Défense* et des 3e et 4e volumes de l'*Essai*. Il a conservé

---

[1] *Les principes de 89 et la doctr. catholiq.*, par l'abbé L. Godard.

les citations inexactes que j'ai signalées. Mes observations néanmoins n'ont pas été toutes perdues. J'avais fait remarquer que M. de Lamennais avait commis un énorme contre-sens en traduisant un passage de Cicéron, et qu'il avait mis une note de laquelle il résultait que le savant auteur de l'*Essai* avait confondu, à l'occasion d'une citation hébraïque, un *nom* avec un *verbe*, un *futur* avec un *imparfait*. J'avais aussi corrigé, mais sans en tirer aucun avantage, une faute qui s'était glissée dans une citation latine de Quintilien, faite par M. de Lamennais. L'illustre écrivain a rendu justice, en silence, à l'exactitude de ces trois remarques; et, dans son édition de 1828, il a fait disparaître la faute typographique, le passage de Cicéron et la note... Que M. de Lamennais tienne à sa réputation de latiniste et d'hébraïsant, à la bonne heure; mais ne doit-il pas tenir aussi à sa réputation d'ami de la vérité? »

Autour de lui cependant on tenait à cette réputation d'ami de la vérité. On avait été séduit par son génie, dont les brillantes illuminations devaient enfin révéler les bases certaines, ignorées jusqu'alors, de la philosophie et de la théologie. L'abbé Rohrbacher prit l'initiative d'une correspondance avec l'abbé Flottes, dans le but de s'entendre sur les questions controversées. Les lettres de l'abbé Rohrbacher respirent la candeur, l'amour sincère de la vérité, et une modération qui fait trop souvent défaut dans son *Histoire de l'Eglise*, à laquelle il allait, à cette époque, consacrer toutes ses veilles. On ne lira pas sans intérêt quelques extraits de ces lettres. Dans la première, datée de Paris, 18 juin 1827, il dit : «Monsieur, vous serez sans doute étonné de recevoir une lettre de ma part; je le suis moi-même un peu de vous l'écrire. Depuis plusieurs jours l'idée me vient de le faire, et comme je la crois bonne, je m'y laisse aller. Sans avoir l'honneur de vous connaître, il me semble que vous devez être un bon prêtre, et que vous désirez le bien de l'Église. D'un autre côté, quoique vous ne soyez pas obligé de me croire sur parole, je puis vous l'assurer en toute sincérité, l'Église catholique et son Chef, voilà, sans aucune comparaison, la première pensée de mon esprit, la première affection de mon cœur, le premier but de tous mes petits travaux. Vient ensuite la France...; après cela seulement, les individus, quels qu'ils puissent être.

» Je défends ce qu'on appelle doctrine du sens commun et ultramontanisme, non-seulement parce que cela me paraît vrai, mais encore parce qu'il me semble que c'est l'unique moyen de mettre un ensemble satisfaisant dans les idées, de renverser par la base le principe fondamental de l'incrédulité et de l'hérésie... Maintenant, que le chef de l'Église fasse entendre que ces doctrines-là sont des erreurs, je le croirai de cœur et d'esprit.

« Dans le *Catéchisme du sens commun*, j'ai tâché d'exprimer le plus clairement possible la manière dont je conçois dans son ensemble la doctrine de l'autorité. Vous en avez critiqué quelques citations ; quoi qu'il en soit, il n'y a eu de ma part aucun dessein de tromper... Je vous prie d'examiner ce petit livre avec plus d'attention et de sévérité, surtout dans son ensemble, et si vous en trouvez le fond erroné, d'exposer un autre ensemble de doctrine, pour ainsi dire, parallèle, qui ne donne aucune prise à l'esprit privé de l'incrédule et de l'hérétique... »

Nous ne connaissons pas la réponse de l'abbé Flottes ; mais la lettre suivante de l'abbé Rohrbacher nous en indique les points principaux. « Paris, le 12 août 1827 : Monsieur, voici quelques réflexions que m'a suggérées votre lettre du 22 juillet, qui renferme l'exposition de vos principes. Vous dites : La révélation faite au premier homme ne s'est pas conservée, chez les païens, pure et entière. Je le crois comme vous ; mais toutefois s'est-elle conservée chez eux, quoique non pure ni entière. Également, ce que vous dites sur la foi dans les mystères de la Sainte-Trinité et de l'Incarnation, avant J.-C., je l'adopte volontiers. Vous dites encore : Le consentement commun n'est pas toujours une marque de vérité : il y a eu des erreurs qui ont été sanctionnées par l'autorité du plus grand nombre. Voici quelle est ma pensée : Le consentement commun n'est pas toujours une marque de vérité, je l'accorde ; ainsi y a-t-il eu des hérésies qui, dans certains pays et à certaines époques, ont eu pour elles la foule. Mais ce que je n'admets point, c'est que jamais aucune erreur ait été crue partout et toujours et par tous ; c'est que jamais erreur ait été sanctionnée par cette maxime catholique : *Quod ubique, quod semper, quod ab omnibus.* »

On voit ici combien le disciple s'éloigne des doctrines du maître. Rohrbacher avoue que la révélation faite au premier homme ne s'est pas conservée, chez les païens, pure et entière; et l'auteur de l'*Essai* nous la présente comme *un fond commun de vérités inaltérables, perpétuellement reconnues et proclamées par la raison universelle* [1]. Rohrbacher reconnaît que le consentement commun n'est pas toujours une marque de vérité, qu'il y a eu des erreurs qui, à *certaines époques*, ont eu pour elles l'autorité du plus grand nombre; et, au contraire, l'auteur de l'*Essai* déclare que le consentement commun ne s'égare en aucun temps, et conséquemment il affirme *que, depuis l'origine du monde, la plus grande autorité visible a constamment appartenu à une seule religion, dont la vérité a pu toujours être reconnue à ce caractère*[2]; *qu'une tradition constante, unanime, conserva dans le monde entier la connaissance de la révélation primitive, qui, depuis l'origine des temps, ne cessa jamais d'être l'unique religion qui existât sur la terre; religion véritablement catholique dans la plus stricte acception du mot*[3]?

Ainsi la vérité gagnait du terrain ; les efforts des antagonistes de l'abbé de Lamennais ramenaient peu à

---

[1] *Essai*, tom. III, pag. 487.
[2] *Ibid.*, tom. III, pag. 1.
[3] *Ibid.*, tom. III, pag. 481.

peu les esprits les plus prévenus. Bientôt l'Église fit entendre sa voix : les Évêques de France publièrent contre un grand nombre de propositions extraites de ses écrits une censure doctement motivée. Le Pape Grégoire XVI, dans deux encycliques successivement publiées, condamna plusieurs propositions, et notamment « ce fallacieux système de philosophie récemment inventé..., système où, entraîné par un amour téméraire et sans frein des nouveautés, on ne cherche plus la vérité là où elle est certainement, mais où, laissant de côté les traditions saintes et apostoliques, on introduit d'autres doctrines futiles, incertaines, qui ne sont point approuvées par l'Église, et sur lesquelles les hommes les plus vains pensent faussement qu'on peut établir et appuyer la vérité. »

CHAPITRE V

Coopération à l'Encyclopédie moderne et à l'Encyclopédie du XIXe siècle. — Maladie grave.— Érection d'une Faculté des lettres à Montpellier. — L'abbé Flottes, professeur de philosophie à cette Faculté.— Heureux résultats de son enseignement.

Ce fut pour l'abbé Flottes une bien douce satisfaction de voir ses appréciations consacrées, et la lutte entre les deux camps terminée par l'intervention suprême de l'Église. Une conviction fondée, non sur son propre sens, mais sur l'enseignement unanime des Pères et des saints Docteurs, avait été son premier mobile, et le charme si puissant de la vérité connue sa première récompense. Mais l'activité de son esprit n'avait point été absorbée par ses vastes recherches pour la réfutation de l'abbé de Lamennais. A cette même époque, le projet d'une Encyclopédie rédigée dans un esprit tout opposé à celui de la fameuse Encyclopédie de d'Alembert et de Diderot, avait été conçu. Cette grande entreprise, inspirée par l'amour de la science et de la religion, ne pouvait être réalisée qu'avec le concours d'hommes distingués par leurs lumières dans les diverses branches des connaissances humaines et par la sagesse de leurs principes. La réputation de l'abbé Flottes commençait à s'étendre. Ses aphorismes, qu'il désirait faire insérer dans un journal de la capitale, devinrent l'occasion d'une correspondance avec le célèbre Lanjuinais, qui l'engagea à mettre sa plume au service de l'Encyclopédie moderne, dont quelques volumes avaient déjà paru. Son concours fut réclamé par le chef de l'entreprise, pour la partie théologique; il accueillit cette demande avec empressement. C'est à dater de l'année 1826, parmi les sollicitudes du saint ministère, parmi les travaux de son enseignement philosophique au lycée et des savantes recherches qu'exigeait sa longue lutte contre l'abbé de Lamennais; c'est au milieu de ces nombreuses préoccupations qu'il sut se ménager le temps nécessaire pour rédiger des articles remarquables sur les plus graves questions de la théologie. Dans un cadre nécessairement circonscrit, chacune de ces questions est traitée d'une manière complète, avec netteté, précision, et une grande largeur de vues jointe à l'exactitude la plus rigoureuse. Quoique doué d'une forte imagination et de toutes les qualités qui font l'homme éloquent, l'abbé Flottes était entraîné par son goût dominant vers le fond des choses. En résumant dans des articles substantiels, sans phrases, mais en un style parfaitement pur, toute l'érudition et toute la philosophie d'un grand traité, son esprit était dans son véritable élément. Il donna vingt-cinq articles à l'Encyclopédie moderne. Quand l'ouvrage fut terminé, son concours ayant été réclamé pour l'Encyclopédie du xixe siècle, il en fournit à celle-ci quatre-vingt un [1].

A des occupations si graves et si multipliées, l'abbé Flottes, en 1829, avait ajouté un surcroît de travail auquel sa faible santé ne put résister ; il avait, pendant le carême, prêché les dominicales dans l'église de Notre-Dame, dans le même temps qu'il publiait le dernier écrit qui termina sa lutte contre l'auteur de l'*Essai sur l'indifférence*. Tant de travaux accumulés ébranlèrent cette frêle organisation : une maladie d'une extrême gravité en fut le résultat. La santé lui fut rendue, mais sensiblement affaiblie. Il resta toute sa vie sujet à une impressionnabilité qui donnait lieu à des accidents singuliers. Ce furent dans les premiers temps des vertiges fréquents, des images fantastiques, ou des souvenirs de ses lectures qui l'obsédaient avec une invincible opiniâtreté, des spasmes à la vue de la petite rivière du Lez, qui coule à peu de distance de la ville, lorsque, pour obéir aux prescriptions du médecin, il se résignait à faire quelques promenades en voiture ; promenades lointaines pour un homme qui non-seulement n'a jamais quitté sa ville natale, mais ne s'est jamais permis une excursion jusqu'au

---

[1] L'abbé Flottes a déclaré plusieurs fois à ses amis que c'est dans la première édition de l'Encyclopédie moderne qu'il faut chercher la série complète de ses articles ; et, dans une note écrite de sa main, il dit : Les épreuves n'ayant pas toujours été adressées à l'auteur, des fautes nombreuses de typographie se sont glissées dans les articles, surtout à l'article *Sacrements*.

village le plus voisin. Dès son enfance, on vit paraître les premiers symptômes de cette excessive sensibilité de son organisation. Un jour d'hiver, tandis qu'une neige abondante couvrait le sol, il voulut imiter les enfants de son âge, et se divertir en ramassant un peu de cette neige, pour la pétrir dans ses mains. A peine en a-t-il senti l'impression, qu'il tombe sans connaissance sur le bord d'une cave ouverte à ses côtés. Dieu veilla sur ses jours et le retint dans sa chute. Après cette grave maladie dont nous venons de parler, les accidents qui en avaient été la conséquence s'affaiblirent par degrés. Mais son tempérament demeura toujours sensiblement impressionnable; il disait agréablement à ses amis : Je crains Dieu et l'air. Les vertiges le surprenaient de temps en temps au milieu des rues, provoqués par la tension trop continue de son esprit : l'énergie de sa volonté en triomphait. Nous le verrons, en 1857, céder à la gravité de plus en plus menaçante de ces vertiges, et prendre une retraite méritée par de longs travaux; puis enfin, à l'âge de soixante et quinze ans, succomber à une dernière et violente secousse. A l'époque où nous sommes parvenus, de 1829 à 1830, il sentit qu'il ne pouvait plus suffire à tout le travail qu'il s'était imposé. Il crut devoir résigner les fonctions d'aumônier du lycée; mais il demeura toujours attaché à cet établissement en qualité de professeur de philosophie.

Nous arrivons à la plus brillante époque de la vie

de l'abbé Flottes. De la modeste chaire qu'il occupait au lycée de Montpellier, la main de la Providence va le conduire sur un théâtre où son génie, se déployant avec plus d'éclat, fixera plus que jamais sur lui l'attention publique, et, par un enseignement du plus haut intérêt, servira avec un grand succès la cause de la vraie philosophie, qui n'est autre que la cause même de la religion.

La culture de l'esprit, la diffusion des lumières sont incontestablement l'un des moyens les plus efficaces pour adoucir les mœurs, inspirer les sentiments généreux, affermir l'ordre public, environner une nation d'un éclat immortel. Pénétré de cette maxime, un ministre éclairé conçut la pensée d'augmenter dans les provinces du royaume le nombre des Facultés des lettres. Montpellier possédait, avant la révolution de 89, une Université très-renommée dans le midi de la France, où toutes les sciences, y compris la philosophie et la théologie, étaient enseignées, et les grades conférés avec une solennité imposante, sous la présidence de l'Évêque, chancelier de cette Université. Depuis plusieurs siècles, son École de médecine est célèbre dans toute l'Europe. Longtemps aussi cette cité vit briller au milieu d'elle une Faculté de droit qu'illustrèrent des hommes dont la renommée vit encore. La science et les lettres doivent toujours se donner la main : les lettres ne sont pas une simple parure de l'esprit, elles sont encore un instrument de progrès. Lors même qu'elles ne serviraient qu'à orner la science et à l'entourer de plus d'attraits, ce serait encore là un bienfait du plus grand prix. Mais l'étude des chefs-d'œuvre de l'esprit humain, de l'histoire, de la philosophie, donne aussi à la pensée plus de justesse, d'étendue et d'élévation; l'histoire transmet l'expérience des siècles, et la philosophie, par des principes féconds et une méthode sûre, conduit à de précieuses conquêtes. L'influence d'un tel enseignement sera toujours grande pour le bien de la société, si, dans ses organes, un esprit sincèrement religieux s'allie toujours au savoir pour lui servir de guide.

Montpellier, ville scientifique, devait donc être doté d'une Faculté des lettres; il le fut en 1838. Les choix du gouvernement pour les diverses chaires de cette Faculté répondaient parfaitement à la sagesse de ses vues. La voix publique désignait hautement l'abbé Flottes pour la chaire de philosophie : il avait fait ses preuves, et son nom était dans toutes les bouches. Docteur ès-lettres depuis 1818, son enseignement au lycée, ses écrits plein de logique et d'érudition contre un athlète qui depuis quelques années occupait avec tant d'éclat la pensée du monde savant, étaient des titres incontestables. Chargé d'abord, sans titre définitif, du cours de philosophie dans la nouvelle Faculté, peu de jours après, sur ses justes réclamations solidement motivées, il fut nommé professeur titulaire.

Il venait à peine de recevoir la lettre du Ministre qui lui conférait ce titre, lorsqu'il apprit qu'un haut fonctionnaire avait témoigné quelques inquiétudes sur les dispositions des étudiants en médecine, qu'on pourrait, disait-il, *lâcher contre la soutane du professeur*. La fermeté de son caractère, et la puissance de son talent qui lui garantissait le succès, auraient fait dédaigner à l'abbé Flottes de semblables appréhensions. Mais, dans la dignité du caractère sacerdotal dont il était revêtu, il révérait toute la dignité de la religion, et son esprit, ami de l'ordre et de la paix, n'eût jamais voulu fournir à une turbulente jeunesse le plus léger prétexte d'agitation. Il écrivit donc au Ministre de l'instruction publique; et, après lui avoir rendu compte des propos tenus au sujet de sa nomination, il lui dit : « Ce langage, Monsieur le Ministre, m'a inspiré les plus vives inquiétudes. Certes, je puis compter sur la bienveillance de mes concitoyens; mais la Faculté de médecine est orageuse. Elle renferme dans son sein un grand nombre de jeunes gens étrangers à la ville. Je ne puis supporter la pensée que je pourrais être une occasion involontaire de trouble et de désordre ; et, dans cette circonstance, je regarde comme un devoir de faire le sacrifice de ma chaire de la Faculté. Un esprit aussi élevé que le vôtre comprendra ma délicatesse et ne saurait improuver ma détermination. »

Assuré de la bonté de son choix par l'applaudissement unanime des habitants de Montpellier, applaudissement auquel s'associait cette même voix qui prophétisait des tempêtes, le Ministre persista, et l'abbé Flottes prit possession de sa chaire. La suite a prouvé combien les craintes manifestées étaient imaginaires. Jamais sanctuaire de la religion n'a été plus grave, plus solennellement recueilli, que cette enceinte de la Faculté où la voix du professeur fit entendre, pendant dix-huit années, le plus solide et le plus majestueux enseignement. Quatre mois après, le 23 février 1839, le vénérable M. Coustou, vicaire-général du diocèse, faisant allusion à une opposition sourde, mais puissante, qui avait tenté d'entraver le choix du Ministre, écrivait à un de ses amis : « L'abbé Flottes se fait beaucoup d'honneur par les leçons publiques de son cours de philosophie. Il fixe tous les yeux et encore plus les oreilles de ses nombreux auditeurs. Il fallait tout ce qui s'est passé pour mettre au grand jour tout le mérite de l'abbé Flottes. Il est des personnes à qui l'on pourrait dire à cette occasion : *Les gens que vous tuez se portent assez bien.* »

Pendant ces dix-huit années d'enseignement public, l'abbé Flottes, deux fois la semaine, vit se presser constamment, autour de sa chaire, un auditoire d'élite, composé de magistrats, de professeurs, de membres du clergé, de tout ce que la ville comptait d'hommes voués au culte des lettres, de dames qui savaient apprécier les nobles jouissances de l'esprit. La voix grave et sonore du professeur, l'enthousiasme qui illuminait son front et brillait comme une flamme dans ses yeux ; sa parole, d'une énergique précision dans l'exposition doctrinale, d'une noblesse et quelquefois d'une magnificence rares dans les développements ; ses aperçus tout à la fois larges et profonds, remontant aux principes les plus abstraits sur chaque question, et, dans un discours de médiocre étendue, l'embrassant néanmoins tout entière ; puis çà et là des mouvements du plus grand effet : tout cela faisait de ce cours de philosophie, pour les esprits qui avaient l'idée et le sentiment du beau et du vrai, un de ces spectacles qui ravissent l'intelligence. On en sortait toujours meilleur. Ce n'était pas seulement un banquet de grandes pensées pour le plaisir de l'esprit ; le cœur y avait sa part. Les principes de l'ordre religieux et moral, leurs applications pratiques rattachées aux spéculations les plus abstraites, réveillaient ou fortifiaient dans le cœur les sentiments par lesquels l'homme tient à Dieu et à la vertu. Bien des préjugés s'effaçaient sous l'influence de ce lumineux enseignement ; les esprits les plus prévenus s'étonnaient des splendeurs qu'une saine philosophie faisait briller sur la religion. D'éloquents sermons n'auraient pas produit d'aussi précieux résultats.

Nous ne pouvons résister au besoin de reproduire ici quelques lignes exprimant la pensée des hommes compétents sur les débuts de ce professorat, et consignées dans le *Courrier du Midi*, en 1840 : « Si le sort eût fait naître le professeur dans la capitale, la force des choses l'eût appelé en Sorbonne, et il s'y serait élevé à la hauteur des premières ou du moins des plus intéressantes sommités de la science. Le secret de ce professeur, c'est d'attacher autant qu'il éclaire. Et quelles clartés sont plus vives que celles de son esprit! quelle parole est plus docile à les manifester! Le talent de M. Flottes touche, par l'intelligence aux plus hautes profondeurs de la métaphysique, et par le mode de son expression à la plus haute puissance de la méthode et aux vifs entraînements de l'éloquence. C'est que, semblable au métal longuement épuré par le feu du creuset, sa parole sort comme de l'or pur des profondeurs où son intelligence l'a tenue longtemps captive; c'est qu'elle s'échauffe et se moralise dans un cœur plein des sentiments les plus élevés ; c'est qu'elle est comme le miroir où se réflètent les merveilles rendues visibles de nos facultés intellectuelles. J'ignore si la science avoue sa méthode et toutes ses appréciations ; mais ce que je sais bien, ce que j'éprouve bien, c'est qu'il est impossible de sortir de l'enceinte où on l'a entendu, sans avoir fait un grand pas dans la connaissance de soi-même, sans éprouver plus de penchant pour le bien. Dans des matières si ardues, aucune parole, aucun raisonnement du professeur ne vous échappe : cette puissance sur leurs semblables n'est donnée qu'aux esprits les plus éminents. La place de M. Flottes est marquée parmi eux. »

L'abbé Flottes n'écrivait pas ses leçons ; il se contentait de dicter la série des propositions à développer, de noter en quelques mots les preuves, les tableaux à peindre, et les principaux traits qui devaient orner ces tableaux. Il méditait attentivement ces notes, et, lorsqu'il paraissait dans la chaire de la faculté, son âme, alors toute pleine de son sujet, s'épanchait en un langage magnifique. Ce n'est point sur ses écrits, rédigés dans le silence du cabinet, qu'il faut le juger au point de vue littéraire. Quand il écrivait, sa principale préoccupation c'était l'exactitude du plan, la valeur des preuves, l'ordre et la solidité des raisonnements, et enfin la clarté de l'expression. Quant à l'élégance et à l'harmonie du style, elles n'occupaient dans sa pensée qu'un rang très-secondaire. De là quelques négligences, trop peu de variété et de mouvement dans le discours, quoique dans l'ensemble sa diction ne manque ni d'élégance, ni de force et d'élévation, et qu'il n'y ait même aucun de ses écrits où l'on ne rencontre quelques pages dignes des plus grands écrivains. L'abbé Flottes n'ignorait pas cependant que les œuvres de l'esprit ne peuvent guère parvenir à l'immortalité sans la perfection de la forme, qui souvent même supplée à la solidité du fond. « Le langage, a-t-il dit lui-même dans son cours de philosophie, est doué d'une puissance immense, quand il s'adresse à la raison, à l'imagination et au sentiment ; il saisit alors l'homme par tout son être ; idée pour l'esprit, sentiment pour l'âme, tableau pour l'imagination, musique pour l'oreille, une telle langue, quand elle est bien parlée, foudroie, entraîne, charme. »

Dans des écrits dont les matières les plus abstraites faisaient tout le fond, et dont la lecture devait nécessairement exiger l'attention la plus sérieuse, l'abbé Flottes estimait que, s'adressant particulièrement à la raison, il devait parler peu au sentiment et à l'imagination, qui souvent éblouissent l'esprit et lui font perdre de vue le point précis de la difficulté dont on cherche l'éclaircissement. La vérité présentée avec ses attraits simples et modestes, sous le voile transparent d'un style clair et limpide, lui semblait devoir plus aisément s'insinuer et conquérir l'assentiment du lecteur. Mais dans des leçons publiques, où la rapidité du discours laisse peu de temps à la réflexion et permet rarement de s'enfoncer dans les profondeurs de la plus haute philosophie, où d'ailleurs le professeur s'adresse à des auditeurs d'intelligence très-diverse, qu'on ne peut attirer et fixer que par le prestige de la parole, le soin de la forme devient rigoureusement indispensable au succès de l'enseignement. L'abbé Flottes l'avait compris, et il écrivait à M. de Salvandy, alors Ministre de l'instruction publique : « Vous le savez, M. le Ministre, ces Facultés, surtout en province, ont peu d'auditeurs obligés. Les professeurs doivent faire la conquête de leur auditoire et le captiver par la séduction de la forme. Un cours de philosophie est bientôt déserté, si la vérité abstraite n'est point revêtue d'images qui lui communiquent le sentiment et la vie. »

En voyant une si belle intelligence appliquée, pendant plus de vingt ans dans l'étroite enceinte d'une classe de collége, et pendant dix-huit ans dans celle d'une Faculté, à l'enseignement de la philosophie, on se demandera peut-être si l'abbé Flottes n'aurait pas dû faire un meilleur emploi de son savoir et de ses talents. Ceux-là surtout devront se poser cette question, qui ont nié l'utilité des études philosophiques, ou du moins leur opportunité par rapport à la jeunesse des colléges. On a dit : la philosophie, c'est la science du doute; elle est fatale aux hommes d'un âge mûr ; combien plus le sera-t-elle à de jeunes intelligences, à qui il faudrait laisser ignorer que les vérités fondamentales de la raison, de la religion et de la morale peuvent être contestées, et pour qui l'autorité des traditions domestiques et publiques, d'accord avec les tendances naturelles de l'esprit et du cœur, sont la plus claire et la plus invincible de toutes les démonstrations? Cette difficulté, grave au premier coup d'œil, n'est en réalité qu'un sophisme. Les croyances qui n'ont pas pour base une raison éclairée, ne résisteront guère aux premiers doutes qu'amène bientôt à sa suite l'éveil de l'intelligence. Il est impossible qu'un esprit doué de quelque pénétration n'en vienne tôt ou tard à se demander sur quoi reposent la certitude humaine et les croyances générales qui dirigent toute notre vie. Cela est surtout impossible dans les temps modernes, où toutes les vérités ont été et sont encore tous les jours mises en question. Dans les assauts qui lui sont livrés à chaque instant, que deviendrait une raison désarmée? L'enseignement philosophique, confié à des hommes tels que le sage et habile professeur dont nous racontons la vie, sert efficacement à asseoir d'une manière ferme et à protéger avec succès les convictions nécessaires à notre nature intellectuelle et morale.

Sur cette grave question, laissons la parole à notre savant professeur : « On ne peut le révoquer en doute : les études philosophiques contribuent à notre perfectionnement intellectuel et moral. Elles nous font résoudre les questions qui répondent à nos besoins les plus intimes et qui sont la vie des sociétés. Elles nous forcent à contracter l'habitude de la réflexion. Elles nous initient aux secrets de la vraie méthode qui dirige dans les sciences. Elles nous apprennent à analyser avec soin et à systématiser avec exactitude. Elles nous apprennent à chercher la raison des choses et nous donnent ainsi l'esprit philosophique, qu'il ne faut pas confondre avec l'aptitude à tirer des déductions : aptitude qui n'empêche pas d'admettre des principes faux, et qui, à force de logique, pousse dans l'absurde...

» Ces études ont été proscrites comme nuisibles. On a dit qu'elles menaient au scepticisme, qu'elles étaient contraires à l'ordre social et hostiles aux croyances religieuses. Élevons la voix avec assurance : la philosophie a été calomniée.

» La philosophie a la mission de détruire les erreurs et de proclamer la vérité. Or l'humanité, en passant sur cette terre, se trouve placée dans des circonstances diverses. Elle a tour à tour des époques de crise et d'organisation. Dans les premières, la philosophie doit détruire ; dans les secondes, elle doit restaurer. Mais la philosophie est un instrument confié à des êtres soumis aux illusions de l'esprit et aux écarts de la volonté. Faut-il s'étonner que des hommes décorés du nom de philosophes, jouets de l'erreur ou cédant à des passions mauvaises, aient fait de cet instrument un pernicieux usage? La philosophie leur ordonnait de prémunir contre la crédulité : ils ont ébranlé toutes les certitudes. La philosophie leur ordonnait de réformer les abus d'un ordre social qui n'est plus : ils ont sapé les fondements de la société. La philosophie leur ordonnait de stigmatiser les crimes de la superstition et du fanatisme : ils ont voulu arracher du cœur humain le sentiment religieux. Les torts de ces philosophes ne doivent pas retomber sur la philosophie. Les abus de la religion doivent-ils être attribués à la véritable piété? la liberté est-elle responsable des excès de la licence? Nous adresserons à ces hommes qui ont déshonoré le nom de philosophe, ces paroles de l'auteur de l'*Émile* : « La vérité, dites-vous, n'est pas nuisible aux hommes. Nous le croyons comme vous, et c'est, à notre avis, une grande preuve que ce que vous enseignez n'est pas la vérité. »

» On a prétendu que la philosophie conduit au scepticisme, parce qu'elle met sous les yeux les systèmes divers qui souvent, sur des points essentiels, sont opposés entre eux, quelquefois même contradictoires. La vue de l'intelligence, ajoute-t-on, se trouble au milieu de cette divergence d'opinions. L'esprit est frappé de mort par le scepticisme : il ne croit plus à la vérité.

» Messieurs, il y a des esprits faibles, comme il y

a des yeux malades. La multitude des objets fatigue ceux-ci ; le nombre et la variété des détails éblouissent ceux-là. Que les études philosophiques ne conviennent point à des esprits de cette trempe, nous l'avouerons sans peine ; qu'elles leur soient même préjudiciables, cela peut être. Mais faut-il conclure de ces accidents que la philosophie mène au scepticisme? Non, sans doute. Elle ne nous abandonne pas au milieu du labyrinthe formé par les divers systèmes. Elle nous dit : ici vous pouvez affirmer avec assurance, là vous n'avez que de la probabilité ; de ce côté, il faut encore vous résigner au doute ; et elle complète ces enseignements en traçant les caractères lumineux à l'aide desquels il nous est facile de distinguer et de reconnaître la vérité.

» La philosophie a introduit des réformes dans l'ordre social. Ces réformes vivent dans nos lois, dans nos institutions, ont passé dans nos mœurs, animent notre civilisation tout entière ; mais la philosophie n'accueille que les réformes qui sont le fruit de l'expérience et du progrès des lumières. Rappelez-vous comment elle a flétri ces utopies absurdes, immorales, que l'on a voulu sérieusement réaliser de nos jours ; utopies, du reste, empruntées à l'antiquité, et que Thomas Morus, au XVIe siècle, a renouvelées en se jouant.

» Des destinées sont imposées à l'humanité sur cette terre. Un instinct providentiel la pousse vers leur accomplissement. La philosophie favorise cet instinct.

Aussi ne veut-elle pas que l'humanité demeure stationnaire ; mais elle ne veut pas non plus que ses évolutions soient précipitées et aveugles. Elle lui crie : marche ! marche avec confiance vers l'avenir ; et elle lui répète de temps en temps : porte tes regards vers le passé. Car, Messieurs, l'humanité, depuis son origine jusqu'à ce qu'elle cesse d'exister, doit être considérée comme un être collectif. Son état présent est étroitement lié à son passé, et son avenir même a sa racine dans ce passé.

» Le sentiment religieux est un fait attesté par la conscience. C'est une loi de l'humanité. Ce fait peut être affaibli, étouffé dans un nombre plus ou moins considérable d'individus ; mais il reste empreint dans l'humanité en caractères ineffaçables. Cette loi, certains hommes peuvent la méconnaître et s'en affranchir, mais les nations y sont nécessairement assujéties. Le sentiment religieux est un élément essentiel de la vie sociale, l'histoire des peuples en fait foi. Nous l'avons déjà fait remarquer, la philosophie observe les faits, les caractérise, les classe. Le philosophe violerait donc les règles de la philosophie, s'il ne tenait pas compte du sentiment religieux, ou s'il en niait formellement l'existence.

» Le sentiment religieux est un besoin de l'humanité. Les hommes cherchent à le satisfaire en descendant au fond de leur être. Une autorité surhumaine a daigné venir à leur secours. La religion et la philosophie répondent aux mêmes questions, mais par des voies différentes. La philosophie ne repousse pas le secours qui vient d'en haut. Fatiguée par ses longues et laborieuses recherches, quelquefois même peu satisfaite de ses succès, elle se plaît à se reposer dans le sein d'une autorité qui lui est supérieure. Le génie de Platon ne crut point s'abaisser en soupirant après une révélation divine.

» La tâche de la philosophie n'est point terminée lorsqu'elle a manifesté ces désirs. Lui offre-t-on une religion révélée qui vient aider nos facultés et suppléer à leur insuffisance, elle se garde bien de rejeter le secours surnaturel, sous prétexte qu'il est impossible ; elle examine avec soin les titres de cette religion. Or, ces titres sont le fait même de sa révélation divine. Ce fait est extérieur, il appartient à l'histoire, il peut être soumis aux règles de la critique. La philosophie les applique avec une attention sévère. Si la révélation divine est constatée, elle donne son assentiment aux dogmes que cette révélation propose de croire. Elle a pour garant de leur vérité la raison infaillible. L'épreuve critique dont nous parlons, Messieurs, a été faite. C'est dire que la philosophie est l'alliée du christianisme.

» Messieurs, la philosophie au XIXe siecle ne voit pas l'homme tout entier dans les organes qui lui servent d'instrument. Elle a compris que les destinées de l'humanité commencent sur cette terre et se consomment dans une autre existence. Cette philosophie agrandit l'intelligence, élève l'âme, favorise tous les sentiments généreux, rehausse à nos yeux la dignité de notre nature, nous révèle nos droits, mais nous intime aussi nos devoirs¹. »

Au reste, l'abbé Flottes a prouvé par d'importants résultats l'utilité de son enseignement philosophique. On a déjà vu que cet enseignement, plus obscur pendant quelques années, puis, sur un autre théâtre, à la Faculté des lettres, faisant briller son talent d'un plus vif éclat, lui avait créé une réputation qui ne pouvait être sans influence pour le succès de son ministère sacerdotal. L'estime et la vénération dont il jouissait dans sa ville natale, son esprit conciliant, infiniment éloigné de tout excès, la sagesse de ses principes et l'étendue de ses connaissances, servaient nécessairement d'une manière efficace les intérêts de la religion. Et cette parole d'un professeur qui, toujours digne du caractère sacré dont il était revêtu, n'a jamais été soupçonné d'étroite et mesquine crédulité ; cette parole éloquente et pleine de conviction, qui se répandait en flots de lumière sur un auditoire composé d'hommes sérieux, tous, malgré la diversité des opinions, avides de vérité et capables de l'entendre, comment n'aurait-elle pas produit les plus salutaires impressions ! L'esprit d'incrédulité, si répandu de nos jours, s'il n'a pas éteint dans tous les hommes du monde la dernière étincelle de la foi, l'a du moins ensevelie et comme étouffée sous un amas

---

¹ *Les attaques dirigées contre les études philosophiques* : Discours prononcé le 4 janvier 1839, par M. l'abbé Flottes, à l'ouverture du cours de philosophie de la Faculté des lettres de Montpellier.

de doutes fortifiés par les faiblesses du cœur et par la dissipation des affaires ; mais à l'heure de la mort, en face de l'éternel avenir, cette étincelle se ranime. Pour les âmes longtemps éloignées de Dieu, pour celles principalement qu'avait égarées une science puisée à des sources dangereuses, l'abbé Flottes était le ministre des moments suprêmes. Peu sortaient de ce monde sans avoir appelé à leur chevet le prêtre dont la foi si éclairée pouvait fixer leurs incertitudes, la charité si compatissante consoler et adoucir leurs derniers sacrifices ; ils ne mouraient pas sans avoir donné des gages d'une foi sincère en échange d'une éternelle espérance. Les hommes d'une communion séparée de l'église catholique le respectaient, et s'honoraient des rapports qu'ils avaient avec lui. Cette réputation de sagesse et de modération, toujours assise sur les immuables principes de la foi catholique, n'avait point été renfermée dans les limites du diocèse de Montpellier. Nous avons sous les yeux les témoignages honorables que lui ont adressés des personnages d'opinions diverses, occupant un rang élevé dans la science et la littérature, dans les fonctions administratives et dans l'épiscopat, et jusque dans les conseils du pouvoir. Nous pouvons nommer ici MM. Carnot, Cousin et Guizot.

CHAPITRE VI

L'abbé Flottes, vicaire-général.— Décoration de la Légion d'Honneur; ses efforts pour décliner cette distinction. — Démission du titre et des fonctions de vicaire-général. — Discours à la rentrée solennelle des Facultés, le 6 novembre 1848.— Témoignages honorables rendus à son enseignement.

La vie de l'abbé Flottes s'écoulait doucement dans le calme de ses savantes études, de son enseignement philosophique, de ses œuvres de zèle et de charité, d'autant plus précieuses à ses yeux qu'elles s'accomplissaient dans un silence qui les dérobait aux regards des hommes. De ce sanctuaire paisible de la science et de la piété, il plut à la divine Providence de le faire passer d'une manière inattendue sur le terrain mobile et agité d'une importante administration. Ni l'ambition ni la vaine gloire ne l'y conduisirent. On en voit dans toute sa vie des preuves incontestables, et le récit que nous allons faire en mettra de frappantes sous les yeux du lecteur. Un esprit accoutumé à de hautes spéculations ne se détourne qu'avec peine de cet idéal si ravissant, pour venir contempler de près les réalités de la terre, et jeter son existence dans le chaos des passions humaines. « L'amour de la vérité, dit saint Augustin, cherche un saint loisir ; la nécessité de la charité fait subir une juste occupation. Si personne ne nous impose ce fardeau, il faut s'appliquer uniquement à la recherche et à la contemplation de la vérité. Si on nous l'impose, il faut le subir pour satisfaire au devoir impérieux de la charité [1]. »

En 1844, malgré ses goûts studieux et une longue habitude de retraite, l'abbé Flottes se vit appelé aux fonctions de vicaire-général du diocèse de Montpellier. Nous ne pouvons entrer dans le détail des événements qui lui imposèrent cette charge. Nous dirons seulement que les églises particulières ont, comme l'église universelle, leurs temps de trouble et de tempête. Dans ces temps malheureux, les conseils des bons se croisent et se heurtent, comme les intérêts et les passions qui ont donné naissance au désordre. Plus la cause est sainte, plus, dans les uns le zèle à la défendre, dans les autres la crainte de la compromettre, font adopter des résolutions contraires. On l'a dit avec raison : dans ces temps d'obscurité, le plus difficile n'est pas de suivre avec constance, mais de reconnaître avec certitude la route à tenir.

M. l'abbé Valade, vicaire-général du diocèse, venait de mourir. Il fallait combler le vide laissé par cette mort dans l'administration diocésaine. L'Évêque jeta les yeux sur l'abbé Flottes, pour qui, dès son entrée

---

[1] *De civit. Dei*, c. 19, n. 19.

dans le diocèse, en 1835, il avait conçu une grande estime. Le 19 juin 1836, ayant institué un tribunal d'officialité, il l'en avait nommé promoteur. En 1839, l'abbé Flottes lui ayant fait hommage de son discours pour l'ouverture du cours de philosophie à la Faculté des lettres, le Prélat lui écrit : « Monsieur l'Abbé, quoique fort occupé aujourd'hui, je n'ai pu résister au désir de vous lire aussitôt que vous êtes venu me trouver. Mes remerciements seront aussi courts que votre hommage est laconique. Je vous ai trouvé *vrai*, je vous ai trouvé *beau*, il y a longtemps que je vous sais *bon*. »

Le 13 janvier 1844, il lui écrit pour le prier de venir le trouver à l'évêché, et dans un long entretien, plein de témoignages d'estime et de confiance, il lui fait part du désir qu'il a conçu de le faire entrer dans son administration. Connaissant toute la difficulté des circonstances, et appréciant les causes de trouble contre lesquelles se trouvaient malheureusement impuissantes la sagesse et la fermeté, la longue expérience et les éminentes vertus du vénérable abbé Coustou, vivant encore à cette époque, et vicaire-général de Montpellier depuis plus de quarante ans, l'abbé Flottes s'excusa d'accepter cette charge. A quelques jours de là, sentant le besoin d'honorer, autant qu'il était en son pouvoir, le digne prêtre, ornement du diocèse par sa science et ses rares qualités, le Prélat lui envoie, sans l'avoir en aucune manière prévenu, le titre de vicaire-général honoraire, avec un billet ainsi conçu : «14 février 1844. Monsieur et cher Professeur, vous trouverez sous ce pli des lettres qui ne renferment pas un *titre* que j'aurais voulu y écrire, mais qui, telles qu'elles sont, vous portent le témoignage de la haute estime que je fais de vos lumières et de vos vertus, et m'acquittent vis-à-vis de l'un des Prêtres de mon diocèse pour lequel je me sens au cœur la plus respectueuse et cordiale affection. † CHARLES, évêq. de Montp. »

Cependant le Prélat s'était successivement adressé à deux curés d'un mérite distingué, qui, après quelques hésitations, opposèrent le même refus. Il y eut ceci de particulier dans le refus de l'un de ces curés, qu'il avait déjà donné son consentement, que sa nomination avait été agréée par le gouvernement, et qu'au moment de prendre possession de sa charge, dont il entrevoyait mieux tout le poids, il adressa au Prélat des observations équivalant à un refus. Profondément affecté, l'Évêque écrit en toute hâte à l'abbé Flottes : « 17 février 1844. Monsieur et cher grand-vicaire, j'aurais à verser dans votre sein d'ami une peine bien grande qui m'arrive, et pour les résultats de laquelle j'ai besoin de vos conseils. Pourriez-vous me venir joindre ? » Quelques instants après, dans un entretien animé par la plus vive émotion, le Prélat expose la situation si grave où le mettent ces refus successifs. Il presse, il conjure, il fait valoir tous les motifs propres à faire impression sur une âme honnête et amie du bien; il fait un appel chaleureux au cœur du prêtre fidèle et dévoué à l'Église. Malgré ces pressantes sollicitations, faisant violence à son propre cœur, qui souffre cruellement de ne pouvoir céder, l'abbé Flottes, toujours préoccupé des graves motifs qui ont dicté sa première résolution, hésite encore : il demande à réfléchir jusqu'au lendemain. A l'entrée de la nuit, le Prélat, impatient et désolé, lui envoie un laïque qui possède sa confiance, pour faire sur son esprit un dernier effort. L'abbé Flottes avait déjà réfléchi. Son cœur avait été touché, mais la voix de la conscience devait seule être écoutée ; seule elle avait été assez puissante pour vaincre ses répugnances : il lui avait paru que, dans des circonstances critiques où l'intérêt de la religion était réellement en cause, et après de si vives instances de la part de son Évêque, lui refuser avec obstination le concours de son dévouement, ce serait manquer à son devoir de Prêtre. Son consentement est donné. Quelques instants après, le Prélat se hâte de lui écrire : « Je suis trop ému pour dire autre chose que mon émotion et ma reconnaissance, etc.... » En même temps, par dépêche télégraphique, il sollicite de la manière la plus pressante l'agrément du Roi pour le nouveau grand-vicaire, et le 20 février, le Ministre des cultes, par dépêche télégraphique, annonce à l'Évêque que la nomination de l'abbé Flottes est agréée. En transmettant cette réponse au nouveau vicaire-général, le Prélat lui écrit : « Voilà qui est chose sanctionnée ! je ne puis vous dire mon bonheur de vous savoir à moi pour ami et conseiller. Dieu vous bénira d'une autre façon ; moi je vous bénis de cœur et de bouche, comme je le sens et le dois. »

En acceptant ce titre, l'abbé Flottes, nous l'avons déjà dit, ne s'était fait aucune illusion sur les difficultés qui l'attendaient. Depuis longtemps il les avait vues et mesurées. Le Prélat lui-même écrivait au Ministre des cultes en ces termes : « Maintenant, M. le Ministre, laissez-moi vous dire que M. Flottes mérite, pour sa conduite en cette si délicate circonstance, ma profonde reconnaissance.... Il a brisé les habitudes de sa vie tout entière, s'est exposé aux animosités des partis, auxquelles, homme d'études sérieuses, de vie savante, il avait si heureusement échappé jusqu'à présent. Ce sont là de ces choses qui ne s'oublient pas.... »

L'abbé Flottes vit donc, dès le premier instant, que son acceptation était le sacrifice de sa popularité. L'estime, le respect, la confiance publique, étaient depuis longtemps attachés à son nom ; il n'y était pas insensible. Les hommes de tous les partis et de toutes les opinions, laïques et prêtres, n'avaient tous à son égard qu'un même sentiment ; mais devant les prescriptions impérieuses de sa conscience, l'hésitation n'était pas possible. Le sentiment du devoir, profondément affermi par ses méditations de chaque jour, était la première passion de son cœur. Sa piété était sincère, et l'esprit de sacrifice faisait tout le fond de celle qu'il conseillait et qu'il pratiquait. Il y avait aussi du stoïcisme dans son caractère et dans sa philosophie ; mais il connaissait une autre philosophie bien supérieure à celle de Platon, d'Épictète et de Marc-Aurèle : l'Évangile, objet de ses constantes méditations, et le beau livre de l'Imitation de Jésus-Christ, dont la lecture avait sa place invariablement marquée parmi les devoirs de chaque jour auxquels il ne manqua jamais, lui donnaient cette élévation de sentiments qui fait planer l'âme au-dessus des orages.

S'il eût pu se faire illusion, ses yeux eussent été bien vite dessillés. Les faits se hâtèrent de justifier les appréhensions d'une amitié qui s'alarmait de son dévouement. Il sonda de nouveau le fond de son âme, et n'y trouvant que des intentions droites et pleinement désintéressées, il mit sa confiance en Dieu. Il s'était déjà hâté de mettre son désintéressement à couvert, en exigeant, comme condition essentielle, que son traitement de vicaire-général fût régulièrement porté dans la caisse du séminaire diocésain. Pendant les quatre années de son grand-vicariat, cet établissement a profité des émoluments attachés à ce titre. De tels sacrifices ne coûtaient rien à son cœur naturellement généreux; et lorsque, plus tard, les occupations multipliées de sa charge le mirent dans la nécessité d'interrompre son cours de philosophie, avec abandon d'une partie de ses émoluments en faveur du suppléant qui dut occuper sa chaire pendant un intervalle de deux années, il n'éprouva d'autre regret que celui de se voir éloigné de cet auditoire d'élite dont les vives sympathies avaient pour lui tant de charmes.

Ce n'est pas tout : pour ne pas laisser l'ombre même d'un soupçon planer sur les vues qui l'avaient fait entrer dans l'administration épiscopale, il s'imposa l'obligation de n'accepter aucune sorte de distinctions. Jaloux de reconnaître son dévouement, le Prélat sollicita pour lui la décoration de la Légion d'honneur. L'abbé Flottes, informé de cette démarche, se hâte d'écrire au Ministre pour s'opposer aux intentions bienveillantes dont il est l'objet, en exposant les motifs si délicats qui ne lui permettent pas d'accepter la distinction qu'on réclame en sa faveur. Le 6 novembre 1844, le Ministre répond à l'Évêque de Montpellier : « Monseigneur, j'eusse été disposé à accueillir la demande de la décoration de la Légion d'honneur que vous m'avez faite en faveur de M. l'abbé Flottes ; mais je suis obligé de me soumettre aux honorables scrupules de cet ecclésiastique. Je m'abstiendrai donc de comprendre M. l'abbé Flottes dans les premières propositions que j'ai à soumettre au Roi. J'en éprouve toutefois un regret que j'ai besoin de vous exprimer. Agréez, Monseigneur.... Le garde des sceaux, MARTIN (du Nord). »

Quelques mois après, le projet de faire décerner à l'abbé Flottes une décoration à laquelle il avait depuis longtemps des titres incontestables, fut repris par le digne et savant recteur placé, à cette époque, à la tête de l'Académie de Montpellier. Il lui fit connaître ses intentions à cet égard. La résistance de l'abbé Flottes fut la même qu'auparavant, et il en exposa les motifs avec

force. Cette résistance donna lieu à la lettre suivante :
« Montpellier, 27 mars 1845. Monsieur l'Abbé, à Dieu ne plaise que je veuille faire violence à vos convictions, ni donner la couleur d'une persécution à ma sincère estime pour votre talent et votre caractère ! Vous me permettrez cependant de ne pas me soumettre sans combat. J'honore vos scrupules, mais je ne les comprends que dans la ligne du grand-vicariat. Nul ne peut ignorer l'ancienneté et la solidité de vos titres dans l'instruction publique. Nul ne peut s'étonner de ce qu'un nouveau recteur, étranger à tout ce qui a précédé son arrivée, répare spontanément un long oubli. C'est faire la partie trop belle aux passions, que de leur sacrifier jusqu'à ses droits les plus légitimes. Elles ne se tiendront satisfaites en aucun temps, et, lorsque vous aurez déposé le grand-vicariat, si vous acceptez une distinction méritée, elles diront que vous avez été patient, mais que vous comptiez bien sur la conclusion. Qui peut désarmer l'esprit de parti ? Vous avez sans doute l'esprit assez élevé pour éloigner entièrement, même dans l'avenir, la pensée de cette marque d'estime ; mais est-il bon que les hommes de mérite et de cœur paraissent indifférents aux témoignages publics dont ils sont dignes ? Sauf la mauvaise foi, qu'on ne peut mettre en compte, qui ne comprend pas que la croix d'honneur, donnée sur la proposition du Ministre de l'instruction publique, le sera à vos trente années de professorat distingué, à vos succès comme écrivain, à la Faculté des lettres dont

vous êtes la tête, et en faveur de laquelle votre modestie me défend de provoquer un acte de justice? Ces motifs, comme la conséquence, sont patents et publics; les commentaires sont impossibles, ou seraient jugés absurdes, ce qui devrait bien laisser, à vous et à moi, toute notre liberté. Je verrai avec beaucoup de regret, Monsieur l'Abbé, votre persistance dans un refus si honorable, mais, selon moi, excessif. Je ne regarderai donc comme définitive qu'une nouvelle réponse, et je souhaite qu'il vous paraisse raisonnable, comme à moi, de revenir sur votre première impression. Veuillez agréer..... Le Recteur de l'Académie,

» Théry. »

Malgré des raisons si solides, exprimées avec tant de grâce et de noblesse, l'abbé Flottes crut devoir persister dans son refus. Un mois après, sa modestie eut à soutenir un nouvel assaut. Un personnage puissant, à qui ses talents et ses écrits ont acquis une grande célébrité, longtemps professeur, lui-même, de philosophie sur un théâtre plus éclatant, au sein de la capitale, voyait avec peine l'éminent professeur de Montpellier privé du signe honorifique par lequel l'État distingue tous les genres de mérite. Il lui écrivit en ces termes : « Mon cher confrère, malgré nos petits et légitimes dissentiments sur Pascal, je fais un grand cas de votre talent et de votre caractère; et je viens de vous en donner une preuve sérieuse, en vous proposant au Conseil pour la croix d'honneur. M. le Ministre en décidera. Agréez, mon cher confrère, l'assurance de ma haute estime et de mon affection.

» Paris, 19 avril 1845. Cousin. »

L'abbé Flottes s'empresse de répondre, mais c'est encore pour écarter un honneur qui lui semble un obstacle au bien qu'il désire accomplir. « Dernièrement, écrit-il à M. Cousin, M. le recteur a essayé, dans une lettre pleine de bienveillance, d'ébranler ma résolution, en me faisant observer que ce ne serait pas par l'intermédiaire du Ministre des cultes, mais sur la présentation du Ministre de l'instruction publique, que je recevrais la décoration. Je lui ai fait, Monsieur, la réponse que je vous adresse à vous-même : je suis convaincu que tant que je serai grand-vicaire, je dois m'imposer ce sacrifice, dans l'intérêt du concours que je prête à l'autorité épiscopale. Mais je garderai soigneusement votre lettre : elle remplacera le brevet de membre de la Légion d'honneur. »

Cependant le recteur de l'Académie ne pouvait se résoudre à céder entièrement devant cette ferme résistance d'une modestie qu'il admirait. Il voulut, tout en la respectant, satisfaire ses sentiments de haute estime. « J'ai cherché, lui écrivait-il le 19 juin 1845, le moyen de vaincre votre modestie, sans être désavoué par elle, et sans qu'on pût en tirer aucune conclusion contraire à vos vœux. Sur ma proposition, Son Excellence le Ministre de l'instruction publique vous a nommé membre du Conseil académique. Je me félicite, M. l'Abbé, d'avoir pu formuler au moins de cette manière mon estime sincère pour votre personne et vos travaux. Agréez... Le recteur de l'Académie, Théry. »

Enfin, en 1847, on ne crut pas devoir s'arrêter devant les nobles scrupules du savant professeur. L'ordonnance royale du 25 avril, qui le nommait membre de la Légion d'honneur, lui fut notifiée le 1er mai suivant par M. le recteur de l'Académie. Le message, a-t-on dit avec raison, honore autant le recteur que le professeur. « Monsieur l'Abbé, je m'empresse de vous annoncer que le Roi vous a nommé chevalier de la Légion d'honneur. Cette récompense de vos services eût été moins tardive, sans les combats de votre modestie. Il faut pardonner à la justice de faire enfin violence au mérite. C'est une résignation que vos amis attendent de vous. »

L'abbé Flottes dut alors se soumettre, et dans le diocèse comme dans la ville épiscopale, cette distinction décernée au mérite le plus incontestable, fut accueillie avec un applaudissement universel. A cette occasion, le premier magistrat du département lui écrivait : « Monsieur l'Abbé, M. le Ministre de l'instruction publique m'informe que le Roi vous a nommé chevalier de la Légion d'honneur. Votre excessive modestie s'est plusieurs fois efforcée d'éloigner cette récompense, qui vous était due à tant de titres. Mais elle ne pouvait tarder plus longtemps à vous être conférée, car, aux yeux de vos concitoyens, le mérite éminent du Professeur, les vertus évangéliques du Prêtre, le caractère élevé du citoyen, prêtent à cette distinction honorifique autant d'éclat qu'ils en reçoivent. »

Les faits que nous venons d'exposer, mettent dans un assez grand jour le désintéressement de l'abbé Flottes ; ils prouvent d'une manière évidente que l'amour du bien et le sentiment du devoir l'avaient seuls inspiré, lorsqu'il consentit à donner son concours à l'autorité diocésaine. La sincérité de son dévouement mise ainsi hors de doute, il n'hésita pas à prendre une part très-active à la direction des affaires. L'époque où il remplit ces fonctions est trop récente, pour qu'il nous soit permis d'entrer dans des détails. Mais, malgré la différence des personnes et des choses, nous n'hésitons pas à lui appliquer ces paroles de deux orateurs célèbres : « Alors nous le vîmes s'oublier lui-même, et sans s'étonner ni des vagues, ni des orages, ni de son propre péril, aller droit au bien comme au terme unique d'une si périlleuse navigation [1]. » — « Utile sans intérêt, vertueux sans vouloir se faire honneur de sa vertu, il s'acquitta de ses devoirs pour la seule satisfaction de s'en être acquitté, et ne voulut, dans toutes ses actions, d'autre règle que sa fidélité, d'autre but que l'utilité publique, d'autre récompense que la gloire de bien faire. Dans cet esprit, il méprisait les bruits du vulgaire, et même, se renfermant dans ses bonnes intentions, il lui abandonna les apparences. Il crut qu'un homme en place devait penser, non pas à ce qu'on disait de lui, mais à ce qu'il se devait à lui-même, et que, pour servir le public, il fallait quel-

---

[1] Bossuet ; *Oraison funèbre de Le Tellier.*

quefois avoir le courage de lui déplaire. C'est ainsi que, suivant le conseil d'un des plus grands hommes de l'antiquité, il ne considéra ni la fausse gloire, ni le faux des honneurs, et que ni les louanges, ni les murmures, ne purent jamais le détourner de son devoir [1]. »

Quelle que soit la droiture des intentions, et malgré le désir le plus ardent de connaître la vérité et de la faire triompher ; souvent, par l'effet des passions des hommes intéressés à la tenir dans l'oppression, elle se trouve enveloppée de nuages si artificieusement amoncelés, que le discernement en devient très-difficile et quelquefois impossible. Ceux qui ont vu de près l'homme dont nous racontons les œuvres, peuvent affirmer son application scrupuleuse à la chercher, sa vigueur à la défendre quand il la connaissait, son empressement à lui rendre hommage, à lui faire ou à lui ménager une légitime réparation quand il venait à découvrir qu'elle avait été méconnue. Nous pourrions en citer un exemple éclatant qui a signalé les derniers temps de sa vie. Des maximes telles que celles-ci : « L'autorité peut errer, mais elle ne doit jamais revenir sur ses pas », indignaient son âme esclave de la justice et de la vérité, et, avec l'éloquent évêque de Clermont, il n'hésitait pas à dire que rien ne déshonore autant le Pouvoir que la mauvaise gloire

---

[1] Fléchier; *Oraison funèbre de Lamoignon.*

qui croirait s'avilir en convenant de son erreur et de sa surprise [1].

Les mêmes motifs qui lui avaient arraché, après une longue résistance, la promesse d'un concours fidèle et généreux à l'autorité diocésaine, et lui avaient fait subir la charge de vicaire-général, le déterminèrent à revenir sur ses engagements, quand il s'aperçut que les résultats ne répondaient pas à la grandeur des sacrifices. Il était entré dans l'administration épiscopale vers le commencement de l'année 1844. Le 1er mars 1846, après de mûres réflexions, il écrit au Prélat pour déposer entre ses mains les pouvoirs qui lui ont été confiés, en exprimant les motifs de sa détermination. Cette démission n'est point acceptée ; il se résigne à subir encore le fardeau qui lui est imposé. En 1847, le 5 février, nouvelle démission également motivée, et suivie des mêmes résultats. Enfin, en 1848, le 19 mai, s'accomplit une dernière démission, toujours très-fortement motivée : cette fois la résolution de l'abbé Flottes était irrévocable. Nous regrettons vivement de ne pouvoir donner au public ces trois lettres qui contiennent l'histoire presque entière de son grand-vicariat : monument de zèle courageux pour le bien de la religion et pour les intérêts de la justice et de la vérité, d'invincible fermeté dans l'accomplissement du devoir, de respect profond, mais éclairé, pour l'autorité épiscopale, de dévouement vraiment admirable,

---

[1] Massillon; *Petit Carême*.

qui, déférant au chef tout l'honneur des grâces accordées, acceptait, autant que sa conscience pouvait le lui permettre, la responsabilité des mesures rigoureuses adoptées contre son sentiment ; enfin, de dévouement également sincère et généreux pour tous les membres du clergé, dont quelques-uns ne verraient pas sans étonnement leur cause énergiquement défendue dans ces lettres adressées au Prélat. Sa tombe a englouti d'innombrables secrets, ainsi que s'exprimait en un jour de deuil une voix noblement inspirée. Les secrets qu'il a gardés pendant sa vie, et dont quelquefois d'impérieuses circonstances nous ont fait dépositaire, doivent y descendre également.

L'abbé Flottes avait donc résigné ses fonctions de vicaire-général. Juste appréciateur des temps, comme un illustre personnage célébré par Tacite, il avait jugé que, dans les circonstances présentes, l'inaction était sagesse. Rentré dans le calme de cette vie de retraite et d'étude, « dont aussi jamais il n'avait perdu le goût », il sut bien ne pas laisser sans objet l'activité de son esprit, ou plutôt elle ne changea point d'objet ; ce fut toujours la cause de la vérité et de la religion qu'il se proposa de servir par des travaux d'une autre nature et par l'exercice du saint ministère.

Après un silence de deux années, il reparaît dans sa chaire de philosophie. En reprenant le cours de ses leçons, il se voit toujours honoré des vives sympathies de cet auditoire d'élite qu'il avait déjà longtemps instruit et charmé. Cet auditoire put jouir de son enseignement pendant neuf ans encore, et l'éloquent professeur fut toujours écouté avec un égal enthousiasme.

C'est en l'année 1848 qu'il reprit le cours de ses leçons. Une nouvelle révolution venait de jeter la France dans la consternation; un trône s'était écroulé, la république avait été proclamée : les esprits, pleins d'anxiété, osaient à peine interroger l'avenir. Dans ces circonstances, l'abbé Flottes est appelé, par le chef de l'Académie, à prononcer le discours d'ouverture pour la rentrée solennelle des diverses Facultés de la ville de Montpellier. Ce fut le 6 novembre qu'eut lieu cette solennité. L'assemblée était nombreuse, imposante. Autour des notabilités de la science, était venue se ranger la jeunesse des écoles. Les événements accomplis et ceux qu'on redoutait pour l'avenir, semblaient peser de tout leur poids sur toutes les âmes. L'abbé Flottes prit pour sujet de son discours, *le but et la loi du développement de nos facultés*. Le but, c'est le bonheur de l'homme par son perfectionnement; la condition, c'est l'effort et le sacrifice. L'empire éternel de la vérité, les lois immuables de la morale proclamés en face, pour ainsi dire, d'un trône qui tombait avec fracas; la nécessité de l'abnégation, du dévouement et du sacrifice, quand la voix d'un communisme sensuel retentissait de toutes parts; la religion, toujours ferme, toujours grande et radieuse, au milieu de la poussière d'un empire ébranlé; l'esprit de dévouement, fruit précieux de l'Évangile et salut du monde, consacré tout récemment par le sang d'un illustre Archevêque donnant sa vie pour mettre fin à des luttes fratricides ; enfin, une loi de progrès, dont l'action souvent obscure et voilée, souvent contrariée par les erreurs des peuples, conduit néanmoins l'humanité, sous la direction suprême de la Providence, vers de nobles destinées sur la terre, vers des destinées plus sublimes dans un autre séjour : le contraste de ces grandes choses avec les pensées qui dans ce moment préoccupaient tous les esprits, fit sur toute l'assemblée une sensation profonde. Ce discours fut livré à l'impression. L'Évêque de Montpellier, après en avoir pris lecture, écrivit à l'abbé Flottes qui, en cessant de faire partie de l'administration diocésaine, n'avait pas néanmoins perdu l'estime du Prélat : « Je viens de vous lire avec bonheur ! J'aurais regardé comme une bonne fortune d'avoir pu vous entendre... Un discours comme celui-là, devant pareils auditeurs, doit faire plus de bien que les nôtres ; c'est rester prêtre, sans trop faire sentir l'homme de la profession. Donc c'est prendre action sur son monde. Merci, cher et digne, de cette heure que vous m'avez fait passer. Elle me dédommage de la perte de beaucoup d'autres, dont le souvenir ne peut périr dans l'esprit et le cœur de votre cordial et dévoué serviteur ; à vous de toute mon âme ! †Charles, évêque de Montpellier. »

Peu de temps après, la santé de l'abbé Flottes, minée par un travail non interrompu, se trouva considérablement altérée, et malgré le bonheur qu'il éprouvait à développer dans l'enceinte de la Faculté des lettres les principes d'une haute philosophie, il sentit qu'il succomberait à la tâche, s'il ne la mettait en rapport avec ses forces physiques. Il dut, à cette fin, s'adresser au Ministre. Le recteur de l'Académie lui transmit la réponse : « M. le Ministre m'écrit, sous la date du 16 mai courant (1849), qu'appréciant la haute utilité de votre enseignement à la Faculté des lettres de Montpellier, il a décidé, sur le rapport de mon honorable prédécesseur et de l'avis du conseil de l'Université, que vous étiez autorisé, à raison de l'état de votre santé, à ne faire qu'une leçon par semaine, pendant le deuxième semestre de la présente année scolaire. M. le Ministre me prie de vous informer de cette décision, et de vous exprimer tout l'intérêt qu'il attache à vos travaux. »

Peu auparavant, un autre Ministre de l'instruction publique écrivait au recteur, qui venait de l'informer que M. l'abbé Flottes avait résigné ses fonctions de vicaire-général, pour reprendre son cours de philosophie : « M. le Recteur, j'ai reçu la lettre par laquelle vous m'annoncez que M. l'abbé Flottes vient de résigner les fonctions de vicaire-général du diocèse de Montpellier, dans le but de se livrer exclusivement au professorat. J'apprécie, M. le Recteur, les motifs qui ont dirigé M. l'abbé Flottes dans cet acte, et je ne puis qu'applaudir au désintéressement qu'il a montré pendant qu'il cumulait les fonctions ecclésiastiques dont il vient de se démettre, avec celles de professeur de l'Université. Recevez, M. le Recteur... Le Ministre de l'instruction publique et des cultes, *signé* : CARNOT. »

A tant de témoignages de haute estime, nous pourrions en ajouter bien d'autres. Tous les Ministres de l'instruction publique, tous les recteurs de l'Académie de Montpellier, qui se sont succédé depuis l'entrée de l'abbé Flottes dans l'Université en 1815, jusqu'en 1857, époque de sa retraite, tous, quoique appartenant à des opinions diverses, se sont accordés à rendre hommage au mérite éclatant du Prêtre et du Professeur. Ce concert d'hommes éminents, dont la position élevée était comme un centre où venaient retentir toutes les voix de l'opinion publique, paraîtra sans doute, à tout esprit impartial, une évidente démonstration du talent supérieur et de la haute sagesse de l'abbé Flottes. Nous ne croyons pas néanmoins devoir supprimer ces lignes que lui adressait l'un de ces recteurs, lorsque, après la révolution de 1848, le bruit courut dans la ville de Montpellier qu'un successeur allait lui être donné dans sa chaire de philosophie. « Dans mon opinion, votre retraite, quand même elle serait le résultat de votre volonté, devrait être considérée comme une calamité pour l'Académie de Montpellier ; je m'attacherai donc de tout mon pouvoir à détourner un pareil événement... »

Par tous ces témoignages, nous n'avons pas seulement constaté le mérite de ce savant ecclésiastique et la haute considération qu'il avait attachée à son nom ;

nous avons aussi constaté sa parfaite modestie. S'il eût été guidé par un esprit d'ambition, il lui eût été facile de s'élever. Scrupuleusement fidèle aux devoirs que les convenances lui imposaient vis-à-vis de ses supérieurs, il se tenait strictement renfermé dans ces limites. Ses visites étaient réglées ou par la charité, ou par une juste et nécessaire déférence. Ceux qui ne croient pas au parfait désintéressement, pourront soupçonner que, sous des dehors de modestie et d'abnégation, se cachaient un désir secret et une espérance réelle pour l'avenir. A ceux-là nous nous contenterons de répondre, avec le saint Évêque d'Hippone : « C'est à un homme vertueux une grande vertu de mépriser la gloire, puisque Dieu seul en est le témoin, et que les hommes n'en savent rien. Et, en effet, quoi qu'on fasse devant les hommes pour leur persuader qu'on méprise la gloire, on ne peut guère les empêcher de soupçonner que ce mépris ne cache le désir d'une gloire plus grande. Mais celui qui méprise en réalité les louanges des hommes, méprise aussi leurs soupçons téméraires, sans aller toutefois jusqu'à mépriser leur salut ; car la véritable vertu fait désirer que tous participent un jour au même bonheur, non dans la patrie d'ici-bas, mais dans celle d'en haut[1]. »

[1] *De civit. Dei*, l. 5, c. 19.

CHAPITRE VII

L'abbé Flottes se démet des fonctions de professeur à la Faculté des lettres. — Divers écrits donnés au public. — Études sur Pascal.

Un cours de philosophie tel que celui dont nous avons essayé plus haut de donner quelque idée, devait nécessairement ébranler la santé faible et délicate du professeur ; deux choses y contribuaient particulièrement : l'habitude de ne pas écrire ses leçons, mais de les préparer en les méditant profondément deux jours avant de paraître devant son auditoire, et l'effort d'improvisation qu'elles exigeaient, en un certain degré, sous le rapport de la forme, à laquelle l'enthousiasme du moment imprimait toute la grandeur et l'énergie de sa pensée. Au contraire, le travail paisible du cabinet était un délassement pour son esprit. Pendant toute la durée de ce laborieux enseignement, il employa les moments dont il put disposer, à préparer les matériaux de divers écrits dont quelques-uns seulement ont pu être achevés et donnés au public. Enfin en 1857, les accidents fâcheux, suite de la maladie grave qu'il avait éprouvée en 1829, se reproduisant avec une intensité inquiétante, il comprit que le moment était venu de renoncer à ce cours de philosophie qu'il avait tant aimé, comme moyen de propager les plus pures doctrines, de faire resplendir la beauté de la religion en traitant des questions qui semblaient y être entièrement étrangères, de contracter ces liens secrets que forme l'intelligence par la communauté des pensées, et dont les nœuds sont resserrés par les sympathies qui en sont le fruit. Il voyait qu'en persistant à occuper sa chaire, il courait les risques d'un ébranlement fatal à sa vie, ou pour le moins à ses facultés intellectuelles; tandis qu'en renonçant à toute fonction publique, il pouvait encore, dans de précieux loisirs, servir, par d'importants ouvrage, la religion et la science, ces deux grandes préoccupations de sa vie tout entière.

Le sacrifice fut consommé. Le titre de professeur honoraire à la Faculté des lettres de Montpellier lui fut conféré par le décret de l'Empereur qui l'admettait à faire valoir ses droits à la retraite. Ses supérieurs, comme le public, ne le virent point sans de vifs regrets descendre pour toujours d'une chaire qu'il avait occupée avec tant d'éclat. A la séance solennelle par laquelle les Facultés de la ville de Montpellier célébraient, en présence de toutes les autorités et d'une assemblée nombreuse et choisie, l'ouverture de leurs cours respectifs, le doyen de la Faculté des lettres se fit l'interprète de ses collègues et du public, en exprimant en termes chaleureux le sentiment pénible qu'excitait la retraite du savant professeur de philosophie. Un journal de la localité s'associait à cette manifestation par les lignes suivantes : « Nous apprenons avec un bien vif regret la retraite de l'illustre professeur de philosophie à la Faculté des lettres de Montpellier... Cette retraite imprévue, mais que commandent des raisons de santé, a suscité des regrets unanimes parmi les nombreux auditeurs qui accouraient depuis dix-sept ans autour de cette chaire. De paisibles loisirs, nous osons l'espérer, hâteront le rétablissement de la santé de notre savant professeur. Puisse-t-il nous dédommager de la perte de ses leçons par la publication prochaine des travaux de sa haute intelligence ! »

De précédentes publications dont nous n'avons pu rendre compte, pour ne pas interrompre notre récit, justifiaient le vœu exprimé par cette feuille. Dans le temps même de la polémique engagée contre l'abbé de Lamennais, en 1826, l'abbé Flottes avait fait paraître une savante brochure de quelques pages seulement, sous ce titre : « *Exposition de la doctrine de Benoît XIV sur le prêt, sur l'usure et sur divers contrats par lesquels on fait valoir l'argent.* L'auteur établit : 1° que, depuis cet illustre Pontife, Rome, consultée sur les difficultés relatives au prêt à intérêt, renvoyait toujours aux principes posés dans son encyclique *Vix pervenit* et dans son traité *De Synodo diœcesanâ*; 2° que Benoît XIV, dans sa lettre encyclique adressée aux évêques d'Italie, déclare qu'il ne décide rien à l'égard des contrats par lesquels on fait valoir l'argent, et sur la légitimité desquels les canonistes et les théologiens sont partagés ; 3° que dans son traité *De Synodo diœcesanâ*, il range parmi ces contrats les *rentes personnelles rachetables des deux côtés, le triple contrat* (contrat de société, dans lequel un sociétaire fournit des fonds, se les fait assurer et renonce au bénéfice que ses fonds peuvent produire, moyennant un intérêt qui ne dépasse pas le taux légal) ; 4° que, dans le même traité, il défend aux évêques de *déclarer usuraires de leur nature les rentes personnelles rachetables des deux côtés, et de frapper de censure le triple contrat ;* 5° enfin, que, dans sa lettre encyclique, il permet aux théologiens qui répondent sur les questions ayant pour objet les contrats par lesquels on fait valoir l'argent, et sur la légitimité desquels les théologiens et les canonistes sont partagés, *d'embrasser le parti qu'ils verront clairement*, après un mûr et impartial examen, *appuyé et sur la raison et sur l'autorité*. L'auteur fait remarquer que Benoît XIV ne disconvient pas que *le tribunal de la Rote, à Rome, a toujours été favorable au triple contrat*, et il rappelle la décision du cardinal Caprara, légat en France en 1807, adressée à l'évêque de Carcassonne, par laquelle *les rentes rachetables des deux côtés*, simple prêt au taux légal, sont déclarées licites. Sur ces fondements, l'abbé Flottes prévoyait les décisions émanées de Rome depuis 1830, et il disait à l'un de ses amis : « Dans peu d'années la question du prêt ne présentera plus de difficultés. » Il avait même rédigé sur cette matière un écrit qu'il se proposait de donner au public; mais le manuscrit, confié à Mgr Thibault, n'a pu être retrouvé après la mort du Prélat.

En 1839, paraissent deux discours de l'abbé Flottes, prononcés, l'un le 4 janvier, pour l'inauguration du cours de philosophie; l'autre le 25 novembre, pour l'ouverture de ce même cours, au commencement de la deuxième année scolaire. Le sujet du premier discours était: *Les attaques dirigées contre les études philosophiques* : nous en avons déjà cité un fragment; l'autre traitait de l'esprit philosophique, en exposait le principe, la nature, les caractères, la puissante influence sur les sciences, les lettres, les arts, l'histoire au point de vue des lois qui président aux évolutions sociales, et enfin sur l'ordre religieux et moral.

L'enthousiasme qu'excitait le cours du savant professeur faisait vivement regretter que ses belles expositions philosophiques fussent perdues pour le public qui n'avait pu les recueillir au pied de sa chaire. Quelques-uns de ses auditeurs les plus assidus essayèrent successivement d'en donner un précis analytique dans différents journaux. Plus tard, ce ne furent plus de simples analyses, mais des reproductions presque complètes, soumises, avant leur publication, à la censure du professeur. Les simples analyses comprennent les cours de 1839, 1840, 1841, le premier semestre du cours de 1843, le cours entier de 1844. Puis ont été reproduites avec quelque étendue les leçons des années scolaires 1848 à 1858. Les comptes-rendus, livrés à l'impression, n'ont été tirés qu'en un très-petit nombre d'exemplaires. Si toutes ces graves et éloquentes leçons avaient pu être textuellement recueillies, aux yeux de ceux qui aiment à se nourrir de grandes pensées, et pour qui les questions, soit spéculatives, soit pratiques, d'une haute philosophie ont un charme particulier, c'eût été un riche trésor et une source abondante de salutaires inspirations. Et si, moins contrariés par les bornes que nous devons nous prescrire, nous avions pu donner des doctrines de ce cours un exposé large et complet, elles auraient certainement offert à tous les esprits un grand intérêt: là leur apparaîtraient le beau spectacle d'une alliance intime entre la raison et la foi, fécondant, élevant l'une par les lumières émanées de l'autre ; la solution des problèmes les plus importants de la métaphysique discutés avec netteté ; les règles d'une morale pure et sublime tracées sous une forme toujours noble et attrayante ; ses principes, dérivés des sommets les plus élevés de l'intelligence, ou cherchés dans les profondeurs du cœur humain ; ses applications variées, éminemment instructives pour la conduite de la vie, à tous les âges et dans toutes les situations ; en un mot, les notions primitives du vrai, du beau et du bon, présentées avec leurs plus magnifiques développements. L'idée sommaire, que nous donnerons à la suite de cette histoire, des questions traitées dans les comptes-rendus imprimés, ne pourra qu'augmenter les regrets sur la perte plus ou moins complète de tant de belles conceptions philosophiques qui excitaient une juste admiration.

En 1845, l'abbé Flottes, alors vicaire-général et professeur de philosophie, publia un écrit sur *Spinosa*. C'était l'un des articles les plus remarquables qu'il avait fournis à l'Encyclopédie du XIXe siècle. Cet écrit, qui contient une courte biographie de Spinosa, une exposition de ses doctrines, suivie d'une rapide mais vigoureuse réfutation, lui valut un injurieux pamphlet, désavoué plus tard par son auteur. L'écrit de l'abbé Flottes, par compensation, fut cité avec éloge dans une note des conférences du célèbre Père Ventura, que nul n'a jamais soupçonné de quelque faible pour le panthéisme du juif Spinosa.

Bientôt après parurent d'autres ouvrages d'une plus grande étendue et d'une plus haute importance. La philosophie n'était pas seule intéressée aux questions qui en font la matière ; la religion l'était bien plus encore. Les ennemis de la Révélation se sont constamment appliqués à exalter la force et les droits de la raison. Ses droits sont incontestables ; mais ils ne peuvent s'étendre au-delà de la sphère de son activité naturelle. Les erreurs infinies dans lesquelles elle s'est précipitée à toutes les époques, ses incertitudes sur les objets les plus essentiels, l'opposition des philosophes entre eux et les contradictions de leurs systèmes, auraient dû faire comprendre que l'esprit humain a des bornes, et qu'il lui importe de les connaître et de les respecter. Mais la foi chrétienne, par ses impénétrables mystères, humilie son orgueil, comme par la pureté si parfaite de sa morale elle révolte les passions du cœur. C'est pourquoi, voulant en secouer le joug, on a proclamé la souveraineté absolue de la raison. La haine des incrédules contre la religion a été si aveugle que, pour enlever au christianisme la gloire que faisaient rejaillir sur lui quelques noms illustres dans la science, ils ont trouvé plus convenable d'en décorer le scepticisme qui détruit la raison. C'est ce qu'on a fait à l'égard de deux hommes dont s'honorent la religion et la France : ces deux hommes sont Blaise Pascal et Daniel Huet, évêque d'Avranches.

Parmi les plus graves occupations, suffisantes par elles-mêmes pour absorber un esprit ordinaire, l'abbé Flottes ne perdait pas de vue les mouvements qui se produisaient dans la sphère de la science, et suivait avec la plus scrupuleuse attention toutes les phases de la polémique philosophique et religieuse de l'époque. Une nouvelle édition des *Pensées* de Pascal, beaucoup plus complète que les précédentes, venait d'être publiée. Les écrivains qui régnaient alors dans les régions de la science et de la littérature, portèrent de nouveau leur attention sur les œuvres de ce grand génie. M. Cousin, qui avait rempli l'Europe de l'éclat de son nom et donné une forte impulsion aux études philosophiques ; M. Sainte-Beuve, et quelques autres savants, publièrent dans divers écrits leurs appréciations. Quoique admirateurs de ce grand homme, ils n'avaient pu se soustraire entièrement à l'influence des assertions calomnieuses par lesquelles les philosophes du siècle précédent s'étaient efforcés d'amoindrir l'autorité de Pascal au détriment de la foi chrétienne.

La vraie religion étant nécessaire au salut, il entrait dans les vues de la Providence de l'entourer d'une telle splendeur, que toutes les âmes droites pussent facilement la discerner. A l'éclat que font briller sur elle tant de faits miraculeux qui peuvent seuls expliquer sa rapide propagation au sein de l'univers païen, les prophéties accomplies, l'idolâtrie abattue, toutes les erreurs dissipées, Dieu a voulu joindre une double gloire qu'il ne sera jamais possible de lui contester, et dont l'effet sera toujours grand sur l'esprit des hommes : la gloire de la science et celle de la sainteté. Une religion qui réunit ces deux caractères paraîtra toujours, à leurs yeux, porter l'empreinte de la Divinité. «Cent volumes de sermons, a dit Bayle, au sujet de la vie de Pascal, ne valent pas cette vie-là, et sont beaucoup moins capables de désarmer les impies. L'humilité et la dévotion extraordinaire de M. Pascal mortifient plus les libertins que si on lâchait sur eux une douzaine de missionnaires. Ils ne peuvent plus nous dire qu'il n'y a que de petits esprits qui aient de la piété ; car on leur en fait voir de la mieux poussée dans l'un des plus grands géomètres, des plus subtils métaphysiciens, et des plus pénétrants esprits qui aient jamais été au monde.»

La guerre déclarée au christianisme exigeait donc que rien ne fût négligé pour diminuer « la liste des grands hommes qui l'ont regardé comme l'ouvrage de Dieu ; liste, a dit d'Alembert lui-même, capable d'ébranler, même avant l'examen, les meilleurs esprits, mais suffisante au moins pour imposer silence à une foule de conjurés, ennemis impuissants de quelques vérités nécessaires aux hommes, que Pascal a défendues, que Newton croyait, que Descartes a respectées [1]. »

« Les philosophes du xviiie siècle le comprirent, dit l'abbé Flottes, et Pascal devint le but de leurs attaques. Voltaire proclame le mérite littéraire des *Provinciales*, mais il s'efforce de déverser le ridicule sur *Blaise* Pascal. Il l'appelle un fou sublime. Il écrivait : *Ne vous lassez point de répéter que, depuis l'accident de Neuilly, son cerveau était dérangé;* et cependant, depuis l'accident de Neuilly, les *Provinciales* ont été écrites, et le problème de la roulette a été résolu. Sous la direction de Voltaire, Condorcet lance contre Pascal une satire décorée du titre d'éloge, et publie une édition des *Pensées*. Les éditeurs prodiguent à Pascal les qualifications de sceptique, de fanatique, de superstitieux. Ils calomnient l'homme, ont la témérité de se mesurer avec le penseur, attaquent même le géomètre et l'écrivain, et font confidence au public de leur découverte de l'*amulette*. »

« Au commencement du xixe siècle, M. de Châteaubriand osa descendre dans l'arène, pour venger la

---

[1] *Éloge de Bernouilly.*

gloire de l'homme qui, à douze ans, *avec des barres et des ronds*, avait créé les mathématiques, et qui, les dernières années de sa vie, dans les courts intervalles de ses maux, jeta au hasard sur le papier des pensées qui tiennent autant de Dieu que de l'homme.»
La voix de l'auteur du *Génie du Christianisme* trouva de nombreux échos ; mais les suppositions injurieuses pour Pascal, habilement propagées par les disciples de Voltaire, restèrent dans un grand nombre d'esprits. Elles ont encore d'illustres défenseurs qui les protégent de l'éclat de leur nom et de toutes les ressources de leur talent. Leurs expressions, quand ils jugent Pascal, sont pleines de respect ; elles ne respirent point la haine et ne trahissent pas le mépris, comme celles des philosophes du xviiie siècle. Leurs accusations sont les mêmes. A les entendre, Pascal était agité par les tourments du doute. Il n'échappa au scepticisme qu'en se jetant dans une foi aveugle. On parle de sa foi inquiète, désespérée, de la profondeur de sa tristesse, de sa misanthropie. On n'oublie pas l'amulette, et on conclut que cette puissante intelligence avait reculé jusqu'aux pratiques superstitieuses, pour fuir de plus loin une horrible incertitude. Ces assertions sont acceptées sans examen. On leur attribue la force de la chose jugée ; la presse les répand et les embellit. Là, on décide hardiment que la superstition seule pouvait dompter Pascal (*Revue des Deux-Mondes*, 15 août 1842); ici, le critique donne l'essor à son imagination ; il dépeint le supplice que le

doute fit subir à Pascal, et compare les douleurs dont il fut le martyr aux déchirements sublimes de Hamlet. » (*Débats*, 8 juillet 1843.)

L'amour de la vérité, le zèle le plus éclairé pour les intérêts de la religion, une juste admiration pour l'un des plus beaux génies qui aient jamais existé, ne permettaient pas à l'abbé Flottes de garder le silence, lorsqu'on s'efforçait de travestir en superstition et en fanatisme aveugle la foi de Pascal. « Chrétien, philosophe, écrivain, ce grand homme, dit-il, est une des gloires de la religion et de la France. Les imputations que nous venons de signaler devaient nécessairement en obscurcir l'éclat. Intimement convaincu que ces imputations ne sont pas fondées, c'était pour nous un besoin et un devoir de les repousser. Le courage ne nous a point fait défaut. Il en fallait : nous avions contre nous le talent et la renommée de l'illustre auteur[1] du rapport sur les *Pensées*; mais l'amour de la vérité inspire le zèle, la modération et la persévérance. »

Pour que le lecteur puisse se prononcer avec connaissance de cause dans le grave débat dont Pascal a été l'objet, c'est pour nous un devoir de mettre sous ses yeux une analyse fidèle de l'argumentation de l'abbé Flottes. « Les tendances de l'esprit, les croyances profondes, les sentiments intimes, se produisent, dit-il, par deux manifestations qui s'éclairent réciproquement. Les

[1] V. Cousin.

actions réalisent, sous une forme vivante, les actes de l'intelligence ; les écrits les revêtent d'une forme sensible. Les écrits peuvent jeter du jour sur le principe des actions; les actions confirment les écrits. Ainsi, s'agit-il d'apprécier un écrivain tout entier, il faut scruter sa vie et approfondir ses ouvrages. »

La vie de Pascal nous le montre, dès son enfance, doué de cette curiosité intelligente qui « veut savoir la raison de toutes choses, cherchant la vérité de telle sorte que jamais rien ne pût le satisfaire que sa connaissance, ne se rendant qu'à ce qui lui paraissait vrai évidemment, de sorte que quand on ne lui disait pas de bonnes raisons, il en cherchait lui-même » ; et ce besoin de remonter à la raison des choses, ainsi que l'aptitude à la découvrir, donnait à son esprit un caractère affirmatif, caractère que, d'après le témoignage de Nicole, il a conservé jusqu'à la fin.

Ceux qui l'ont vu de près affirment que, « imbu, par les leçons de son père, de cette maxime que tout ce qui est l'objet de la foi ne saurait l'être de la raison, il a toujours été soumis dans les choses de la religion avec la plus parfaite simplicité. » Ces maximes, dit Mme Perrier, qui lui étaient souvent réitérées par un père pour qui il avait une très-grande estime et en qui il voyait une grande science, accompagnée d'un raisonnement fort net et fort puissant, faisaient une si grande impression sur son esprit, que, quelques discours qu'il entendît faire aux libertins, il n'en était nullement ému; et quoiqu'il fût fort jeune, il les regardait comme des gens qui étaient dans ce faux principe, que la raison humaine est au-dessus de toutes choses, et qui ne connaissent pas la nature de la foi ; et ainsi, cet esprit si grand, si vaste et si rempli de curiosité, qui cherchait avec tant de soin la cause et la raison de tout, était en même temps soumis à toutes les choses de la religion comme un enfant ; et cette simplicité a régné en lui toute sa vie, de sorte que depuis même qu'il se résolut de ne plus faire d'autre étude que celle de la religion, il ne s'est jamais appliqué aux questions curieuses de la théologie, et il a mis toute la force de son esprit à connaître et à pratiquer la perfection de la morale chrétienne, à laquelle il a consacré tous les talents que Dieu lui avait donnés, n'ayant pas fait autre chose, dans tout le reste de sa vie, que de méditer la loi de Dieu jour et nuit. »

A l'âge de vingt ans, «la providence de Dieu ayant fait naître une occasion qui l'obligea de lire des écrits de piété, Dieu l'éclaira de telle sorte par cette lecture, qu'il comprit parfaitement que la religion chrétienne nous oblige à ne vivre que pour Dieu,..... et cette vérité lui parut si évidente, si nécessaire et si utile, qu'elle termina toutes ses recherches ; de sorte que, dès ce temps-là, il renonça à toutes les autres connaissances, pour s'appliquer uniquement à l'unique chose que J.-C. appelle *nécessaire*.

» Tout son temps était employé à la prière et à la lecture de l'Écriture sainte, et il y prenait un plaisir incroyable. Il disait que l'Écriture sainte n'était pas une science de l'esprit, mais une science du cœur, qui n'était intelligible que pour ceux qui ont le cœur droit, et que tous les autres n'y trouvent que de l'obscurité.»

Après la guérison miraculeuse de sa nièce, « Dieu lui inspira une infinité de pensées admirables qui, lui donnant de nouvelles lumières sur la religion, lui redoublèrent l'amour et le respect qu'il avait toujours eus pour elle. Et ce fut cette occasion qui fit paraître cet extrême désir qu'il avait de travailler à réfuter les principaux et les plus faux raisonnements des athées. Il les avait étudiés avec grand soin et avait employé tout son esprit à chercher tous les moyens de les convaincre..... L'éloignement du monde, qu'il pratiquait avec tant de soin, n'empêchait pas qu'il ne vît souvent des gens de grand esprit et de grande condition, qui.... étaient travaillés de doutes sur les matières de la foi, et qui, sachant qu'il avait de grandes lumières là-dessus, venaient à lui le consulter, et s'en retournaient toujours satisfaits.»

Ce tableau des habitudes intellectuelles de Pascal, depuis sa première enfance jusqu'à la fin de sa vie, loin de nous offrir la moindre trace de fluctuation et de doute, ne nous découvre en lui qu'un esprit ferme, éclairé, qui a vu toutes les difficultés et les a méprisées. Tous les actes de sa vie prouvent la fermeté de ses convictions. Une chute de son père, un grave danger qu'il a couru lui-même sur le pont de Neuilly, le disposent à se donner à Dieu avec plus de ferveur qu'auparavant. Alors sa charité est sans bornes, son humilité sincère et profonde, sa mortification rigoureuse et poussée jusqu'à l'amour des souffrances. Dans ses derniers moments, il fait éclater la piété la plus tendre, ses sentiments de confiance et d'amour se trahissent par de douces larmes. Certes, ce n'est pas ainsi que vivent et meurent les hommes désolés par le tourment du doute.

La vie de Pascal est une réfutation éclatante de l'accusation de scepticisme. L'abbé Flottes va maintenant interroger ses écrits. Après avoir, dans une deuxième étude, établi d'une manière péremptoire que le *Discours sur les passions de l'amour* ne saurait lui être attribué, donné des éclaircissements importants sur de prétendus actes d'un zèle trop farouche, qui, du reste, s'accorderaient difficilement avec le scepticisme, dont le caractère propre est l'indifférence pour toutes les questions religieuses, et enfin sur une certaine hallucination à laquelle on veut que Pascal ait été soumis pendant quelque temps, et qui lui aurait sans cesse fait voir un abîme ouvert à ses côtés, l'abbé Flottes, dans une troisième étude, passe à l'examen de sa philosophie, telle qu'elle est consignée dans le recueil de ses *Pensées*.

La doctrine philosophique de Pascal sur la puissance et les limites de nos facultés intellectuelles, en général, peut être ramenée, dit-il, aux propositions suivantes : « Les premiers principes, fondement de la connaissance humaine, ne peuvent être prouvés, mais la nature nous porte à les admettre. La connaissance humaine ne repose donc pas sur une base scientifique. Les dogmatistes ont prétendu le contraire ; les pyrrhoniens les ont confondus par la logique; les pyrrhoniens, qui rejetaient les premiers principes, ont été, à leur tour, confondus par la nature. Nous savons, dit Pascal, que nous ne rêvons point, quelque impuissance où nous soyons de le prouver par raison. Cette impuissance ne conclut autre chose que la faiblesse de notre raison, mais non pas l'incertitude de nos connaissances, comme ils le prétendent ; car la connaissance des premiers principes, comme par exemple qu'il y a espace, temps, mouvement, nombre, matière, est aussi ferme qu'aucune de celles que nos raisonnements nous donnent. Cette impuissance ne peut donc servir qu'à humilier la raison, qui voudrait juger de tout, mais non pas à combattre notre certitude, comme s'il n'y avait que la raison capable de nous instruire.... L'homme doutera-t-il de tout? Doutera-t-il s'il veille, si on le pince, si on le brûle? Doutera-t-il s'il doute, doutera-t-il s'il est? On n'en peut point venir là. Je mets en fait qu'il n'y a jamais eu de pyrrhonien effectif et parfait. La nature soutient la raison impuissante et l'empêche d'extravaguer à ce point. »

Mais d'où vient cette force de la nature, dans l'impuissance où nous sommes de prouver les premiers principes de la raison? « La cause qui les rend incapables de démonstration, répond Pascal, n'est pas leur obscurité, mais, au contraire, leur extrême évidence ; ce manque de preuves n'est pas un défaut, mais plutôt une perfection. D'où l'on voit que la géométrie ne peut définir les objets ni prouver les principes, mais par cette seule et avantageuse raison, que les uns et les autres sont dans une extrême clarté naturelle qui convainc la raison plus puissamment que le discours. »

L'abbé Flottes examine un à un les divers fragments qu'on oppose pour établir le scepticisme de Pascal, et les explique de la manière la plus satisfaisante. Il fait remarquer que ses *Pensées* n'étaient que des notes écrites rapidement, d'une manière très-abrégée, pour soulager sa mémoire, et servir de matériaux au grand ouvrage qu'il préparait sur la religion ; que, dans cette apologie du christianisme, Pascal se proposait d'employer la forme du dialogue ; qu'on ne doit pas lui attribuer les sentiments qu'il réfute ou qu'il n'accepte provisoirement que pour combattre ses adversaires, en leur opposant leurs propres opinions. Enfin, il invoque les lois de la justice et les règles de la critique, pour amener à conclure que les textes obscurs et difficiles doivent être expliqués par ceux qui sont clairs et précis, et que l'on doit voir une objection là où se trouve formulé un principe évidemment contraire à la doctrine bien constante de Pascal.

Peut-on douter, disait M. Cousin, de son scepticisme en philosophie, lorsqu'il déclare hautement que, par les lumières naturelles, l'homme ne peut savoir quel est Dieu, ni même s'il est ? A cette objection, l'abbé Flottes répond par un magnifique passage des

Pensées, qui faisait sur son âme profondément chrétienne la plus vive impression, et qu'il se plaisait à rappeler dans ses conversations, dans ses écrits, dans son cours de philosophie, toutes les fois que la discussion pouvait y avoir quelque rapport. On nous saura gré d'avoir reproduit ici ces lignes admirables :

« La plupart de ceux qui entreprennent de prouver la divinité aux impies, commencent d'ordinaire par les ouvrages de la nature, et ils y réussissent rarement. Je n'attaque pas la solidité de ces preuves, consacrées par l'Écriture sainte : elles sont conformes à la raison; mais souvent elles ne sont pas assez conformes et assez proportionnées à la disposition de l'esprit de ceux pour qui elles sont destinées. — Car il faut remarquer qu'on n'adresse pas ce discours à ceux qui ont la foi vive dans le cœur et qui voient incontinent que tout ce qui est n'est autre chose que l'ouvrage du Dieu qu'ils adorent. C'est à eux que toute la nature parle pour son Auteur, et que les cieux annoncent la gloire de Dieu. Mais pour ceux en qui cette lumière est éteinte, et dans lesquels on a dessein de la faire revivre, ces personnes destituées de foi et de charité, qui ne trouvent que ténèbres et obscurité dans toute la nature, il semble que ce ne soit pas le moyen de les ramener, que de ne leur donner pour preuves de ce grand et important sujet que le cours de la lune ou des planètes, ou des raisonnements communs et contre lesquels ils se sont continuellement roidis. L'endurcissement de leur esprit les a rendus sourds à cette voix de la nature qui a retenti continuellement à leurs oreilles ; et l'expérience fait voir que, bien loin qu'on les emporte par ce moyen, rien n'est plus capable au contraire de les rebuter et de leur ôter l'espérance de trouver la vérité, que de prétendre les en convaincre seulement par ces sortes de raisonnements, et de leur dire qu'ils y doivent voir la vérité à découvert.

« Les preuves de Dieu métaphysiques sont si éloignées du raisonnement des hommes et si impliquées, qu'elles frappent peu, et, quand cela servirait à quelques-uns, ce ne serait que pendant l'instant qu'ils voient cette démonstration ; mais une heure après ils craignent de s'être trompés. D'ailleurs, ces sortes de preuves ne peuvent nous conduire qu'à une connaissance spéculative de Dieu ; et ne le connaître que de cette sorte, c'est ne le connaître pas. — La divinité du christianisme ne consiste pas en un Dieu simplement auteur des vérités géométriques et de l'ordre des éléments : c'est la part des païens. Elle ne consiste pas simplement en un Dieu qui exerce sa providence sur la vie et sur les biens des hommes, pour donner une heureuse suite d'années à ceux qui l'adorent : c'est le partage des Juifs. Mais le Dieu d'Abraham et de Jacob, le Dieu des chrétiens, est un Dieu d'amour et de consolation : c'est un Dieu qui remplit l'âme et le cœur qu'il possède ; c'est un Dieu qui leur fait sentir intérieurement leur misère et sa miséricorde infinie... Il faut donc tendre uniquement à connaître J.-C., puisque c'est par lui seul que nous pouvons prétendre connaître Dieu d'une manière qui nous soit utile. »

Ici l'auteur des *Etudes* s'écrie: « Le cœur ne s'élance-t-il pas avec transport vers le Dieu des chrétiens, tel que Pascal le dépeint?... Je le demande, ce Dieu de Pascal, en quoi diffère-t-il du Dieu de Fénelon? Vous semble-t-il que sa religion soit *un fruit amer éclos dans la région désolée du doute, sous le souffle aride du désespoir, et qu'il entreprenne de communiquer à ses semblables une foi inquiète et malheureuse?* »

Mais ce qui démontre invinciblement les convictions profondes de Pascal dans la foi chrétienne dont il fait profession, c'est ce magnifique ensemble de preuves jetées en traits rapides dans le recueil de ses *Pensées*. M. Cousin n'a pu s'empêcher de rendre un éclatant hommage à la beauté de l'œuvre conçue par ce grand génie. « Des indices nombreux, dit-il dans son rapport sur les *Pensées*, prouvent incontestablement que l'ouvrage auquel Pascal avait consacré les dernières années de sa vie, s'il eût pu être achevé, n'eût pas été seulement un admirable écrit théologique et philosophique, mais un chef-d'œuvre d'art, où l'homme qui avait le plus réfléchi à la manière de persuader, aurait déployé toutes les ressources de l'expérience et du talent, la dialectique, le pathétique, l'ironie, la véhémence, la grâce, parlé tous les langages, essayé toutes les formes, pour attirer l'âme humaine tout entière dans l'asile assuré que lui ouvre le christianisme. D'un pareil monument, il ne reste que des matériaux, souvent informes, mais où brille encore de loin en loin l'éclair du génie. » On connaît ces paroles de Châteaubriand : « Si Dieu ne lui a pas permis d'exécuter son dessein, c'est qu'apparemment il n'était pas bon que tous les doutes sur la foi fussent levés, afin qu'il restât matière à ces tentations et à ces épreuves qui font les saints et les martyrs. »

Dans sa dernière *Etude*, l'abbé Flottes expose le plan de ce magnifique ouvrage, d'abord d'après les récits de Mme Perrier, sœur de Pascal, et d'Étienne Perrier, son neveu, et puis par des passages du recueil des *Pensées*, liés entre eux et présentant, malgré leur brièveté et leur forme concise et brisée, la démonstration la plus complète et la plus invincible qui ait jamais été faite en faveur du christianisme. Nous ne croyons pas qu'il soit possible à un homme sincère, appliqué à la recherche de la vérité avec toute l'ardeur que mérite un si grand objet, de lire avec attention le plan de l'apologie de Pascal, tel que l'a décrit l'abbé Flottes à l'aide de ces divers documents, sans être convaincu de la divinité de la religion chrétienne. La foi d'Augustin et de Thomas d'Aquin, de Bossuet et de Fénelon, ne repose pas sur des bases plus solides : jamais ces grands hommes n'ont exposé les preuves de la religion avec plus de force, plus de profondeur, et avec une conviction plus sensible. Si la foi de Pascal était aveugle, inquiète, désespérée, la foi de ces grands hommes l'était aussi. Pascal s'était proposé de montrer, dans son apologie, que « la religion chrétienne avait autant de marques de certitude et d'évidence que les choses qui sont reçues dans le monde pour les plus indubitables. » Il ne pouvait se jeter en aveugle, et par une sorte de fanatisme, dans les obscurités de la foi, lui qui établit cette maxime : « La conduite de Dieu, qui dispose toutes choses avec douceur, est de mettre la religion dans l'esprit par les raisons, et dans le cœur par la grâce. »

Nous ne nous étendrons pas ici sur les éclaircissements donnés par l'abbé Flottes sur la *règle des paris*, par laquelle Pascal montre aux athées que, « embarqués dans la vie et forcés de prendre parti pour ou contre sur la question de l'existence d'un Dieu et d'une éternité, il faut renoncer à la raison pour hésiter à faire, entre le néant et l'infini, un choix où l'on a tout à gagner et rien à perdre. » Mais nous ne pouvons passer sous silence l'écrit mystérieux trouvé après la mort de Pascal dans la doublure de son habit, et qu'on a travesti en objet de ridicule superstition. Voici cet écrit :

L'an de grâce 1654.
Lundi 23 novembre, jour de S. Clément,
Pape et Martyr, et autres au Martyrologe.
Veille de St. Chrysogone, Martyr, et autres.
Depuis environ dix heures et demie du soir
Jusques environ minuit et demi.

FEU.

Dieu d'Abraham, Dieu d'Isaac, Dieu de Jacob;
   Non des Philosophes et des Savans,
Certitude, certitude, sentiments, vue, joie, paix.
      Dieu de Jésus-Christ.
Deum meum et Deum vestrum. Jean, 20, 17.
   Ton Dieu sera mon Dieu. *Ruth.*
Oubli du monde et de tout, hormis Dieu.
Il ne se trouve que par les voies enseignées dans l'Évangile.
      Grandeur de l'âme humaine.
Père juste, le monde ne t'a point connu,
   Mais je t'ai connu. *Jean*, 17, 25.
Joie, joie, pleurs de joie.
Je m'en suis séparé.
Dereliquerunt me fontem aquæ vivæ
Mon Dieu, me quitterez-vous?
   Que je n'en sois pas séparé éternellement.
Cette est la vie éternelle, qu'ils te connaissent,
   Seul vrai Dieu, et celui que tu as envoyé.
Jésus-Christ.
Jésus-Christ.
Jésus-Christ.
Je m'en suis séparé. Je l'ai fui, renoncé.
Crucifié.
Que je n'en sois jamais séparé.
Dieu ne se conserve que par les voies enseignées
   dans l'Évangile.
Renonciation totale et douce.
Soumission totale à Jésus-Christ et à mon Directeur.
Éternellement en joie pour un jour d'exercice sur la terre [1].
Non obliviscar sermones tuos. Amen.

---

[1] On n'a pu voir distinctement que certains mots de ces deux lignes, qui ne sont pas dans l'original en parchemin, mais dans celui qui est en papier.

Écoutons maintenant l'abbé Flottes : « Condorcet a figuré cet écrit, dans son édition des *Pensées*, et il l'a transformé en amulette. Cette transformation a été accueillie par les philosophes du xviii⁰ siècle et par d'illustres écrivains de notre époque [1]. Hâtons-nous de le dire : de nos jours, quelques voix se sont élevées contre la fable de l'amulette. M. Sainte-Beuve a osé soutenir que c'était une moquerie des philosophes du xviii⁰ siècle. On lit dans le *Semeur* (8 mars 1843) : « Il est permis aujourd'hui de parler de la prétendue *amulette*. Cette pièce, qu'on a voulu rendre ridicule et qui est sublime, jette le jour le plus vif sur l'état de l'âme de Pascal pendant ses dernières années. Si on la lit avec attention, si l'on remarque qu'elle s'applique et s'étend à plusieurs époques successives, et que Pascal la porta sur lui très-longtemps, on se persuadera que, si sa foi fut un mal funeste, il ne s'en douta pas, et qu'on ne sait où placer, au milieu de ce chant de triomphe et de louanges, des cris de *misère et de désespoir*. »

» De quelles apparences pourrait-on se prévaloir pour découvrir des traces de superstition dans l'écrit qui nous occupe? Serait-ce de *certains caractères remarquables*, comme dit l'*Histoire de Port-Royal*? Mais les autographes de Pascal renferment des caractères analogues, et un illustre écrivain nous parle des abréviations capricieuses de son écriture. Dira-t-on qu'on

---

[1] *Mélanges hist. et litt.*, tom. I; *Éloge de Pascal*, etc.

y lit de petites phrases coupées ou de simples mots? Pascal fixait souvent de cette manière ses souvenirs. Les mots isolés : *Machine.—Il a quatre laquais*, etc.,— se trouvent dans ses manuscrits. Un mot lui rappelait un ordre entier d'idées. On en convient dans la *Revue des Deux-Mondes*. Nous opposera-t-on l'obscurité qui nous dérobe le sens complet de ces petites notes et de ces mots isolés? Mais des yeux non prévenus n'aperçoivent-ils pas, malgré cette obscurité, que, dans la nuit du 23 novembre 1654, si voisine de la seconde conversion de Pascal [1], dans cet intervalle qui s'écoula *depuis environ dix heures et demie du soir jusques environ minuit et demi*, son intelligence fut inondée de flots de lumière et son âme pénétrée des plus vives ardeurs? Ces mots : *Certitude, certitude, sentiments, vue, joie, paix*, ne proclament-ils point les consolantes clartés de la foi; et ceux-ci : *Joie, joie, pleurs de joie*, les ineffables douceurs du retour vers Dieu? Ces mots : *Je m'en suis séparé, je l'ai fui, renoncé, crucifié*, ne trahissent-ils pas de profonds regrets; et ceux-ci : *Que je n'en sois jamais séparé*, de fermes espérances? L'anxiété qui accompagne la crainte de perdre la grâce, ne se révèle-t-elle point par ces mots: *Mon Dieu, me quitterez-vous ?* Des résolutions pratiques ne sont-elles pas consignées dans ces paroles : *Dieu ne se conserve que par les voies*

---

[1] M. Sainte-Beuve prouve par deux lettres, datées du 8 décembre 1654 et du 25 janvier 1655, qu'à cette époque la seconde conversion de Pascal s'était opérée.

enseignées dans l'Évangile; *Renonciation totale et douce?* Le ravissement de l'âme, à la pensée du bonheur éternel conquis par la lutte de la pénitence, ne tressaille-t-il point dans ces mots : *Éternellement en joie pour un jour d'exercice sur la terre?* Les derniers mots de cet écrit : *Non obliviscar sermones tuos. Amen*, ne sont-ils pas l'expression d'une fidélité inviolable, comme ceux-ci : *Dieu d'Abraham, Dieu d'Isaac, Dieu de Jacob, non des philosophes et des savants*, placés au commencement, sont la formule abrégée d'une idée fondamentale que Pascal se proposait de développer dans son grand ouvrage?

» La peine que prit Pascal, pendant huit ans, de coudre et de découdre le parchemin et le papier lorsqu'il changeait d'habit, a été présentée comme une marque de superstition. Un coup d'œil jeté sur les lois de notre nature suffira pour expliquer sa conduite.

» Un lieu particulier a-t-il été le théâtre d'un événement heureux ou malheureux pour nous ; un instrument nous a-t-il servi à la défense légitime ou au crime ; un jour s'est-il levé pour être témoin de notre joie ou de notre douleur ; la vue de ce lieu, de cet instrument, le retour de cette époque, éveillent nos souvenirs, excitent l'imagination et renouvellent les sentiments que nous avons éprouvés. Un papier a reçu les épanchements de notre cœur, ou nous a transmis les épanchements d'un autre. Sa vue nous transporte au moment même où nous nous livrions à ces épanchements et où ces confidences nous étaient faites. Ce n'est pas tout; si nous transcrivons nous-même, plus tard, sur un nouveau papier, les sentiments confiés au premier lorsque notre âme les éprouvait, la vue du nouvel écrit ne produira pas la même impression. Telle est notre nature. Le cœur en a le secret, et nous ne pouvons nous séparer des signes précieux qui nous semblent continuer les émotions que nous avons goûtées. Les âmes pieuses ont cédé à cette loi, et en ont fait l'application à leur amour pour Dieu. »

CHAPITRE VIII

Succès des Études sur Pascal. — Jugement sur les Provinciales.

Les *Etudes* sur Pascal parurent en diverses parties, insérées à différents intervalles dans la *Revue du Midi*. La date de la première est du 25 novembre 1843 ; la dernière a été publiée le 31 décembre 1845. « Pendant cet intervalle, la polémique sur Pascal suspendue, reprise, ravivée par la publication de l'autographe (des *Pensées*), a été marquée par des incidents divers. » De là nécessairement, dans cet ouvrage, une marche moins méthodique que dans les autres productions du même auteur, et des retours sur des questions déjà traitées, pour répondre à de nouvelles difficultés.

Cet écrit obtint dans le monde savant un grand succès. C'est, en effet, une victorieuse réfutation de l'accusation de scepticisme et de grossière superstition intentée au célèbre auteur des *Pensées*. La physionomie intellectuelle et religieuse de ce grand homme est rétablie dans toute sa vérité. Mais il y a plus ici qu'une simple rectification d'une erreur historique. L'œuvre de l'abbé Flottes est en même temps un service important rendu à la saine philosophie, à la religion, à la société. Dans un siècle où les doctrines dissolvantes d'une philosophie sceptique, se mêlant au désordre que ne manquent jamais de produire dans les esprits les grandes commotions politiques, avaient ébranlé toutes les vérités et remis en question jusqu'aux principes fondamentaux de la connaissance humaine, c'était sans doute servir puissamment ces grandes causes, que d'enlever aux partisans du scepticisme une aussi imposante autorité. Les organes les plus distingués de la presse, des écrivains renommés, adoptèrent sans réserve les conclusions de l'auteur des *Etudes*, et rendirent hommage à la sagacité, l'érudition, la solide dialectique déployées dans cet écrit.

Les premières de ces *Etudes* venaient à peine de paraître, que M. Sainte-Beuve écrivait dans la *Revue des Deux-Mondes* (1er juillet 1844) : « Se prévaloir, contre la foi de Pascal, de certain mode d'argumentation qu'il emploie hardiment, et qui impliquerait le scepticisme absolu au défaut de la foi, c'est supposer ce qu'il s'agit précisément de démontrer, c'est oublier combien cette foi faisait peu défaut en lui, combien elle était pour lui chose réelle, pratique, sensible et vivante.... Il y aurait illusion à prendre pour des convulsions de sa foi ce qui peut souvent n'avoir été que des brusqueries du talent. Pour preuve qu'elle était, malgré tout, assise et stable en lui, je ne voudrais que sa charité ; car la charité découle de la foi, comme la source du rocher. »

Forcé de convenir que la foi de Pascal était sincère et fondée sur une conviction profonde, on s'est retranché sur sa philosophie, et c'est là qu'on le déclare incontestablement sceptique; comme si conviction et doute, raison incertaine et croyance ferme n'impliquaient pas contradiction. M. Sainte-Beuve nous révèle à ce sujet une particularité qui n'est pas sans intérêt. « A l'occasion, dit l'abbé Flottes, de notre dessein de justifier Pascal de tout soupçon de scepticisme, M. Sainte-Beuve rapporte qu'il parla un jour de cette prétention à l'un des hommes de ce temps qui sont le plus faits pour avoir un avis sur Pascal, et qu'il lui fut répondu par quelques-unes de ces paroles énergiques, impatientes, puissamment familières et qui se gravent. Les voici :
«Et pourquoi ne pas prendre Pascal comme il nous est donné avec son scepticisme ? Il s'est fait chrétien en enrageant, il est mort à la peine ; je l'aime ainsi tombant à genoux, se cachant les yeux à deux mains et criant : *je crois*, presque au même moment où il lâche d'autres paroles qui feraient craindre le contraire. Lutte du cœur et de l'intelligence ! son cœur parlait plus haut et faisait taire l'autre. La fin du XVIe siècle lui avait légué ce scepticisme qui circulait alors partout, lui avait mis ce ver au cœur : il en a triomphé tout en mourant. C'est là sa physionomie ; c'est ainsi qu'il a sa vraie grandeur ! » M. Sainte-Beuve fait cette observation : « Dans ces paroles si vives, si poignantes, il y a encore trop de l'homme de ce temps-ci, du Pascal tel que chacun le porte et l'agite

en soi, du Pascal d'après Werther et René. » (*Revue des Deux-Mondes*, 1ᵉʳ juillet 1844.) Or, cette lutte de l'intelligence et du cœur dans Pascal, le même personnage, qui n'est autre que M. Cousin, la définit clairement en ces termes : « Qui jamais a pu nier que sa foi fût sincère et profonde ? Il faut poser nettement et ne pas laisser chanceler le point précis de la question. C'est en philosophie que Pascal est sceptique, et non point en religion.» (*Revue des Deux-Mondes*, 15 décembre 1844.)

Ces paroles méritent une attention particulière. On saisira mieux la portée des travaux de l'abbé Flottes pour la réhabilitation de quelques noms illustres revendiqués par la religion, si l'on fait attention à la tactique des philosophes qui lui sont plus ou moins hostiles. Ils ne nient plus aujourd'hui que ces grands hommes, Pascal et quelques autres, aient été de sincères croyants, de vrais dogmatiques dans l'ordre de la foi ; mais ils prétendent qu'en philosophie, dans l'ordre des connaissances naturelles, ils n'ont rien vu de certain, et que, le doute absolu, universel, étant intolérable et désolant pour la nature, ils ont jeté un voile sur la raison, et cherché une ombre de vérité et un peu de paix dans la foi. Mais une foi à laquelle on n'est pas conduit par la raison, est une foi aveugle, fanatique, absurde. Et si telle était la foi des plus profonds penseurs dont s'honore le christianisme, il s'ensuivrait évidemment que le christianisme n'a point de base rationnelle, qu'il n'est plus qu'une douce et brillante illusion dont se bercent les imaginations ardentes comme les âmes vulgaires. On a pu juger si telle était la foi de Pascal ; mais assurément ce n'est point celle à laquelle l'Église nous convie. Elle a condamné par la voix de ses Pontifes cette philosophie Lamennaisienne, qui, proclamant l'impuissance absolue de la raison individuelle, faisait dépendre toute certitude d'une autorité générale qu'il fallait accepter sans discussion. Elle a condamné ceux qui prétendaient que *ce n'est pas la foi qui naît de la raison, mais la raison qui naît de la foi.* Elle a déclaré que « le raisonnement peut prouver avec certitude l'existence de Dieu et l'infinité de ses perfections ; que la raison précède la foi ; que, quelque faible et obscure que soit devenue la raison par le péché originel, il lui reste assez de clarté et de force pour nous guider avec certitude à l'existence de Dieu, à la révélation faite aux juifs et aux chrétiens [1], etc. » Il est bien évident que, pour croire, il faut être convaincu, qu'ainsi la raison doit nous conduire à la foi ; que supprimer la raison, c'est renverser le fondement nécessaire de l'édifice, et que, le fondement renversé, on n'a plus que des ruines.

Les erreurs d'un homme, quelque grand qu'il soit, ne peuvent sans doute compromettre la solidité de la foi chrétienne. Mais dans le prétendu scepticisme de quelques grands hommes, on prétend trouver formulé en termes plus explicites un scepticisme *naturel et*

---

[1] Articles prescrits à l'école de Strasbourg, en 1840.

nécessaire à la théologie ; et l'on affirme que celle-ci, « s'autorisant des fautes où déjà était tombée la philosophie, s'est empressée de lui mettre sous les yeux le tableau de ses erreurs, et que, pour la dégoûter de l'indépendance et la ramener à la foi, elle a établi et professé un *feint scepticisme*. Il faut, ajoute-t-on, que cet artifice ait été souvent employé en Europe, car le secret en fut connu bien vite [1]. » Comme si rappeler à la raison sa faiblesse, pour lui faire désirer une lumière supérieure, c'était un artifice, et non un procédé dont le but est clairement avoué, un procédé juste envers la raison, puisqu'il respecte son indépendance dans tout ce qui est de son domaine, qu'il ne constate en elle que faiblesse et non pas impuissance absolue ! « Le génie de Platon, dit l'abbé Flottes, ne crut point s'abaisser en soupirant après une révélation divine. »

Admirateur sincère de Pascal, l'abbé Flottes ne s'aveuglait pas néanmoins jusqu'à le suivre hors de la ligne tracée par les décisions solennelles de l'Église. Dans sa 2e *Étude*, il constate son profond respect pour cette sainte autorité, règle infaillible des croyances catholiques, par une note ainsi conçue : « Nous ferons observer qu'il ne faut pas confondre, dans la personne de Pascal, l'apologiste du christianisme et le défenseur de la distinction *du droit et du fait* (sur le livre de Jansénius). » L'abbé Flottes ne faisait en cela

---

[1] V. Cousin ; *Cours de l'histoire de la philosophie.*

qu'appliquer de sages principes que Pascal lui-même a émis dans ses *Pensées* : « D'abord qu'on voit un miracle, il faut se soumettre, ou avoir d'étranges marques du contraire. Il faut voir si celui qui le fait nie un Dieu, ou J.-C., ou l'*Eglise*. — Le corps n'est non plus vivant sans le chef, que le chef sans le corps. Quiconque se sépare de l'un ou de l'autre, n'est plus du corps et n'appartient plus à Jésus-Christ.... Je ne me séparerai jamais de sa communion (du Pape); au moins je prie Dieu de m'en faire la grâce, sans quoi je serais perdu pour jamais. » C'est avec une sorte de complaisance, et pour témoigner de ses propres sentiments, plus encore que de ceux de Pascal, envers le chef suprême de l'Église, que l'abbé Flottes rapporte ce dernier passage dans sa 3ᵉ *Étude*. Mais il est permis de conclure de ces belles paroles que, si Pascal eût assez vécu pour s'assurer de la parfaite unanimité de l'Épiscopat et du consentement de l'Église universelle dans la question du jansénisme, il se serait hâté de rompre avec une secte qui, à son origine, avait dû naturellement séduire un homme de son génie et de son caractère, par l'éclat de la science et par tous les dehors de la plus austère vertu [1].

[1] Pascal est mort le 19 août 1662, et Bossuet écrivait environ trois ans après, en 1665, sa lettre aux religieuses de Port-Royal, dans laquelle il insiste particulièrement sur l'adhésion alors presque unanime du corps épiscopal aux constitutions émanées du Saint-Siége au sujet du Jansénisme. « Les doutes, dit-il, doivent être levés par l'autorité d'un consentement si universel. » Lettre aux R. de P.-R., nº 6.

L'accusation de scepticisme ne reposait, comme on a vu, sur aucun fondement solide. Le nom de Pascal, dégagé des ombres qu'on s'était efforcé d'accumuler autour de lui, devient dès-lors d'autant plus glorieux à la religion, que la foi de ce grand homme, si convaincue, si profondément raisonnée, n'était pas une pure spéculation d'un génie sublime, mais la loi suprême de son cœur et la règle immuable de sa conduite. On voit alors combien Bayle a eu raison de dire: « Cent volumes de sermons ne valent pas cette vie-là, et sont beaucoup moins capables de désarmer les impies. Ils ne peuvent plus nous dire qu'il n'y a que de petits esprits qui aient de la piété. »

Le génie et la piété même ne mettent pas toujours à l'abri de l'erreur. Une âme ardente, passionnée pour la vérité, se contient difficilement dans les bornes d'une exacte modération: sa vertu même lui devient un piége, si une autorité infaillible ne lui sert de guide. Mais dans le tumulte et l'obscurité d'une violente tempête, il n'est pas toujours facile d'être attentif à la voix et aux signaux de celui qui tient le gouvernail. C'est pourquoi, parmi les esprits équitables et sans prévention exagérée, le grand nom de Pascal eût été l'objet d'un hommage universel, si, à ses liaisons avec Port-Royal, il n'avait ajouté la plus vive attaque contre les excès des casuistes, corrupteurs de la morale évangélique.

Dans ses *Etudes* sur Pascal, l'abbé Flottes n'avait pas eu à s'occuper des *Provinciales*, pour les juger sous le rapport du mérite littéraire et de la doctrine ; mais dans son cours de philosophie, traitant en particulier de celle du XVIIe siècle, et des hommes illustres qui en furent les représentants, il dut consacrer une leçon spéciale à Pascal écrivain, en même temps que métaphysicien et apologiste de la religion. Un extrait de cette leçon est indispensable pour que le lecteur ait sous les yeux un exposé complet des appréciations de l'abbé Flottes sur toutes les productions de cet immortel génie.

« Le premier de ses titres comme littérateur, ce sont, dit-il, les *Provinciales*... Comme toutes les productions d'un mérite supérieur, elles ont obtenu d'imposantes approbations et subi d'injustes critiques. Parmi les justes appréciateurs de ces lettres, il faut d'abord nommer Bossuet. Dans une lettre où il indique les ouvrages qu'on pourrait mettre entre les mains de l'abbé d'Albret, il signale en particulier les lettres au provincial, dont quelques-unes, dit-il, ont beaucoup de force et de véhémence, et toutes une extrême délicatesse. Au grand nom de Bossuet il faut joindre celui de Voltaire, dont l'autorité est irrécusable en matière de goût : Toutes les sortes d'éloquence, dit-il, sont renfermées dans les *Lettres provinciales*. Il n'y a pas un seul mot qui, depuis cent ans, se soit ressenti du changement qui s'opère dans les langues vivantes. Il faut rapporter à cet ouvrage l'époque de la fixation du langage ;... les *Lettres provinciales* sont un modèle d'éloquence et de plaisanterie. Les meilleures comédies de Molière n'ont pas plus de sel que les premières lettres provinciales; Bossuet n'a rien de plus sublime que les dernières. » L'autorité de Voltaire et de Bossuet est plus que suffisante pour constater le mérite littéraire des *Provinciales*. Pascal pouvait-il rencontrer des juges plus compétents ?

» La critique, qui dans tous les temps s'est attachée aux œuvres les plus brillantes du génie, ne pouvait épargner les *Provinciales*. Le comte de Maistre, avec ce ton tranchant et ce hautain sans-façon qui le distinguent, les qualifie de fort joli libelle qui a fait époque même dans notre langue. » Un écrivain français du premier ordre, que je n'ai pas droit de nommer, ajoute-t-il, ne pouvait pas supporter la lecture des *petites lettres*... C'est toujours la même chose, disait Mme de Grignan, et sa spirituelle mère l'en grondait, dit encore M. de Maistre, voulant insinuer que l'enthousiasme de Mme de Sévigné pour les *Provinciales* était médiocre. Mais laissons-la parler elle-même : « Quelquefois, pour nous divertir, nous lisons les petites lettres. Bon Dieu ! quel charme !... peut-on avoir un style plus parfait, une raillerie plus fine, plus naturelle, plus délicate, plus digne de ces dialogues de Platon, qui sont si beaux ! Et quelle solidité ! quelle force ! quelle éloquence ! quel amour pour Dieu et pour la vérité ! »

» M. de Maistre, en terminant sa critique, conclut que le livre est assez difficile à lire : au surplus, ajoute-t-il, si quelqu'un veut s'en amuser, je ne combats de goût contre personne. » Malgré ses préventions,

il se montre moins dédaigneux dans les *Soirées* de
Saint-Pétersbourg. « Pascal, dit-il, grand homme
avant trente ans, physicien, mathématicien, apologiste sublime, philosophe profond, homme rare, polémique supérieur au point de rendre la calomnie divertissante. » Il appelle les *Provinciales* les *Menteuses
immortelles.*

Cette accusation méritait un examen particulier.
Éloigné de tout excès, par la modération de son caractère et la sagesse de son esprit, l'abbé Flottes n'avait
garde d'approuver, dans les *Lettres provinciales,* les
traits injurieux dirigés contre un ordre célèbre qui a
rendu à l'Église des services importants, et « à qui,
dit Bossuet, Dieu a donné vers la fin des temps, des
docteurs, des apôtres, des évangélistes, afin de faire
éclater par tout l'univers et jusque dans les terres les
plus inconnues, la gloire de l'Évangile. » Il était aussi
bien éloigné, on l'a vu, d'approuver tous les principes
exposés dans ces mêmes *Lettres.* « Notre impartialité,
dit-il, nous fait un devoir de reconnaître que les trois
premières lettres renferment des erreurs que l'Église
a condamnées. Mais les doctrines morales dénoncées
dans le corps de l'ouvrage étaient véritablement dignes
de réprobation, et le clergé de France crut devoir
imprimer à quelques-unes de ces décisions une flétrissure solennelle. »

Arrêtons-nous un instant sur ce fait signalé par
l'abbé Flottes : il nous fournit une réponse péremptoire à la tranchante affirmation du comte de Maistre,

au sujet des *Provinciales*. A l'époque où vivait Pascal, tout ce que l'Église comptait d'esprits éclairés, animés d'une piété sincère, gémissait du travestissement déplorable qu'avaient fait subir à la morale de l'Évangile certains casuistes, trop préoccupés du désir de rendre plus praticables aux âmes faibles les voies du salut. La vérité succombait, étouffée par l'autorité de ces docteurs. L'Église s'en émut. La plupart des propositions signalées par Pascal fixèrent son attention. Les premières lettres provinciales sont de l'année 1656. Le succès prodigieux qu'elles obtinrent donna une nouvelle énergie aux plaintes des fidèles éclairés. Des évêques, des docteurs renommés, la Sorbonne et les autres universités catholiques des diverses nations, flétrirent ces doctrines relâchées. Rome fit entendre sa voix. Le Pape Alexandre VII, par deux décrets de l'année 1665, frappa d'une censure solennelle quarante-cinq propositions; son successeur, Innocent XI, en condamna soixante-cinq; Alexandre VIII en proscrivit deux autres. En tête du premier décret d'Alexandre VII nous lisons ces paroles : « Notre Saint-Père le Pape a appris avec beaucoup de douleur qu'on renouvelait ou qu'on inventait beaucoup d'opinions qui allaient au relâchement de la piété chrétienne et à la perte des âmes, et qu'on voyait chaque jour croître de plus en plus la licence que se donnaient en cela des esprits hardis; d'où il arrivait qu'à l'égard des choses qui regardent la conscience, on introduisait insensiblement dans l'Église une manière de se former des opinions tout à fait éloignée de la simplicité chrétienne et de la doctrine des saints Pères, et qui est si dangereuse que, si les fidèles la suivaient dans la pratique, on ne pourrait s'attendre qu'à voir naître de là une grande corruption dans les mœurs. »

Animés des mêmes sentiments, les Évêques de France, dans la célèbre assemblée de 1682, voulurent promulguer ces décrets émanés du Saint-Siége, et proscrire encore d'autres propositions. Bossuet fut chargé de préparer cette censure ; mais l'assemblée ayant été dissoute, elle ne put être publiée que dans l'assemblée de 1700[1]. La sévérité de Pascal contre les doctrines relâchées est pleinement justifiée par le récit du cardinal de Bausset relatif à cette censure, dans l'*Histoire de Bossuet*. Cent vingt-sept propositions furent condamnées, et ce savant cardinal, dont l'exactitude et l'impartialité ne sauraient être contestées, assigne à ces décisions immorales les mêmes sources que l'auteur des *Provinciales*. « Ce qu'il y eut de remarquable, ajoute-t-il, c'est que ce jugement fut porté à l'unanimité dans une assemblée dont tous les membres étaient divisés par des préventions opposées, et semblaient ne devoir jamais s'accorder sur une censure qui frappait également tous les partis. » Mais ni les Souverains-Pontifes, ni l'épiscopat français ne

---

[1] Voir, dans les Œuvres de Bossuet, la liste des propositions condamnées par les SS. Pontifes et par le clergé de France, parmi lesquelles figurent celles que Pascal avait signalées et flétries.

crurent porter atteinte à la gloire d'une vénérable compagnie, en proscrivant les erreurs de quelques particuliers. Aussi, tout en rendant hommage à la juste sévérité de Pascal contre ces mêmes écrivains, l'abbé Flottes croyait défendre d'une manière plus judicieuse que le comte de Maistre le corps auquel ils appartenaient, en disant, avec le pieux et savant Contenson, théologien de l'ordre de Saint-Dominique : « C'est le probabilisme qui a été la source malheureuse de tant de décisions immorales ; mais ce probabilisme, les Jésuites n'en sont pas les inventeurs, et il a été embrassé par d'autres ordres religieux, par des universités de théologie, et même par des docteurs de Sorbonne. »

CHAPITRE IX

Étude sur Huet.

Cette belle et victorieuse justification de la foi de Pascal dont nous venons de rendre compte, était publiée depuis quelques années, lorsqu'un autre nom, entouré sans doute d'une moins vive admiration, mais pourtant célèbre dans l'Église et dans les lettres, appela l'attention de l'abbé Flottes. Ce nom, nous l'avons déjà prononcé, c'est celui de Daniel Huet. Né à Caen en 1630, « Huet est un de ces rares esprits qui ont eu le privilége d'appliquer avec succès leurs facultés intellectuelles aux divers objets de la connaissance humaine. Il fut astronome, physicien, chimiste, géomètre, helléniste et hébraïsant de premier ordre. Sa prose et sa versification latines n'étaient pas indignes des grands écrivains du siècle d'Auguste. Son érudition était un prodige, aux yeux des savants mêmes. Il fut poète, philosophe, apologiste du christianisme. On ne s'étonnera pas qu'il ait joui, de son vivant, d'une grande renommée, et qu'il soit mentionné avec honneur dans l'histoire des lettres et des sciences. »

En 1670, le grand Bossuet ayant été nommé précepteur du Dauphin, Huet fut choisi pour remplir les fonctions de sous-précepteur, et plus tard promu à l'évêché d'Avranches. Il fit dans le monde savant une grande sensation par sa *Démonstration évangélique*, ouvrage dans lequel l'auteur déploie une érudition immense. « Bossuet la lut avec délices. Condé se la procura, et la dévora en moins de dix-sept jours. Samuel Puffendorf la jugeait supérieure aux écrits des Pères et des modernes sur ce sujet. Leibnitz la qualifiait d'ouvrage admirable. » Les autres écrits dans lesquels Huet expose ses doctrines philosophiques et théologiques sont : la *Censure de la philosophie cartésienne*, les *Questions d'Aunay*, le *Traité philosophique de la faiblesse de l'esprit humain*.

Ces derniers écrits « firent naître des alarmes et eurent des contradicteurs. L'accusation de scepticisme fut même prononcée, à la suite de la publication d'un ouvrage posthume (le *Traité philosophique de la faiblesse de l'esprit humain*) ; elle a été répétée de nos jours par de nombreux écrivains. Cette accusation n'avait pas la même gravité dans l'esprit de tous ceux qui l'ont portée. Chez les uns, elle renfermait le reproche d'irréligion : le *Traité philosophique de la faiblesse de l'esprit humain* leur paraissait démentir la *Démonstration évangélique*. Un petit nombre prétendit que le scepticisme de Huet était un jeu d'esprit, et non pas une opinion sérieuse ; d'autres n'y virent et n'y voient encore qu'un paradoxe dangereux, soutenu pour établir les fondements de la foi sur les ruines de la certitude humaine.

» Cependant l'évêque d'Avranches eut un habile et savant défenseur, qui se proposa de montrer que là où l'on croyait découvrir le scepticisme, on ne doit voir que l'exposition de la doctrine vraie, reçue par tous les chrétiens, qui proclame, non pas *l'impuissance* de la raison, mais son *insuffisance*, et la nécessité d'une révélation surnaturelle réclamée par la raison elle-même.

» Le scepticisme, à quelqu'un des points de vue que nous venons d'indiquer, peut-il être attribué à Huet ; ou bien l'apologie du P. Baltus doit-elle être acceptée? Telle est, dit l'abbé Flottes dans la préface d'un nouvel ouvrage qu'il publia en 1857, sous le titre : *Etude sur Daniel Huet, évêque d'Avranches;* telle est la question que nous avons l'intention de résoudre. Deux moyens s'offrent à nous pour obtenir une solution conforme à la vérité. Il faut d'abord nous efforcer de déterminer le caractère moral de Huet, les tendances et les habitudes de son esprit. Des faits de sa vie nous aideront à tracer son caractère moral ; les tendances et les habitudes de son esprit nous seront révélées par la lecture attentive de ses écrits où elles se réfléchissent. Il nous sera facile alors de juger si ces tendances et ces habitudes intellectuelles et ce caractère moral peuvent s'allier avec le scepticisme, ou s'ils paraissent peu compatibles avec ce système. Il faut ensuite soumettre à un examen approfondi et impartial les ouvrages où Huet expose ses doctrines philosophiques et théologiques : la *Démonstration évangélique*, les *Questions d'Aunay*, la *Censure de Descartes* et le *Traité philosophique de la faiblesse de l'esprit humain.* »

Tel est le plan que l'abbé Flottes se propose de développer dans le nouvel ouvrage dont nous allons rendre compte. En conséquence, avant d'exposer le véritable sens des théories philosophiques de l'évêque d'Avranches, l'abbé Flottes commence par peindre sa physionomie morale. « Doué d'un esprit vif et pénétrant, Huet s'était exercé, dit-il, à toutes les subtilités de la dialectique, et s'en servait avec habileté. Quoiqu'il affectât d'employer les formes extérieures du géomètre, ses préférences étaient pour le genre de preuves qui convient à l'érudition : l'autorité du témoignage. Dans ses études philosophiques, il s'appliquait moins à approfondir les problèmes que la philosophie se propose de résoudre, qu'à connaître les opinions diverses des anciens philosophes. Huet est affirmatif, il n'hésite pas, il prononce. Son esprit est indépendant ; il juge avec une entière liberté les écrivains de l'antiquité et ceux de son temps. L'éclat des plus grands noms ne l'éblouit pas. Il porte ses jugements avec autorité ; on sent qu'il croit exercer un droit. Les tendances et les habitudes intellectuelles de Huet, son caractère moral, sont peu compatibles avec le scepticisme qu'on veut lui attribuer ; mais l'indépendance de son esprit, son amour du paradoxe, d'accord avec l'originalité de son caractère, son aptitude aux subtilités en harmonie avec son goût pour la procédure, son érudition prodigieuse, doivent faire pressentir qu'il soutiendra dans ses écrits des opinions singulières, qui lui fourniront l'occasion de mettre en œuvre les ressources de la dialectique et les richesses de son érudition. »

De ces premières données, fournies par le caractère et les habitudes intellectuelles de Huet, l'abbé Flottes passe à la preuve tirée de l'examen de ses principaux ouvrages. Le premier et celui qui a fait la principale gloire de Huet, c'est la *Démonstration évangélique*. « Elle a pour but de prouver la divinité de la religion chrétienne par les prophéties et par les miracles, et de *retenir dans la religion, par la raison, ceux qui la rejettent sans raison*. Elle se compose de dix propositions. L'auteur établit l'authenticité et la véracité des livres de l'ancien et du nouveau Testament. Il montre que les prophéties de l'ancien Testament ont été accomplies en Jésus-Christ, et que les miracles du Sauveur ne peuvent être révoqués en doute. Ces propositions sont précédées de définitions, de postulats, d'axiomes. Huet soutient que sa démonstration, dans laquelle il n'a voulu employer que des preuves morales, est égale et même supérieure à une démonstration géométrique.

» Pour rendre plus assuré et plus complet le triomphe du christianisme, Huet crut qu'il ne fallait point se contenter de le défendre par des preuves directes, mais que l'on devait encore écarter les obstacles qui s'opposent à la réception de la foi. Ces obstacles, dans la pensée de l'évêque d'Avranches, sont, l'opinion erronée qui prétendrait que la foi est contraire à la raison, et surtout l'orgueil de la raison qui s'exagère sa puissance.

» Il se propose d'écarter ces obstacles dans trois ouvrages qui ont paru séparément, mais qui n'étaient que les parties d'un ouvrage unique, ainsi qu'il nous l'apprend lui-même. Ces trois ouvrages sont : 1° la *Censure de la philosophie de Descartes*; 2° les *Questions d'Aunay*; 3° le *Traité philosophique de la faiblesse de l'esprit humain*. »

Le plan conçu par Huet reposait sur une idée solide. « Il m'a paru, dit avec raison le P. Baltus, que cet illustre et savant auteur, après nous avoir donné, à l'exemple d'Eusèbe de Césarée, une *Démonstration évangélique*, avait encore voulu l'imiter en nous donnant une espèce de *Préparation*, pour disposer les esprits à se soumettre plus facilement aux vérités de la foi, et pour détruire l'un des principaux et des plus ordinaires obstacles qui s'y opposent. Cet obstacle, c'est l'orgueil de l'esprit humain, c'est sa présomption et la téméraire confiance qu'il a dans ses propres lumières. Il est donc important de convaincre l'homme de sa faiblesse et de son incapacité, non-seulement par rapport aux choses divines..., mais encore par rapport à une infinité de choses naturelles et communes, qu'il a continuellement devant les yeux et qu'il ignore profondément. Il est certain que, s'il était une fois bien convaincu qu'il est incapable de comprendre des objets si communs et si ordinaires, il aurait moins de peine à se soumettre aux vérités sublimes de la foi ; d'autant plus qu'il les verrait accompagnées de tant de preuves que c'est Dieu lui-même qui nous les a révélées, qu'il ne pourrait refuser de les croire, sans renoncer absolument à cette raison, dont il est si jaloux. En s'y soumettant, il suivrait l'unique voie qui conduit à la vérité, et qui est, comme dit saint Augustin, l'humilité et la véritable connaissance de soi-même... Si l'on examine avec attention ce que les Pères de l'Église enseignent de la faiblesse de l'esprit humain, et les preuves sensibles qu'ils en apportent, et qu'ils tirent de l'ignorance des plus grands philosophes sur les effets les plus ordinaires et les plus communs de la nature, on doit reconnaître que M. Huet entreprend de prouver par beaucoup de raisonnements ce que les saints Pères prouvent par des faits certains et indubitables. »

C'est à ce plan que se rapportent tous les ouvrages de Huet dont nous avons fait mention. Mais un plan si vaste et si élevé ne demandait pas seulement une érudition très-étendue ; il fallait encore une connaissance approfondie des principes de la philosophie et de la théologie, un esprit ferme et vigoureux, sans subtilité, capable de saisir le véritable nœud des difficultés et d'en donner des solutions nettes et précises, d'éviter toute exagération, et de tracer d'une main sûre les limites dans lesquelles doivent se renfermer la raison et la foi, ainsi que les conditions de leur légitime et nécessaire alliance. C'était là un ouvrage digne du génie de Pascal et de Bossuet. Mais si l'évêque d'Avranches n'a pu remplir dans toute son étendue et avec une parfaite exactitude un si beau plan, il y aurait de l'injustice à ne pas reconnaître qu'aux richesses de l'érudition, toujours prodiguées dans ses écrits, il a joint partout de très-beaux aperçus, déployé souvent beaucoup de sagacité et une grande vigueur de raisonnement; et si, dans la *Censure de Descartes* et dans le *Traité de la faiblesse de l'esprit humain*, il s'est plu à rassembler les nuages, néanmoins les esprits sérieux peuvent espérer de ne pas perdre leur peine en s'enfonçant dans cette obscurité.

» Dans la *Démonstration évangélique*, Huet pose les fondements de son système sur la certitude. Il appelle *démonstration* un raisonnement fondé sur des principes primitifs et vrais, ou bien sur des principes connus à l'aide de ces principes primitifs. — La foi aux principes de la géométrie est la conséquence de leur clarté naturelle, qui est telle que notre esprit y adhère très-facilement. Cette clarté est le *criterium*, ce par quoi l'on juge. C'est par cette lumière que la vérité de tous les principes se découvre à tous les esprits, spontanément, par elle-même. Elle se rencontre dans les vérités spéculatives et dans les vérités morales; les premières sont appelées *principes*, les secondes *inspirations de la nature*. — Les vérités qui méritent le plus la foi et qui obtiennent l'assentiment universel avec la plus grande adhésion, sont les plus claires. — Certaines vérités morales et pratiques, établies par l'expérience ou par les témoignages historiques, sont plus généralement adoptées et trouvent moins de contradicteurs que les principes de géométrie. — L'existence de Constantinople, lors même que nous ne l'avons pas vue; l'existence d'Auguste, que nous ne connaissons que par l'histoire; la propriété de brûler qu'a le feu, et qu'il conserve toujours; le retour des saisons, du lever du soleil; l'existence de notre corps, de la faculté de penser; la certitude de la mort, etc., sont des faits que tout le monde croit. Cette certitude morale est tellement ferme, que nous n'hésiterons pas à la prendre pour règle de notre conduite, et à la suivre au péril de notre vie et de notre fortune. — Si la vérité des principes moraux est incontestable, les conséquences qui en dérivent le sont également, et les démonstrations fondées sur les principes moraux ne peuvent être inférieures aux démonstrations géométriques. Huet va plus loin; il prétend qu'elles sont supérieures. Les principes fondés sur l'expérience et l'évidence morale n'ont jamais été contestés, sont évidents par eux-mêmes. Ceux qui les nieraient montreraient qu'ils sont privés de la raison, ou bien qu'ils méritent d'être châtiés. Les principes de la géométrie, au contraire, sont loin d'avoir la même évidence; ils ont été l'objet de contestations, même parmi les géomètres.

» Les démonstrations morales dont se sert Huet pour

prouver la vérité de la religion chrétienne, sont fondées *sur la raison qui produit la science*. Mais la certitude que donne la raison est bien inférieure à celle que donne la foi. La voie ouverte par la raison est obscure, douteuse, embarrassée par les questions subtiles des philosophes; celle de la foi est droite et sûre, éclairée d'une lumière céleste qui dissipe les ténèbres et les doutes. La vérité de la foi chrétienne peut être démontrée; mais les démonstrations les plus solides ne peuvent donner la foi, qui est uniquement l'effet de la grâce. Et comme le salut de l'homme ne s'opère que par la foi, Dieu lui a donné une raison pleine d'incertitude, afin qu'il ne dédaignât pas de marcher dans la voie de la foi. C'est pourquoi les enseignements des philosophes, qui tiennent pour incertain et douteux tout ce que nous connaissons par les sens et par la raison, et qui s'abstiennent de tout assentiment dogmatique, sont moins contraires au christianisme qu'on ne le pense ordinairement. »

Voilà la base fondamentale du système développé dans les autres traités. C'est donc avec raison que l'abbé Flottes conclut: « Huet, dans la *Démonstration évangélique*, ne professe pas le scepticisme. Nous pouvons dès à présent affirmer qu'il ne le professe pas non plus dans les *Questions d'Aunay* et dans le *Traité philosophique de la faiblesse de l'esprit humain*, puisque, dans ces deux ouvrages, il ne fait que développer les propositions formulées dans la *Démonstration évangélique.* »

L'abbé Flottes ne pouvait accepter tous les principes émis par Huet. De ce que les axiomes, les postulats et les définitions de la géométrie ne sont pas évidents pour les esprits qui n'ont aucune notion de cette science, ils ne s'ensuit pas qu'ils aient moins de clarté et de certitude que ces principes fondés sur l'expérience et sur l'évidence morale dont l'évêque d'Avranches donne des exemples. Comme il y a différents ordres d'esprits et divers degrés d'intelligence, il y a aussi des démonstrations d'une évidence parfaite pour les uns et inaccessibles aux autres. La sagesse divine a eu égard à la faible intelligence du commun des hommes, en proportionnant les vérités nécessaires au salut et leurs preuves essentielles à la capacité de tous les esprits. D'un autre côté, si les principes moraux sur lesquels s'appuie toute démonstration évangélique, sont moins contestés, comme Huet le prétend, que les principes de la géométrie, on ne peut malheureusement nier que l'application de ces principes moraux ne trouve d'innombrables contradicteurs, et la multitude des incrédules ne prouve que trop que la démonstration de la divinité du christianisme n'a, quant au résultat, aucune supériorité sur les démonstrations géométriques.

L'abbé Flottes ne manque pas de relever un autre paradoxe, fruit de l'extrême complaisance de Huet en son immense érudition, et du besoin qu'il éprouve d'en prodiguer les richesses. Aux preuves les plus solides de l'authenticité des livres de l'ancien Testament et de la vérité des faits qu'ils contiennent, Huet veut joindre l'autorité de l'histoire profane, et, à cette fin, il prétend découvrir dans toutes les divinités du paganisme Moïse falsifié. « Huet n'est ni le seul, ni le premier qui ait soutenu que les païens avaient puisé leur mythologie dans les ouvrages des Hébreux. Mais ses exagérations dépassent peut-être les hypothèses des autres savants. Ce paradoxe est dangereux. Si l'on y fait une sérieuse attention, dit l'auteur de l'*Etude sur Huet* après un autre écrivain, il se trouvera qu'il n'y a peut-être rien, non-seulement de plus imprudent, mais même de plus téméraire, vu que ces sortes de ressemblances si admirables et si vantées, sont peut-être beaucoup moins propres à confirmer et à affermir la foi des simples, qu'à appuyer et multiplier les doutes des incrédules, qui.... ne manqueront pas d'objecter que ce n'est pas assez d'avoir découvert des ressemblances, qu'il faut encore rechercher leur véritable cause, et examiner soigneusement si l'Écriture ne serait pas plutôt une copie de la fable, que la fable une copie de l'Écriture. »

C'est par une erreur peu différente que l'abbé de Lamennais avait prétendu retrouver tous les dogmes chrétiens, non point confus et profondément altérés, mais proclamés en substance dans les traditions de tous les peuples de l'antiquité. Dans ce système, le christianisme ne serait qu'une continuation ou une copie du paganisme, dégagé de quelques ombres qui en obscurcissaient les couleurs et le dessin. Des traces sensibles, et, selon l'expression de Huet, des étincelles et des paillettes de la vérité dans les temps antiques, fournissent incontestablement un témoignage avantageux au christianisme, comme elles sont un reste précieux d'une révélation primitive, défigurée chez les peuples idolâtres. Mais la prétention d'y retrouver le corps entier des vérités divines est la ruine du christianisme, puisque, dans cette hypothèse, une révélation n'était plus nécessaire, et l'*Essai sur l'indifférence* en matière de religion devient, selon l'expression de Bossuet[1] au sujet d'un ouvrage conçu dans le même esprit, un livre fait pour appuyer l'indifférence des religions.

Huet avait tort encore, comme le fait observer l'abbé Flottes, lorsqu'il avançait que la philosophie la plus favorable à la foi est celle qui n'affirme rien. C'est un jeu bien imprudent que de se familiariser avec le doute : la foi pourrait-elle prendre racine dans des *terres trop remuées et devenues incapables de consistance*? La vraie philosophie, celle qui dispose le mieux à la foi, est celle que Pascal indiquait en ces termes : « Il faut savoir douter où il faut, assurer où il faut, se soumettre où il faut. Il y en a qui pèchent contre ces trois principes, ou en affirmant tout comme démonstratif, manque de se connaître en démonstration ; ou en doutant de tout, manque de savoir où il faut se soumettre ; ou en se soumettant à tout, manque de savoir où il faut juger. La raison, dit saint Augustin,

---

[1] Première lettre à M. Brisacier.

ne se soumettrait jamais, si elle ne jugeait qu'il y a des occasions où elle se doit soumettre. »

La *Censure de la philosophie de Descartes* parut en 1689. Elle avait pour but, dans la pensée de Huet, de rabaisser l'orgueil de l'esprit humain, en lui découvrant de graves contradictions dans le système de cet illustre restaurateur de la science philosophique, et en lui faisant sentir par ce moyen combien de difficultés peuvent être soulevées contre les théories le plus habilement combinées. Il déclare que ce qui l'a déterminé à combattre Descartes, c'est l'intérêt de la religion. « La philosophie, qui est l'ouvrage de l'esprit humain, doit être soumise à la foi, qui vient de Dieu, et Descartes veut qu'on s'en rapporte à sa philosophie. » Après une analyse très-exacte de tous les arguments de Huet, l'abbé Flottes examine à son tour cet examen de la philosophie cartésienne. Il la défend, dans sa partie la plus importante, contre les subtilités de Huet, dont il adopte les conclusions sur quelques points. « Descartes, dit-il, est le restaurateur de la philosophie en France : il a donné à la science de l'homme une base solide, en la plaçant dans la conscience de nos actes intérieurs, et dans le sentiment de notre personnalité. En observant ces actes, nous distinguons clairement les deux substances qui composent notre nature ; et, en nous repliant sur le sentiment de notre personnalité, nous pouvons parcourir, sans nous égarer, les abstractions de l'ontologie et éviter l'écueil du panthéisme. Mais des reproches fondés peuvent être adressés à Descartes. Le doute est le point de départ de sa philosophie, et il veut qu'on tienne non-seulement pour incertain, mais pour très-faux, tout ce qui lui a paru très-clair. C'est une contradiction dans les termes. On ne peut *douter* de tout, et affirmer qu'on tient pour *très-faux* ce qui a paru très-clair. Son doute est universel, il n'admet pas d'exception : il atteint toutes les existences, tous les axiomes, toutes nos facultés, le témoignage des sens, l'intuition, le raisonnement, les souvenirs de la mémoire. Descartes doute s'il n'a pas une nature telle qu'il se trompe toujours, même dans les choses les plus claires. Par cette supposition, il s'est mis dans l'impossibilité de sortir de son doute : il a renfermé son esprit dans une prison sans issue, et, s'il s'efforce de renoncer à son doute universel, ce n'est qu'en se contredisant lui-même et en tombant dans un cercle vicieux. Il a douté de son existence, parce qu'il peut se tromper toujours, même dans les choses les plus claires ; et il veut ensuite regarder l'existence personnelle comme une vérité incontestable, parce qu'il perçoit clairement que ce qui pense doit exister au moment même où il pense. Il doute si Dieu, ou un mauvais génie, ne lui a pas donné une nature telle qu'il se trompe toujours, même dans les choses qu'il perçoit très-clairement, d'où il conclut que l'évidence n'est un critérium de vérité qu'autant qu'on a prouvé qu'il existe un Dieu et qu'il n'est pas trompeur ; il regarde l'existence personnelle comme inébranlable, avant d'avoir prouvé l'existence de Dieu, et il est certain que Dieu n'est pas trompeur, parce qu'il le perçoit clairement.

» Huet a signalé dans sa *Censure* les défauts de la philosophie de Descartes. Son esprit clair et pénétrant y déploie toutes les ressources d'une dialectique pressante et subtile. Il analyse avec précision l'argument : « Je pense, donc je suis » ; il en examine tous les éléments, et montre qu'à quelque point de vue qu'on le considère, il ne détruit pas la supposition qui nous donne une nature telle que nous nous trompions toujours, même dans les choses les plus claires, et ne rend pas plus certaine, après même qu'elle a été formulée, l'existence personnelle dont Descartes a douté auparavant. »

Nous ne devons pas, ce nous semble, enregistrer sans observations ce jugement sur la philosophie cartésienne. Si l'on admet comme doutes absolus les suppositions de Descartes, il est impossible de ne pas souscrire aux appréciations de l'abbé Flottes, d'accord avec l'évêque d'Avranches. Mais, dans sa recherche de la certitude, il ne s'agit pas pour Descartes de la certitude de *sentiment*, que la nature donne invinciblement à tous les hommes ; il s'agit de la certitude de *science*. Il veut *feindre* que tout est faux, jusqu'à ce que la raison découvre des choses où elle ne *trouve pas le moindre soupçon d'incertitude*. Ces distinctions, marquées en termes exprès par Descartes, nous paraissent lever toute difficulté. De même que d'habiles philosophes, Cousin, Dugald-Stewart, Degérando,

Mgr Maret, ont justifié le fameux : Je pense, donc je suis, contre les attaques de Gassendi et de Huet, et prouvé que Descartes n'a pas prétendu démontrer l'existence par le raisonnement, mais la faire apercevoir dans le fait de la pensée ; de même on doit entendre d'une manière plus équitable son doute, ses suppositions et certaines propositions qui, prises à la rigueur, renverseraient tout l'édifice de sa philosophie. Est-il croyable qu'un si grand esprit ait pu faire ce raisonnement? «Je crois à ma raison, s'il y a un Dieu ; or, ma raison me dit qu'il y a un Dieu : donc....» Dans ses écrits contre Lamennais, l'abbé Flottes s'était montré plus favorable au système de Descartes. Quelques réflexions pourront faire comprendre la gravité des motifs qui justifiaient ce premier jugement.

Quiconque cherche la base dernière de la certitude, pour élever sur ce fondement l'édifice de la connaissance humaine, doit procéder comme s'il tenait réellement toute croyance en suspens, jusqu'à ce qu'il ait trouvé cette base. Descartes la trouve, comme saint Augustin, dans sa pensée même qui lui donne avec une évidence irrésistible la certitude de son existence. La marque certaine de la vérité et le fondement de toute certitude, c'est donc l'évidence.

Mais notre évidence ne serait-elle pas une illusion fatale de notre nature? « Me trompe qui pourra ; si est-ce qu'il ne pourra jamais faire que je ne sois rien. Il y a des choses si claires et tout ensemble si simples, qu'il nous est impossible de penser à elles, que nous ne les croyons être vraies, par exemple : que j'existe, lorsque je pense, etc. ; dont il est manifeste que nous avons une parfaite certitude. » Voilà le principe immuable de la philosophie de Descartes. Mais, après avoir posé la base de la certitude dans l'évidence, Descartes semble la renverser en la faisant dépendre de la véracité de Dieu. La réponse nous paraît facile. Descartes appelle *doute hyperbolique* la supposition d'une illusion absolue et invincible, c'est-à-dire, exagération de doute, pure inquiétude et vague appréhension de l'esprit[1]. Son principe des idées claires une fois établi, il ne l'abandonne pas au doute qui résulterait de cette supposition. Il affirme d'une manière absolue la vérité de son existence, malgré toute supposition contraire. Indépendamment de la connaissance d'un Dieu, source et garant de la vérité de nos idées claires et évidentes, il admet expressément une certitude morale fondée sur l'impossibilité de douter. Mais il veut fortifier cette assurance par une *certitude métaphysique*, et passer d'une conviction de sentiment à une conviction de *science vraie et parfaite* : c'est ainsi qu'il s'explique lui-même. Cette certitude métaphysique ne peut être donnée par un principe supérieur au premier

---

[1] Dans sa troisième méditation, n° 5, il dit : Puisque je n'ai aucune raison de croire qu'il y ait quelque Dieu trompeur, *et même que je n'ai pas encore considéré celles qui prouvent qu'il y a un Dieu,* la raison de douter qui dépend seulement de cette opinion *est bien légère, et pour ainsi dire métaphysique. Mais, afin de la pouvoir tout à fait ôter, je dois examiner s'il y a un Dieu…..*

principe de tout entendement humain, puisque celui-ci n'est précédé par aucun autre et ne se prouve que par sa seule évidence. Elle ne peut donc consister qu'à trouver à l'aide des premiers principes une raison suffisante pour ôter le doute qui pourrait inquiéter cette conviction de sentiment que donne la nature. Le soupçon d'une illusion perpétuelle et fatale ne s'est-il jamais présenté à l'esprit de l'homme? Il serait absurde de le prétendre. Dans ce cas, doit-il demeurer sans réponse? Ce serait encore absurde. Et comment y répondre? La raison qui doute s'interroge elle-même : c'est elle qui doit répondre. C'est par nos idées, dit Fénelon, que nous mettons en doute nos idées, et c'est par des idées claires et évidentes que nous répondons à des idées obscures et incertaines. Cette preuve, seule capable de donner à l'esprit, dans la perception de la vérité, une confiance désormais inaccessible au doute, Descartes la trouve dans le développement des premiers principes, qui, par une conséquence rigoureuse, nous conduisent de la certitude de notre existence à celle d'un Dieu, source éternelle de vérité, raison suprême de toutes choses ; de sorte que la clarté des principes, l'assurance morale qu'ils produisent naturellement, sont complétées par leur conséquence nécessaire qui nous découvre la dernière et immuable base sur laquelle repose tout l'édifice de la connaissance humaine. L'évidence des principes fonde la certitude ; leurs conséquences la fortifient et résolvent les objections. L'évidence des principes donne une conviction spontanée; l'accord des conséquences avec les principes en faveur de cette conviction, la rend réfléchie et scientifique, au moins en ce sens qu'il ne laisse plus dans l'esprit de motif à cette appréhension d'un mauvais génie qui nous tromperait.

Il n'y a point de cercle vicieux à établir scientifiquement l'autorité définitive d'un principe sur la compréhension de son développement nécessaire : il n'y a là qu'une simple évolution de ce principe. Dès qu'il apparaît éclatant d'évidence, il donne une double conviction, celle d'une vérité nécessaire, éternelle, immuable, universelle, et celle d'un parfait accord de cette vérité avec elle-même dans ses conséquences. S'il conduisait immédiatement à l'absurde, la raison, éblouie un moment, retomberait dans le chaos. Si les premiers principes ne conduisent point, par des conséquences rigoureuses, jusqu'à un principe antérieur et absolu qu'ils doivent nécessairement supposer, qui explique tout et sans lequel rien ne puisse être expliqué, alors les premiers principes ne reposant sur rien, le doute les envahit inévitablement. Or, l'idée de Dieu explique tout ; rien ne s'explique sans l'idée de Dieu : toute philosophie qui ne s'appuie pas sur cette base, doit donc se perdre dans le vide.

La nécessité de recourir au dogme d'un Dieu, vérité vivante et éternelle, pour asseoir la raison sur une base inébranlable, a été reconnue par de grands esprits. Je ne sais, dit Leibnitz, si l'homme peut se rendre parfaitement compte des idées, sinon en remontant jusqu'aux idées premières, dont il n'y a plus à se rendre compte, c'est-à-dire, aux attributs absolus de Dieu. La vérité, dit M. Cousin, est incompréhensible sans Dieu, comme Dieu nous serait incompréhensible sans la vérité.

Ces principes, qui justifient parfaitement la philosophie de Descartes, l'abbé Flottes les a exposés dans son cours de philosophie : « Il y a, dit-il, un moment où l'homme ne doute de rien ; il peut venir des moments où l'homme doutera de tout... On commence par douter de quelques vérités particulières, car il y a une gradation dans le doute. On doute du monde intellectuel avant de douter du monde sensible. Mais dès que le doute s'est introduit dans l'esprit, il gagne de proche en proche ; plus il détruit, plus il veut détruire, son ardeur croît avec les ruines qu'il laisse après lui ; il ne s'arrête dans sa marche destructive que lorsque, ayant emporté jusqu'aux premiers principes, et parvenu ainsi à son apogée, il tombe et demeure dans l'abîme qu'il a creusé.

» Or, l'athéisme conduit logiquement au scepticisme. En effet, la connaissance humaine ne mérite le nom de science que lorsqu'elle repose sur une base solide. Cette base solide, ce sont les vérités éternelles ; mais les vérités éternelles, séparées de Dieu, sont des abstractions arbitraires. Elles n'ont un caractère immuable que lorsqu'elles sont identifiées avec Dieu même. Sans la croyance en Dieu, la connaissance humaine reposerait sur un sable mouvant. »

Nous avons déjà fait remarquer, avec l'auteur de

l'*Etude sur Huet*, qu'en combattant Descartes, l'évêque d'Avranches avait pour but de réprimer l'orgueil de l'esprit humain en le jetant dans le chaos du doute, pour le forcer à se précipiter dans la foi. Mais, à vrai dire, il ne le combat qu'en apparence ; ou bien il ne l'attaque que pour le dépouiller de ses armes et s'en revêtir lui-même : *Mutemus clypeos, Danaûmque insignia nobis aptemus*. Descartes commence par un doute universel, comme moyen d'exclure tout préjugé et comme préparation à la recherche de la vérité. Huet veut prouver que l'*art de douter* et de s'abstenir de tout assentiment dogmatique met l'âme dans la meilleure disposition pour accepter la foi. Descartes dit : Je pense, donc je suis : « L'homme, dit Huet, sent et vit ; je suis et je vis, *parce que je crois et que je sais que je crois* : ces propositions sont certaines par la raison d'une certitude humaine. » Descartes enseigne que la certitude n'a sa dernière perfection, dans les choses même démontrées clairement, que lorsque cette démonstration s'appuie en dernière analyse sur la véracité de Dieu, et que, sans ce fondement, la crainte d'une illusion perpétuelle ne peut être pleinement dissipée. Huet ne s'écarte pas de ce sentiment : « Celui, dit-il, qui s'aperçoit qu'il est fait de telle sorte qu'il se trompe quelquefois, ne peut-il pas soupçonner qu'il est fait de telle sorte qu'il se trompe toujours?.... La foi seule rend la raison ferme dans la vérité. Nous croyons que Dieu existe : l'assentiment à cette vérité par la raison a toute la certitude que comporte la nature humaine, qui est faible : l'assentiment par la foi est tellement ferme, qu'il exclut tout doute et toute erreur.» D'après Descartes, l'évidence est le *criterium*, la marque certaine de la vérité. Huet attaque ce *criterium* avec toute sa subtilité, et puis il le reconnaît comme unique et solide dans la philosophie naturelle : « C'est, dit-il, par sa propre lumière que la raison se connaît elle-même et les autres objets ; notre adhésion est très-ferme, si sa lumière est claire. » D'après Descartes, la lumière surnaturelle de la foi rend la vérité plus évidente que toute lumière naturelle ; d'après Huet, la grâce, qui est un don de Dieu, agit sur l'esprit et sur la volonté, et détermine notre assentiment aux vérités de la foi, assentiment qui sera plus ferme que celui que nous accordons aux vérités connues par la raison. — On voit clairement, par ce parallèle, que le système de Huet n'est au fond qu'un plagiat : en paraissant combattre Descartes, il en remanie le système, de telle sorte que, sans nier les droits essentiels de la raison, il les enveloppe d'épais nuages, pour étendre sans limites le domaine de la foi.

CHAPITRE X

Étude sur Huet (suite).

Le *Traité philosophique de la faiblesse de l'esprit humain*, publié après la mort de l'auteur, complète l'œuvre commencée dans la *Censure de Descartes*. « L'évêque d'Avranches, dit l'abbé Flottes, s'était engagé à montrer que la philosophie qui, reconnaissant l'infidélité des sens et la faiblesse de la raison, s'abstient de tout assentiment dogmatique, est moins opposée au christianisme qu'on ne le pense. Comment cette prétention est-elle justifiée ? » Écoutons Huet exposant *la fin qu'on se propose dans l'art de douter*. « Dieu nous a donné, en naissant, un grand désir de la béatitude. La connaissance de la vérité est une partie de la béatitude. Mais parce que cette vie mortelle n'est pas capable de la béatitude, elle ne l'est pas aussi de la vérité. Nous avons seulement une inclination naturelle à la connaître. Pour exciter et entretenir ce désir de savoir qu'il a mis dans l'homme, Dieu a joint à son entendement des étincelles, comme un foyer et une connaissance des choses obscure et douteuse, insuffisante pour nous faire connaître la vérité avec une entière certitude et une parfaite évidence; mais suffisante pour la conduite de la vie, et par laquelle l'homme, étant averti de sa faiblesse et de son ignorance, entrât dans une juste défiance de sa raison, évitât l'erreur, l'imprudence de son consentement et de sa créance, et l'arrogance de ses affirmations, se dépouillât de toute opiniâtreté; et après avoir reconnu le peu de secours qu'il pouvait tirer de sa raison pour la découverte de la vérité, il se trouvât engagé à chercher quelque moyen plus utile. Or, ce moyen est la foi, don du Ciel que Dieu veut bien accorder à ceux qui ne se confient pas trop aux forces de la nature. C'est là l'effet que produit cet art de douter que nous établissons ici. »

A cette fin, Huet reproduit toutes les objections des sceptiques, expose les contradictions de toutes les philosophies, n'oublie aucun argument tendant à établir la nécessité de douter. Plus loin, il fait parler les dogmatiques, qui attribuent à la raison la puissance d'atteindre à une parfaite certitude, et combat avec subtilité tous leurs raisonnements. La conclusion est que toutes nos connaissances sont sujettes aux plus graves difficultés, et qu'il faut douter. Mais si tout est incertain, quel moyen d'arriver à la foi, puisqu'il faut être convaincu pour croire? Huet répond: « La certitude a deux degrés : car la certitude avec laquelle les bienheureux connaissent les choses dans le Ciel, que l'on peut appeler le souverain degré de certitude, est différente de la certitude avec laquelle les hommes connaissent les choses sur la terre. De plus, cette dernière sorte de certitude a encore deux degrés : car nous connaissons très-certainement par la foi les choses que Dieu a révélées, d'une certitude que l'on peut appeler divine, puisque Dieu en est l'auteur; et nous connaissons les autres choses d'une certitude humaine. Cette certitude humaine a encore divers degrés : car il y a des choses que nous connaissons plus certainement que les autres.... Il y a encore deux autres genres de certitude humaine : l'un que l'on peut appeler physique, l'autre moral. Je sais certainement que deux et deux font quatre, que deux corps qui sont égaux à un troisième, sont égaux entre eux. Je sais certainement aussi que, près du Bosphore de Thrace, il y a une ville nommée Constantinople, et qu'il y a eu à Rome un empereur nommé Auguste; que le feu échauffe et que la glace refroidit. J'ai ces premières connaissances avec une certitude que j'appelle physique, par la lumière naturelle..., et j'ai ces dernières connaissances par des témoignages suffisants, par l'autorité de l'usage et par le rapport de l'expérience, auxquelles choses les hommes, suivant leurs mœurs et leur pratique ordinaire, ont coutume de donner leur créance avec certitude. La certitude par la foi n'est pas égale à celle des bienheureux ; mais elle est fort au-dessus de la certitude humaine, même du premier degré, comme, par exemple, celle des premiers principes et des axiomes géométriques. Il est donc évident que le souverain degré de la certitude humaine n'est pas parfait; car il manque à la certitude humaine cette partie de certitude qui se trouve dans celle de la foi ; et il lui manque de plus cette autre partie de certitude qui se trouve dans celle des bienheureux, et qui ne se trouve pas dans la certitude de la foi. Quand je dis donc que l'homme ne peut connaître la vérité avec certitude, il faut l'entendre ainsi : que l'homme en cette vie ne peut connaître la vérité avec cette suprême certitude à laquelle il ne manque rien pour une entière perfection ; mais qu'il peut la connaître avec une certitude humaine. Ce qui manque à la nature humaine pour avoir une parfaite connaissance des choses, la grâce de Dieu le supplée par la foi ; elle fortifie la faiblesse de la raison et des sens, chasse l'obscurité des doutes, et soutient l'entendement chancelant. »

Rien de plus clair que ce langage de Huet, et l'on voit combien l'abbé Flottes a eu raison d'affirmer que, dans le Traité dont il s'agit, l'auteur ne soutient pas le pyrrhonisme. Huet déclare imparfaite la certitude de la foi, comparée à celle des bienheureux, et néanmoins elle est, à ses yeux, une vraie certitude, puisqu'il la qualifie de *divine* : donc, lorsqu'il déclare imparfaite la certitude humaine comparée à celle de la foi, il ne prétend pas nier qu'elle ne soit une véritable certitude ; mais il veut seulement qu'elle soit moins ferme que celle de la foi, et plus sujette à être tentée et ébranlée par le doute. C'est, à ses yeux, une vraie certitude, puisqu'elle est telle que tout homme sage doit y soumettre son entendement, sous peine d'être accusé de folie. « Tout ce Traité n'est donc qu'une argumentation contre ceux qui donnent à la raison une autorité absolue et universelle. C'est un argument *ad hominem* qui ne prouve nullement que Huet ait professé le scepticisme. »

La vérité de cette assertion ressort avec plus d'évidence de l'examen auquel l'abbé Flottes soumet un autre Traité de Huet, intitulé : *Les Questions d'Aunay*. Huet se propose, dans ce Traité, de rechercher si la raison sert à connaître la vérité, ou si la foi seule a cette puissance ; si la raison apporte quelque secours à la foi, et dans quelle mesure ; enfin, quelles sont les prérogatives respectives de la raison et de la foi.

Cette raison, qu'il a tant humiliée, Huet la relève d'abord, en constatant sa puissance et sa dignité. « C'est par elle que l'homme diffère des animaux ; l'usage et le secours de la raison doivent donc intervenir dans la foi ; car, si c'est par la raison que nous sommes hommes, nous ne devons pas abjurer l'humanité lorsque nous croyons. La raison, d'après Tertullien, est *une chose de Dieu* ; elle a sa lumière et ses rayons qui sont trompeurs et funestes, si l'esprit s'en laisse éblouir, très-utiles pour disposer à la foi, pour la confirmer dans les esprits, si l'on s'en sert avec circonspection ; en suivant les préceptes d'une philosophie humble et prudente. La raison donne une vraie certitude fondée sur la saine constitution de notre esprit, et confirmée par l'expérience universelle. Mais ici-bas la vérité ne peut être perçue *à fond et avec une inébranlable fer-*

mêlé. L'homme qui n'a pas d'autre lumière est un voyageur égaré dans un pays inconnu, mais marchant toujours et cherchant un guide qui lui montre le chemin. » Ainsi, la raison possède une lumière suffisante pour faire chercher une lumière plus sûre, celle de la foi. La raison sert d'instrument à la foi ; mais la cause de la foi, c'est la grâce ; le motif, c'est l'autorité de Dieu. La foi acceptée augmente la certitude de la raison; elle lui communique de nouvelles forces et un plus vif élan vers la vérité. C'est ainsi que se forme leur alliance mutuelle.

Mais à quelles conditions ? « D'abord, lorsque les vérités de la foi sont au-dessus de la raison, celle-ci doit se soumettre, mais elle est juge des motifs de crédibilité. Elle prête son concours à la foi par les conséquences qu'elle en tire, par les arguments qu'elle trouve pour la défendre. — La foi et la raison ont chacune leur domaine particulier. Il est des vérités religieuses, telle que l'existence et les attributs de Dieu, que la raison démontre, de telle sorte que tous les arguments contraires des impies se réfutent aisément.» Enfin, pour confirmer l'alliance entre la raison et la foi, Huet entreprend de montrer que, dans les dogmes et les préceptes moraux du christianisme, il n'y a rien de si éloigné de la raison et de l'opinion générale qu'on ne retrouve dans les religions païennes et dans les écrits des anciens philosophes.

«Huet, dit l'abbé Flottes, en déterminant les rapports de la raison et de la foi, prétend que les vérités évidentes sont plus certaines quand elles ont été confirmées par la foi : c'est une erreur, ou du moins un paradoxe, mais ce n'est pas du pyrrhonisme. » Le sens précis et la véritable portée de cette appréciation doivent être nettement fixés. Les vérités évidentes ont, par elles-mêmes et pour tout esprit qui les considère avec calme, une certitude parfaite ; telle est la pensée du critique. Mais l'abus du raisonnement peut jeter l'intelligence dans un tel désordre, que les principes les plus certains deviennent pour elle des problèmes remplis d'obscurité. Ainsi, les astres du firmament réfléchis dans les eaux d'une mer violemment agitée, n'offrent à l'œil qu'une lueur incertaine, sans aucune forme déterminée. « Il y a, nous disait tout à l'heure l'abbé Flottes, un moment où l'homme ne doute de rien ; il peut venir un moment où l'homme doutera de tout. » Mais la foi que le christianisme impose n'a-t-elle aucune influence sur l'esprit pour le raffermir, et donner ainsi à la vérité une assiette ferme et inébranlable ? Écoutons les belles réflexions de l'abbé Flottes sur ce sujet : « L'assentiment que le christianisme commande, mélange de foi et d'exercice de la raison, dirige et affermit l'intelligence. Il la dirige d'abord. Les premiers principes ne se démontrent pas ; on les croit, sans les comprendre [1]. Les idées de temps et d'espace, liées à tous les faits de la vie humaine, sont admises, et on ne les comprend pas. Lorsque, sondant

---

[1] Concevoir n'est pas comprendre, dit Fénelon.

les secrets de sa nature intelligente et morale, l'homme s'élève au sommet de la réflexion, il saisit d'une vue rapide les idées du vrai, du beau et du bon absolus, qui sont le fond même de son intelligence. Ces idées, reflet de l'intelligence divine, il les admet sans les comprendre. Que la raison humaine s'obstine à rejeter ces principes et ces idées, sous prétexte qu'il ne les comprend pas, le fondement de la connaissance humaine s'ébranle et craque ; ou, pour emprunter une image bien expressive de Bayle, la raison, véritable Pénélope qui défait, pendant la nuit, la toile qu'elle avait faite pendant le jour, n'a pas plus tôt bâti un ouvrage, qu'elle nous montre les moyens de le ruiner. La Providence a prévu ce danger, la nature soutient la raison impuissante et l'empêche de tomber dans un scepticisme universel. La foi chrétienne, qui fait admettre des vérités incompréhensibles, vient en aide à cette disposition de la nature ; elle accoutume l'esprit à cette soumission et lui rappelle l'obligation d'accepter des vérités qui la surpassent.

» Cette foi affermit encore les *assises* de la raison ; car l'absence de cette foi laisse un vide dans l'âme, et ce vide, que l'esprit humain supporte difficilement, doit être rempli ; il ne l'est alors que par les écarts de l'imagination, par l'abus de l'esprit d'analyse qui conduit au scepticisme et au découragement. Quand la religion a été détruite chez un peuple, a dit M. de Tocqueville, le doute s'empare des portions les plus hautes de l'intelligence, et y paralyse à moitié toutes les autres. Chacun s'habitue à n'avoir que des notions changeantes sur les matières qui intéressent le plus ses semblables et lui-même, et comme on désespère de pouvoir à soi seul résoudre les plus grands problèmes que la destinée humaine présente, on se réduit lâchement à n'y point songer.

» L'union de la foi et de la raison est nécessaire à toutes les époques. Cette vérité a été proclamée par un écrivain contemporain, que la hardiesse de sa pensée et l'originalité de son talent ont rendu célèbre. « Si l'homme, a dit Edgard Quinet, n'avait pour lui que le raisonnement, il tomberait, de négation en négation, dans le dernier cercle du néant. S'il n'avait que la foi, il serait emporté, sans retour, par-delà toute réalité, aux extrêmes limites de l'infini. Mais du conflit de ces deux forces se compose le mouvement régulier de l'humanité, comme des deux forces qui se disputent chaque étoile se compose l'orbite qu'elle parcourt dans ses révolutions annuelles. »

» L'union de la foi et de la raison est surtout nécessaire aux époques où les âmes sont en proie à de grandes souffrances morales. Cette union de la foi et de la raison est un remède pour les diverses maladies de l'intelligence. Parmi les hommes, les uns sont dégoûtés de l'incertitude et du désordre de l'esprit; ils aspirent vers un port où ne pénètre aucune tempête; ils désirent une lumière qui ne vacille jamais. Ce qu'ils demandent à la religion, c'est moins un aliment pour leur activité qu'un appui pour leur faiblesse. Ces hommes, dit Benjamin Constant, demandent, avant tout, une pierre pour reposer leur tête. Il leur faut un fait miraculeux, pour que, délivrés du doute, ils puissent respirer, prendre des forces, et se livrer ensuite au travail intellectuel. De tels hommes reposent dans la foi commune comme dans un port assuré. Il existe d'autres esprits à qui l'activité intellectuelle et personnelle est plus nécessaire. Dans leurs tendances religieuses, ils ont plus de soif que de lassitude. Ces esprits se reposent aussi dans la foi, comme dans un port ; mais ils aiment à se représenter, par la pensée, le chemin qui les y a conduits. »

Dans l'assentiment de l'esprit aux vérités de la foi, Huet tenait spécialement compte de la grâce, qui en est le principe : dès-lors, on conçoit que les principes évidents deviennent, par l'habitude de la foi, plus certains, c'est-à-dire plus fermes dans l'entendement.

L'auteur de l'*Étude sur D. Huet*, d'après tout ce que nous venons d'exposer, était bien fondé à soutenir que l'évêque d'Avranches ne pouvait être rangé parmi les sceptiques. Après avoir discuté les objections des savants qui ont cru reconnaître les caractères du pyrrhonisme dans les doctrines de Huet, et déployé dans cet examen autant de sagacité que d'impartialité, il termine par une appréciation générale : « Huet, dit-il, n'est donc pas pyrrhonien. Il soutient, avec tous les chrétiens, la nécessité d'une révélation surnaturelle ; mais il accorde à la raison ses droits légitimes ; il établit que la raison précède la foi, qu'elle fournit les motifs de crédibilité ; que la foi n'est jamais contraire à la raison ; qu'elle doit être circonscrite dans le cercle des vérités qui sont de son domaine ; qu'elle ne doit pas intervenir dans l'étude des sciences naturelles et physiques ; que ce qui est contre le bon sens est aussi contre la religion, et que la Bible inspire le goût des sciences.

» Huet s'est singularisé par deux arguments *ad hominem*, qui non-seulement ne prouvent rien, mais qui peuvent lui être opposés. Dans les *Questions d'Aunay*, il compare les fables du paganisme et la morale des philosophes anciens avec les dogmes et la morale du christianisme, et il conclut de ce parallèle que les païens ne pouvaient, sans inconséquence, refuser d'admettre les mystères et la morale de la religion chrétienne. Cette argumentation était fondée sur une erreur de fait, et, contrairement à la pensée de Huet, tendait, si le parallèle avait été exact, à infirmer la nécessité d'une révélation surnaturelle.

» Dans le *Traité philosophique de la faiblesse de l'esprit humain*, Huet veut justifier ce paradoxe : La philosophie qui s'abstient de tout assentiment dogmatique est la philosophie la plus favorable au christianisme. Pour le prouver, il adresse un argument *ad hominem* aux philosophes qui ne veulent reconnaître que l'autorité de la raison. Cet argument consiste dans l'exposition des preuves des sceptiques et de leurs réponses aux dogmatiques. Huet rapporte ces preuves sans les juger. Il se propose seulement de mettre la raison aux prises avec elle-même, afin que, sa faiblesse étant constatée, elle sente la nécessité de la foi. Huet n'est donc pas pyrrhonien ; il avait commencé par exposer, dans son Traité, sa doctrine sur la valeur de la certitude, inconciliable avec le pyrrhonisme. Mais il a employé une argumentation erronée et dangereuse, qui, si elle était solide, détruirait son opinion personnelle sur la certitude.

» Que l'on affirme que Huet n'est pas un théologien, nous en conviendrons volontiers : Huet le reconnaissait lui-même. Qu'on ne le place pas aux premiers rangs parmi les philosophes, nous ne protesterons point ; il nous a semblé qu'en étudiant les questions philosophiques, Huet songeait moins à les approfondir qu'à entasser des textes, quelquefois sans examiner s'ils étaient bien appliqués. Mais nous soutiendrons toujours que l'on calomnie l'évêque d'Avranches, quand on en fait un pyrrhonien. »

Les appréciations de l'abbé Flottes sur Huet et ses doctrines reçurent, dès l'apparition de son *Etude*, de nombreuses approbations. Des savants, des littérateurs renommés, des journaux de toutes les nuances, applaudirent à ce nouveau travail ; et si quelques-uns crurent devoir faire leurs réserves relativement aux principes philosophiques de l'évêque d'Avranches, qui, pris à la rigueur, leur paraissaient contenir le germe du scepticisme, ils n'en louèrent pas moins avec effusion la méthode, la clarté, l'érudition, l'argumentation vigoureuse revêtue d'un style attrayant, et l'impartialité de l'auteur de cette *Etude sur Daniel Huet*.

L'*Univers*, 21 juin 1858, disait : « M. Bartholmès, un des professeurs de l'Université, a soutenu, il y a quelques années, devant la Faculté des lettres de Paris, une thèse intitulée : *Huet, ou le scepticisme théologique*. M. l'abbé Flottes n'a pas voulu laisser la mémoire de ce prélat sous l'accusation de scepticisme que lui a infligée M. Bartholmès. Nous pouvons dire, en commençant, que l'ouvrage du réfutateur est excellent. A une très-bonne exposition des ouvrages philosophiques de Huet, il a su joindre une appréciation très-judicieuse...... M. Flottes conclut au non-scepticisme de Huet. D'après l'analyse approfondie des ouvrages philosophiques de l'évêque d'Avranches, tout esprit impartial sera de son avis. Il n'y a aucun des livres de Huet où la raison ne soit admise : l'est-elle toujours comme il conviendrait? On peut dire, avec l'auteur de l'*Etude*, qu'il s'est servi d'une méthode dangereuse, que plusieurs phrases peuvent être facilement interprétées dans le sens pyrrhonien ; mais ses œuvres, étudiées avec application et honnêteté, démontrent qu'il était loin de nier la raison absolument ; il la subordonnait à la foi, sans doute ; en cela, il ressemble à tous les catholiques. »

Le *Journal de l'Instruction publique*, 13 mars 1858, s'exprimait ainsi : « Je passe maintenant aux œuvres de première et récente publication. Il n'en est point qui mérite plus de fixer l'attention du lecteur, que l'*Etude sur Huet, évêque d'Avranches,* par M. Flottes, professeur honoraire de philosophie à la Faculté des lettres de Montpellier. M. Flottes paraît pénétré de cette idée que la critique et le public cèdent trop facilement à la dangereuse tendance de voir partout des sceptiques, et d'ériger en pyrrhonien tout auteur qui a professé le doute sur tel ou tel point particulier. Déjà il avait montré combien l'opinion s'égare, lorsqu'elle veut voir dans Pascal un des apôtres du scepticisme...... Soutenir que Huet non plus n'était pas sceptique, est une thèse plus neuve, et ceux-là mêmes qui ne seraient pas disposés à en adopter les conclusions, goûteront un plaisir extrême à la lecture de ce livre fortement pensé, habilement composé, et écrit avec une simplicité, un désintéressement d'auteur, bien rares aujourd'hui. Huet est tout entier dans ce livre, et M. Flottes aussi peu que possible, ce dont je me plaindrais fort, pour ma part, si je ne parvenais à trouver l'auteur même où il se dérobe, tant il suit la pensée-mère de son travail avec une rigueur vraiment philosophique.... Sur le pyrrhonisme, il remarque que si le docte prélat nie que la certitude humaine soit entière et parfaite, il reconnaît qu'elle est fondée sur la constitution de l'esprit humain, qu'elle est une inspiration de la nature, qu'il y aurait folie à ne pas l'admettre, et qu'on serait inexcusable devant Dieu, si l'on y résistait. Ce qu'il y a de singulier chez Huet, c'est qu'en admettant la doctrine, il refuse obstinément d'admettre le mot par lequel on la désigne. Au fond, Huet, comme tous les écrivains catholiques accusés de scepticisme, ne cherche qu'à mettre la raison aux prises avec elle-même, afin de lui faire mieux sentir sa propre faiblesse et la nécessité de la foi. Voilà ce que M. Flottes démontre en racontant la biographie de l'évêque d'Avranches, et en soumettant ses ouvrages à une analyse rigoureuse. »

CHAPITRE XI

Étude sur saint Augustin. — Accueil fait à cette publication.

L'*Etude* sur Daniel Huet était à peine lancée dans le public, que l'infatigable écrivain concevait déjà le plan d'un autre ouvrage dont le sujet était, à ses yeux, d'une bien plus haute importance. Engagé, par l'exercice continuel de la pensée et les recherches d'érudition, dans un commerce habituel avec tous les grands génies des siècles passés, l'estime et la vénération que lui inspiraient quelques noms illustres le rapprochaient successivement de tous ceux qui paraissaient s'y rattacher par une certaine affinité de doctrine. Bossuet, objet constant de son admiration, avait dû naturellement le conduire à Pascal, à Leibnitz, dans l'antiquité à Platon. Huet n'avait fixé ses regards, que parce qu'on l'avait confondu avec Pascal dans une même accusation. Mais le grand évêque d'Hippone, par tous les caractères de son âme et de son génie, par sa doctrine si élevée, si sainte et si vivante, pour ainsi dire, où tout ce que la philosophie antique offre de plus pur, ce que le christianisme renferme de plus divin, se déploie sous une forme singulièrement dramatique, l'évêque d'Hippone devait surtout exciter les sympathies de l'abbé Flottes. Dans son cours à la Faculté des lettres, il s'était souvent inspiré de cette sublime philosophie. L'âme de saint Augustin, si forte et si douce, si ardente pour la vérité, si conciliante par tendresse de charité, s'harmonisait merveilleusement avec la sienne. Peindre cette âme si belle, raconter les phases diverses de cette vie, d'abord agitée par des passions terrestres, puis embrasée d'une seule passion, celle de chercher, de contempler et de faire aimer la vérité : c'était pour le Prêtre pieux, pour le professeur familiarisé toute sa vie avec les plus sublimes spéculations, le charme des loisirs que l'âge lui ménageait, et comme le testament de sa foi philosophique et théologique, avant de passer au séjour de l'éternelle lumière.

C'est à l'âge de 73 ans, lorsque l'affaiblissement de ses forces, n'ôtant rien à la vivacité de son intelligence, ni à son ardeur pour la recherche et la défense de la vérité, permettait encore de douces illusions sur la prolongation de cette belle carrière, mais néanmoins semblait l'avertir qu'il était temps de se reposer après de longs et honorables travaux, c'est à cet âge qu'il ose entreprendre un travail sérieux sur la philosophie de saint Augustin. Comme dans ses *Etudes* sur Pascal et sur l'évêque d'Avranches, il est convaincu qu'il faut faire connaître l'homme, pour faire connaître l'écrivain. Son ouvrage sera donc une *Etude* sur saint Augustin, son génie, son âme, sa philosophie. Dans la préface, il en indique le plan, l'esprit et le but. « Ces *Etudes*, dit-il, sont divisées en trois parties. La première renferme le tableau dans lequel nous nous efforçons de retracer le génie et l'âme de saint Augustin. Ce tableau n'est point une biographie complète. Ce grand homme peut être considéré sous des aspects divers ; nous n'avons pas l'intention de peindre l'évêque et le saint : nous voulons nous borner à présenter l'image de l'homme et du philosophe. Cette biographie, conçue à un point de vue psychologique, est en quelque sorte une psychologie. Ses éléments sont les faits qui révèlent la nature physique, intellectuelle et morale de saint Augustin, et les circonstances au milieu desquelles elle s'est développée. Nous rapportons ces circonstances et ces faits : ils servent à expliquer les égarements et les erreurs du fils de Monique, les tourments qui les accompagnaient, le besoin de conversion qui le pressait vivement. Sa conversion, sans doute, est l'œuvre de la grâce. Mais l'action providentielle mêle la douceur à la force, et tire le bien du mal même.

» Si l'on réfléchit sur la nature physique, intellectuelle, morale de saint Augustin, il sera aisé de comprendre que, même naturellement, sa raison et son cœur ne pouvaient trouver le repos que dans la connaissance de la beauté suprême, *toujours ancienne et toujours nouvelle,* que le christianisme nous montre par le Verbe incarné. On comprendra aussi que, ses puissantes facultés étant purifiées, fortifiées, fécondées par la grâce, de grandes transformations devraient s'opérer dans ses sentiments et dans ses croyances.

» Cette première partie est suivie d'un appendice, où sont examinées quelques observations critiques sur la personne et les écrits de saint Augustin. La deuxième partie contient l'exposition de sa philosophie ; elle a quatre sections, sous ces titres : *Prolégomènes, l'homme, Dieu, l'univers...* La troisième partie est consacrée à l'examen de la philosophie de saint Augustin. Elle commence par des appréciations particulières et se termine par une appréciation générale. Les premières ont pour objet divers points de cette philosophie ; la seconde en considère l'ensemble. »

La biographie de saint Augustin, pour ceux mêmes qui connaissent déjà la vie de ce saint Docteur, offre le récit le plus attachant. On y voit ce beau génie avec tous les caractères qui devaient en faire le plus grand des philosophes chrétiens, se former et se développer peu à peu sous l'empire des événements qui marquent cette vie, des erreurs qui l'entraînent, des études qui la remplissent. « Cette[1] première partie s'adresse à tout le monde. Pour apprécier des idées philosophiques, il faut être préparé par une étude spéciale ; mais il ne faut que du cœur pour savourer ces cent premières pages. Si l'histoire d'une âme est toujours intéressante, combien plus l'histoire de l'âme de saint Augustin ! »

[1] *Gazette de France*, 13 septembre 1864.

La conclusion de cette première partie des *Etudes* sur S. Augustin est renfermée dans ces lignes éloquentes :

« Le sentiment religieux, profondément gravé dans la nature d'Augustin, se manifesta de bonne heure. Ses passions l'avaient affaibli sans l'anéantir ; il se réveillait de temps en temps avec une force nouvelle, et ce réveil était une cause de tourment. Son cœur, aspirant vers l'infini, ne pouvait être satisfait par la possession des objets qui ne sont pas inépuisables, et que l'on peut perdre malgré soi. L'ordre moral lui était si naturel, qu'il avait voulu l'allier même avec le désordre. La connaissance de la vérité religieuse était donc un besoin impérieux de son âme, et il la cherchait avec une ardeur persévérante.

» Où aurait-il pu la trouver ? Dans l'ancien paganisme ? ses fables choquaient la raison et blessaient le sens moral. Dans le paganisme symbolique ? cette explication ingénieuse plaisait à l'esprit et montrait, sous des mythes, les éléments de l'univers et des créatures mortelles ; ce n'était pas une religion. Le manichéisme n'avait point réalisé ses espérances : il prétendait ne lui offrir que des doctrines claires et démontrées ; ces promesses avaient été mensongères. Il n'avait pas résolu les doutes d'Augustin, qui avait toujours formellement repoussé quelques-unes de ses erreurs. Le scepticisme était un état trop violent pour son âme ; il voulait croire à la vérité, il voulait l'aimer. L'indifférence lui était antipathique, le découragement lui était insupportable.

» Le platonisme présenta à son esprit charmé une partie de cette vérité, objet de ses recherches et de ses vœux. Mais le dieu de Platon, la dieu des géomètres, la beauté suprême qui ravissait sa raison, ne pénétrait point dans son cœur.

» Le christianisme seul frappait toutes ses facultés et avait la puissance de les conquérir. Il impose la foi, sans doute ; mais il permet à la raison d'examiner si l'autorité qui l'impose mérite sa confiance, et il lui accorde le droit de se convaincre que ses doctrines ne sont pas contraires aux lumières de l'intelligence. Ses mystères sont nécessairement, pour l'esprit humain, un mélange de ténèbres et de clartés, car ils ont pour objet l'Être infini, et l'esprit humain est borné, il le sent.

» Le *Verbe incarné* est la sagesse éternelle, qui élève notre nature en s'unissant à elle ; il a comblé l'abîme qui sépare le Créateur de la créature. Le *Verbe incarné* saisit les sens, parle à l'imagination, est sensible au cœur, nourrit l'amour. Le Dieu des chrétiens devait donc être le Dieu d'Augustin, car il pouvait l'aimer de toutes les puissances de sa nature ; il pouvait l'aimer par ses sens, par son imagination, par son esprit, par son cœur. »

Fénelon, dans ses *Lettres sur la religion*, a dit : « Je croirais saint Augustin bien plus que Descartes sur les matières de pure philosophie ; car, outre qu'il a beaucoup mieux su les concilier avec la religion, on trouve d'ailleurs dans ce Père un bien plus grand effort de génie sur toutes les vérités de métaphysique, quoiqu'il ne les ait jamais touchées qu'en passant et sans ordre. Si un homme éclairé rassemblait, dans les œuvres de saint Augustin, toutes les vérités sublimes que ce Père y a répandues comme par hasard, cet extrait fait avec choix serait très-supérieur aux *Méditations* de Descartes, quoique ces *Méditations* soient le plus grand effort de l'esprit de ce philosophe. » C'est cette pensée de Fénelon que l'abbé Flottes a entrepris de réaliser dans la deuxième partie de son livre. C'est tout un cours de philosophie, composé des pensées de saint Augustin. La philosophie et son utilité, les idées, les nombres, le temps, l'espace, l'éternité, les rapports de la philosophie avec le christianisme, la prééminence de la doctrine révélée, et l'accord nécessaire de la raison et de la foi, telle est la matière des Prolégomènes. De ces notions générales, l'auteur descend à la considération des êtres particuliers, l'homme d'abord, la nature de l'âme, son union avec le corps, ses facultés diverses, les unes sensitives, c'est la sensation, l'imagination, la mémoire; les autres intellectuelles, et à ce titre se rapportent raison, connaissance, certitude, foi humaine, opinion, songes, grandeur et faiblesse de l'entendement; enfin les facultés morales, volonté, libre arbitre, l'habitude, la question du mal, la fin de l'homme, la loi morale et la conscience, les vertus et les passions, la perfectibilité. Après avoir considéré l'homme en lui-même, l'auteur l'étudie, avec saint Augustin, comme membre de la société, et il traite du patriotisme, de la propriété, de l'esclavage, du pouvoir temporel, de la peine de mort, de la liberté de conscience. L'étude de l'homme élève nécessairement la pensée vers son origine et son principe : de là ces grandes questions : Y a-t-il un Dieu ? Qu'est-ce que Dieu ? Comment arrive-t-on à la connaissance de Dieu ? De cette hauteur, on redescend pour contempler l'univers, et recueillir la doctrine de saint Augustin sur la question de l'âme du monde agitée chez les anciens, sur les astres, les intelligences supérieures, les êtres, l'unité de la race humaine, la génération spontanée, les antipodes, les bêtes. Après une appréciation raisonnée de la philosophie de saint Augustin, l'auteur termine ainsi son ouvrage : « Saint Augustin appliqua son génie à toutes les grandes questions philosophiques, et les éclaira plus ou moins de sa lumière. Mais on doit à la vérité de reconnaître que l'on peut justement lui adresser quelques observations critiques... Cependant, malgré ces taches, son génie brille d'un vif éclat. Il est, sous de nombreux rapports, supérieur à tous les philosophes de l'antiquité. Les admirateurs des Pères, quand ils veulent lui assigner le rang qu'il doit occuper en sa qualité de philosophe, sont embarrassés. Leur opinion flotte incertaine entre l'évêque d'Hippone et saint Thomas d'Aquin, *l'ange de l'école,* de même que l'opinion de l'antiquité hésitait entre Platon et Aristote. Que l'on nous permette de manifester notre préférence : elle est acquise à saint Augustin. Au reste, son influence philosophique est incontestable ; une grande gloire lui a été réservée. Il a inspiré Claudien Mamert et saint Anselme; il a devancé Descartes et Leibnitz; il a eu pour disciples Malebranche, Bossuet et Fénelon. »

Ce beau travail sur saint Augustin, en un temps où la science profane ne dédaigne point l'étude des saints Pères et se plaît à fouiller dans leurs écrits comme dans une mine féconde, ne pouvait passer inaperçu. Le *Journal des savants*, janvier 1862, s'exprimait ainsi : « C'est une étude étendue et complète sur la philosophie d'un des Pères de l'Église qui ont eu le plus d'influence sur les destinées du christianisme. M. l'abbé Flottes a autant d'impartialité que de science, et, après bien d'autres travaux, le sien pourra contribuer encore à faire mieux connaître et aimer davantage le personnage admirable auquel il est consacré. »

Les *Etudes* sur saint Augustin furent connues et justement appréciées à l'étranger. Une revue anglaise, le *Wesleyan-Methodist Magazine*, octobre 1862, en rendait compte par un article qu'on nous saura gré d'avoir reproduit malgré son étendue : « Parmi les Pères de l'Église chrétienne, il n'en est guère qui aient exercé, après leur passage sur cette terre, une influence aussi durable que l'homme célèbre dont M. l'abbé Flottes nous donne la biographie. Augustin et Aristote ont été les deux grandes autorités de la théologie scolastique pendant le moyen âge. Dans des temps moins éloignés de nous, Jansénius, attaquant les doctrines des Jésuites, prit ses armes dans les écrits de l'évêque d'Hippone : les Arminiens et les Gomaristes, remontrants et contre-remontrants, avocats de la prédestination absolue et défenseurs du libre arbitre relatif, tous en appelaient à Augustin, et s'accusaient réciproquement de torturer, de mal comprendre et d'altérer le texte de l'auteur qu'ils s'accordaient à regarder comme la colonne de l'Église d'occident. Il résulte de là, que tout livre qui traite de la vie et des doctrines d'Augustin mérite un intérêt particulier : à plus forte raison si c'est l'œuvre d'un critique aussi compétent que M. l'abbé Flottes.

» L'auteur a divisé son travail en trois parties. Il donne d'abord une biographie, ou plutôt ce qu'il appelle une esquisse *psychologique* de la vie de saint Augustin. En effet, son plan n'était pas de relever en détail tous les faits de cette longue carrière : il s'est borné à développer ceux qui servent à faire comprendre les erreurs du « saint », ses fautes, les fluctuations de son esprit, et finalement sa conversion. M. Flottes montre que cet événement, dépouillé de toute intervention miraculeuse, ne s'en explique pas moins aux yeux de la raison, le christianisme pouvant seul satisfaire une âme aussi altérée de vérité. Les systèmes métaphysiques qui régnaient de son temps, les rêves des manichéens, les brillantes corruptions du paganisme, pouvaient attirer quelque temps sa curiosité, mais rien au-delà. «Le Verbe incarné est l'éternelle sagesse qui élève notre nature en s'unissant avec elle : un abîme séparait le Créateur et la créature : le Verbe incarné l'a comblé, et nous le franchissons avec lui. Le Dieu des chrétiens ne pouvait pas ne pas être le Dieu d'Augustin.

» Nous ne porterons pas plus loin nos observations sur cette première partie du livre, si ce n'est pour recommander l'*Appendice* à l'attention des lecteurs. On sait que le caractère moral d'Augustin a été attaqué sous divers rapports, par des auteurs anciens et modernes. Sa science a été aussi contestée. Des écrivains ont critiqué ses vues sur le manichéisme, son appréciation du scepticisme des nouveaux académiciens, et le plan qu'il a suivi en composant son grand ouvrage apologétique de la *Cité de Dieu*. Sur tous ces points, M. Flottes a soigneusement recueilli les sentiments des critiques les plus dignes de confiance, et s'il conclut en faveur d'Augustin, c'est après avoir entendu tous les témoignages et pesé les moindres arguments de ses adversaires.

» La seconde partie du livre est remplie tout entière par un résumé des doctrines philosophiques de l'illustre évêque ; l'auteur le fait parler lui-même. Ses nombreux écrits ont fourni les matériaux d'une esquisse faite de main de maître. Ces matériaux divers sont arrangés avec une parfaite méthode. Après quelques prolégomènes sur l'objet de la philosophie, son caractère, son but pratique et ses sources, M. Flottes expose ses importantes théories relatives à l'homme, à la société, à Dieu, et finalement à l'univers qui nous entoure. Il ne pouvait remplir avec succès cette partie de sa tâche, qu'après s'être familiarisé de la manière la plus complète avec les œuvres de son auteur : on voit facilement ce qu'il a dû lui en coûter de travail. M. Flottes indique toujours les passages auxquels il se réfère ; il donne de longs extraits du texte, chaque fois que le sujet le demande.

» Pour apprécier les systèmes qu'il vient d'exposer, il examine d'abord l'enseignement d'Augustin sur plusieurs sujets particuliers, et donne ensuite une appréciation générale du corps entier de doctrine. Les questions qui se présentent tout naturellement au lecteur qui ouvre pour la première fois les œuvres de saint Augustin, sont celles du libre arbitre et de la liberté de conscience.... Saint Augustin établit : 1° que le libre arbitre de l'homme après sa chute ne peut point, sans le secours de la grâce, opérer le bien surnaturel, ni observer dans toute leur étendue les préceptes de la loi naturelle; 2° que la grâce, quand Dieu le veut, produit infailliblement son effet....

» M. Flottes expose ensuite la manière dont saint Augustin entendait l'infaillibilité de la grâce, et il prouve que ses idées se concilient parfaitement avec le principe du libre arbitre : l'opposition n'est qu'apparente. Il suffit, dit-il, du sens commun pour apprendre à l'homme qu'il peut faire certaines choses auxquelles néanmoins il n'osera se déterminer, parce qu'elles ne conviennent pas. Il est bien évident, par exemple, qu'aucun homme jouissant de sa raison, n'aura la pensée de courir nu dans les rues, bien que, rigoureusement parlant, il ait pleine liberté de le faire. Le secours de la grâce produit sur notre esprit et sur notre volonté un effet parfaitement analogue à celui que le sens commun opère sur un être raisonnable: notre libre arbitre subsiste dans les deux cas.

» C'est à propos de la liberté de conscience que les ennemis d'Augustin ont particulièrement attaqué son caractère. Sa conduite dans la controverse contre les Donatistes a été souvent jugée avec une extrême sévérité, et ceux de nos lecteurs qui sont familiarisés avec la littérature ecclésiastique, se rappelleront sans doute les pages spirituelles de Bayle sur ce sujet. M. l'abbé Flottes résume cet ouvrage. Il cite en outre les critiques de Basnage, de Leclerc et de Claude, et il fait remarquer que les communions protestantes ont plus d'une fois professé et pratiqué les principes d'Augustin sur le droit attribué à l'Église de livrer les hérétiques au bras séculier, bien qu'on blâme les faits de ce genre de la part du clergé romain... Nous ne défendrons point Calvin envoyant Servet au bûcher, pendant que nous blâmons Torquemada... Sur ce point comme sur quelques autres, les amis et les adversaires de saint Augustin sont allés trop loin. Nous devons nous représenter les circonstances au milieu desquelles il vécut, ainsi que l'esprit de son temps, et ne point le juger d'après les idées plus libérales et plus éclairées qui nous sont devenues familières par le progrès de la civilisation.

» Sur la question si souvent agitée des droits relatifs de la raison et de la foi, M. Flottes s'exprime ainsi : « Suivant la doctrine de saint Augustin, la philosophie n'a pour objet que des vérités accessibles à l'intelligence humaine ; dès-lors elle ne doit les établir que sur des preuves que fournit ou peut fournir la raison. La révélation chrétienne a pour objet des vérités de deux ordres : les unes sont au-dessus de notre intelligence, et par conséquent incompréhensibles ; les autres peuvent être saisies par la raison, et par conséquent peuvent être comprises. Le christianisme, en imposant les premières à notre foi, n'invoque et ne doit invoquer que l'autorité divine qui les a révélées. Il peut aussi nous faire adopter les secondes en s'appuyant sur la même autorité ; mais il permet aux fidèles de consulter aussi les lumières de la raison. Les fidèles ont ce droit, il est inhérent au titre de créature raisonnable. De ce titre découlent encore d'autres droits : le droit de n'adhérer aux vérités révélées que lorsque le fait de leur révélation divine a été constaté par la raison ; le droit de repousser toute proposition prétendue révélée, qui serait évidemment contraire aux lumières de l'intelligence. Bien loin de nous interdire l'exercice de ces droits, le christianisme nous y convie. »

» Il suffit d'ouvrir les écrits philosophiques de saint Augustin, pour reconnaître qu'il adoptait sur beaucoup de points les vues des néo-platoniciens. Aussi, comme le fait observer M. l'abbé Flottes, pour comprendre pleinement sa langue, dans cette partie de ses œuvres, il faut s'être familiarisé avec celle de Plotin. Mais s'il fut néo-platonicien, c'était seulement dans la même mesure que Leibnitz était disciple de Descartes. D'abord, il était loin d'adopter toutes les théories de ces métaphysiciens ; en second lieu, il modifia la détermination de plusieurs des idées qu'il leur avait empruntées. Enfin, il expliquait les autres par des arguments qui lui appartiennent exclusivement....

« Nous n'espérons point que cette courte analyse des *Etudes sur saint Augustin* puisse donner une idée suffisante de l'ouvrage ; mais du moins nous répéterons, en terminant, l'expression de notre sentiment profond de la science, de l'impartialité et du talent dont l'auteur a fait preuve [1]. Il est évident que M. l'abbé Flottes a lu consciencieusement tout ce qui a rapport à son auteur favori ; ses citations d'autres critiques sont très-nombreuses, et quelques-uns des passages principaux des traités de saint Augustin lui-même ont été judicieusement ajoutés dans l'appendice. »

Après ce témoignage si impartial et si honorable rendu par des étrangers aux *Etudes sur saint Augustin*, on se persuadera sans peine que les hommes les plus éminents dans la science et la littérature dont la France s'honore, ne les ont pas autrement jugées. M. de

---

[1] *We cannot hope that the few remarks we have now offered on the* Études sur saint Augustin *will give a sufficient idea of the work itself: but we must once more express our strong sense of the learning, the impartiality, and the talent it displays.*

Rémusat écrivait à l'auteur : « Vous vous êtes montré digne de votre sujet, et vous m'avez plus d'une fois fait éprouver du regret que l'Institut ait donné pour sujet de prix l'étude de la philosophie de saint Augustin ; car, en vérité, le but que nous nous proposions me paraît atteint[1]. » J'ai lu, lui écrit M. Barthélemy Saint-Hilaire, avec le plus grand plaisir et grand profit vos *Études* sur saint Augustin. Je partage toute votre admiration pour lui, et, parmi tous les Pères de l'Église, il n'en est pas un pour qui j'éprouve une plus profonde sympathie. J'ai été bienheureux de voir que vous l'ayez si complètement et si clairement justifié sur la question délicate de la grâce et du libre arbitre. Je le préfère, comme vous, à saint Thomas, tout en reconnaissant que c'est peut-être à la différence des temps qu'il faut surtout attribuer la différence des deux génies. On peut douter que saint Augustin fut capable de faire la *Somme;* mais les ardeurs de son âme ont été utiles au IV° siècle, au moins autant que l'ouvrage prodigieux de l'Ange de l'école l'a été au moyen âge. Je ne serais peut-être pas tout à fait de votre avis sur Platon comparé à saint Augustin. Il y a sans doute beaucoup d'art dans Platon ; mais il n'y a guère moins d'amour, et c'est là ce qui fait que le pla-

---

[1] Un concours sur la philosophie de saint Augustin fut ouvert par l'Institut de France, au moment où l'abbé Flottes publiait ses *Études*. Ce livre ne put prendre rang pour le prix du concours, en vertu des règlements qui excluent tout ouvrage imprimé.

tonisme a été une sorte de religion, et qu'il a parlé si vivement aux Pères des premiers siècles. Mais, Monsieur, je ne m'arrête pas à ces légers dissentiments, et j'ai été très-aise de me trouver, en vous lisant, d'accord avec vous sur tant de points. Vous aurez fait mieux connaître et aimer encore davantage saint Augustin. C'est un vrai service rendu à notre temps, et je ne crois pas qu'il y ait d'exemple qui puisse être plus frappant et plus fructueux que le sien. Ses longs combats pour arriver au bien, peuvent encore instruire toutes les âmes sincères. »

L'approbation des hommes du monde, dans des termes si flatteurs pour l'auteur des *Etudes sur saint Augustin*, et si pleins d'admiration pour le grand évêque d'Hippone, est une preuve évidente du rapprochement qui s'opère entre la philosophie et le christianisme. Des études sérieuses amènent nécessairement un pareil résultat. Notre siècle sa dégage de ses préventions, à mesure qu'il interroge avec un esprit impartial les monuments des temps passés, et toute œuvre inspirée par la foi, mais solide et marquée au cachet de la vraie science, ne manque jamais d'attirer à cette même foi de sincères hommages. Mais l'œuvre qui nous occupe demandait d'autres approbations. Lorsqu'il s'agit d'une des plus grandes gloires de l'Église, des doctrines philosophiques d'un de ses plus illustres docteurs, et de doctrines essentiellement mêlées à la théologie catholique, le témoignage d'un grand Prélat, d'un archevêque décoré de la pourpre romaine, doit offrir une garantie plus complète d'exactitude et de parfaite orthodoxie. C'est pourquoi nous nous faisons un devoir de mettre sous les yeux de nos lecteurs deux lettres que Son Éminence le cardinal-archevêque de Besançon adressait à l'abbé Flottes au sujet de ses *Études* sur saint Augustin :

« Monsieur, je vous dois mille actions de grâces pour l'envoi que vous m'avez bien voulu faire de votre grand homme. On est heureux de le voir si bien compris, et de le contempler en sa lumière, si belle, si vive et si radieuse de charité. Le Saint vous procurera devant Dieu le centuple de ce que vous avez fait pour lui, et vous partagerez un jour avec lui sa ferme espérance du Ciel, exprimée par lui en ces mots si profonds et si beaux : *Tunc erit mane nostrum, nocte transactâ.* Permettez-moi, Monsieur, de vous remercier du bien que vous m'avez fait et continuerez à me faire par votre ouvrage ; car ce n'est pas un livre d'un jour, mais de tous les jours, si l'on veut devenir sage et saint par sa lecture. Paris, le 6 novembre 1863. — ✝ Césaire, card.-archev. de Besançon. »

Le pieux et savant Prélat prouva bientôt que cet ouvrage n'avait pas été pour lui le livre d'un jour qu'on parcourt rapidement, et dont le fruit, quelque réel qu'il soit, peut être complètement recueilli dans une première lecture. Trois mois après, avec une bienveillance toute spontanée, et par un effet de ce zèle vraiment épiscopal toujours empressé d'honorer ceux qui se vouent à la défense de la vérité et de la religion,

Son Éminence écrit la lettre suivante : « Besançon, le 9 février 1864. Monsieur, je me reconnais de plus en plus votre débiteur. A mesure qu'on approfondit vos *Etudes sur saint Augustin*, on les goûte davantage, et on connaît de plus en plus ce grand génie, ce grand cœur et ce grand Évêque. Vous avez rendu un grand service à la chose sacrée, et vous en recevrez votre récompense de Dieu, qui est un juste juge. Je crois aussi qu'on peut dire de vous, à l'imitation de ce qui est dit de saint Paul envers saint Jean-Chrysostôme, qu'il semble que saint Augustin vous ait inspiré et dicté tant de belles pages sur son compte. Veuillez recevoir, Monsieur, l'expression de mes sentiments très-distingués. † Césaire, card.-archev. de Besançon. »

CHAPITRE XII

Examen critique des Études sur saint Augustin.

Quelques écrivains de la Compagnie de Jésus, dans une savante Revue ayant pour titre : *Etudes religieuses, historiques et littéraires*, etc., rendirent compte du travail de l'abbé Flottes (novembre-décembre 1862). « M. l'abbé Flottes, disent-ils, a pensé avec raison, qu'avant de faire connaître le philosophe, il fallait d'abord faire connaître l'homme. Il a relevé bien des jugements erronés, relatifs à la vie ou à la doctrine de saint Augustin. Il montre, dans une argumentation péremptoire, que le saint Docteur n'a nullement méconnu la puissance du libre arbitre, même dans l'homme déchu. Notre auteur cite ses paroles expresses et formelles à cet égard, explique ses passages obscurs, et réduit à leur juste valeur les fausses interprétations données à certains textes par quelques écrivains contemporains, et notamment par M. Ernest Bersot et M. Charma.... M. Flottes rectifie également les jugements portés par Ritter sur différents points de la philosophie d'Augustin..... Du reste, on comprend que M. Flottes n'a pu songer à passer en revue toutes les erreurs auxquelles les doctrines du grand évêque ont donné lieu. Nous pensons, d'ailleurs, qu'il n'a point visé à faire un ouvrage complet. C'est ce qui explique un certain nombre de lacunes qu'il semble avoir lui-même reconnues, en avouant qu'il n'a pas exposé toutes les richesses de la philosophie de saint Augustin. En effet, des points importants de sa doctrine sont très-légèrement effleurés ou presque entièrement passés sous silence..... Ces réserves faites, nous n'avons que des éloges à accorder au livre de M. Flottes. Son travail n'est pas seulement du meilleur exemple ; il est vraiment méritoire, et il rendra des services réels, en fournissant des matériaux précieux pour faire connaître la philosophie de saint Augustin.»

Une sage critique ne peut fermer les yeux sur les défauts des ouvrages les plus dignes d'éloges : elle sert utilement la cause de la science ou de l'art, lorsqu'elle se montre respectueuse et sincère. Les honorables écrivains, rédacteurs des *Etudes religieuses*, etc., après un nouvel examen de l'ouvrage de l'abbé Flottes, insérèrent dans le numéro de mars-avril 1863, une note ainsi conçue : « Notre travail avait signalé quelques lacunes dans ce livre, et quelques expressions de ce compte-rendu étaient de nature à faire penser que M. Flottes avait absolument omis les pensées de saint Augustin sur certains points importants, comme la Providence et les rapports de la philosophie avec le christianisme. La vérité est que le savant auteur n'a point négligé ces questions ; seulement, il les a traitées d'une manière, selon nous, trop incomplète et trop peu concluante. »

Que certaines parties du travail de l'abbé Flottes aient paru incomplètes, cela s'explique aisément. Il n'est aucune question importante dans la philosophie de saint Augustin, qui n'ait été exposée par le savant auteur. Mais son génie était souverainement antipathique à la prolixité du discours et du raisonnement ; deux qualités surtout lui paraissaient désirables dans un écrivain, après la solidité de la doctrine : la netteté et la concision. Il eût pu entasser des textes nombreux, recueillis çà et là dans les volumineux ouvrages de saint Augustin, et, en divisant et subdivisant les diverses matières, distribuer tous ces textes sous des titres multipliés. Le lecteur sérieux, en méditant dans le livre de l'abbé Flottes les passages cités, y trouvera certainement tous les principes établis, et la voie ouverte à la connaissance complète de la philosophie du grand docteur d'Hippone. « Nous avons, dit l'auteur dans sa Préface, réuni ces pensées (de saint Augustin), nous en avons fait un corps, et nous l'avons disposé dans un ordre qui a quelque analogie avec celui que Descartes et Bossuet ont suivi, le premier dans ses *Méditations*, le second dans la *Connaissance de Dieu et de soi-même*. » Il pouvait relever encore une autre analogie : c'est une extrême sobriété, jointe à une ampleur raisonnable, dans l'exposé des doctrines.

Notre qualité d'historien nous fait un devoir de rendre compte de quelques autres difficultés auxquelles ont donné lieu les *Etudes* sur saint Augustin : elles ont pour objet le procédé de Descartes sur la base de la certitude, la question du libre arbitre et celle du mal.

Sur le premier point, il ne s'agit pas du cercle vicieux reproché à Descartes, mais d'une opposition de vues entre ce philosophe et saint Augustin sur une question qui touche pareillement au principe de certitude. « Descartes, dit l'abbé Flottes, place, ainsi que saint Augustin, dans la conscience de l'existence personnelle la base de la connaissance humaine, mais sa base n'est pas complète. Le *cogito, ergo sum,* je pense, donc je suis, ne tient pas compte du corps... Saint Augustin se garde bien de supposer même momentanément, comme Descartes, que l'on peut révoquer en doute l'existence du corps. Ceux qui repoussent l'autorité du sentiment qui atteste l'existence du corps, fermeront aussi les yeux à la lumière de cette vérité évidente : Je pense, donc je suis. » Ailleurs il dit : « Saint Augustin a soin de constater, contrairement à l'opinion du philosophe français, que l'homme *sait qu'il existe,* avant de *savoir qu'il pense;* car la certitude personnelle par le sentiment est antérieure à la certitude de cette existence par la réflexion. »

A cela on répond : le procédé de Descartes et celui de saint Augustin sont identiques. Saint Augustin se demande : « *Sais-tu que tu existes? Je le sais. D'où le sais-tu? Je l'ignore. Sais-tu que tu penses? Je le sais. Donc il est vrai que tu penses*[1]», et, par conséquent, que tu existes. Voilà bien Descartes se disant à lui-même : Je pense, donc je suis. Mais saint Augustin est assuré qu'il existe avant d'avoir découvert comment il le sait. Il en est de même de Descartes; car, sur l'existence des corps, il dit : Encore qu'on ait *assurance morale de ces choses,* qui est telle qu'il semble qu'à moins d'être extravagant on n'en peut douter; toutefois aussi, à moins que d'être déraisonnable, lorsqu'il est question d'une *certitude métaphysique,* on ne peut nier que ce ne soit assez de sujet pour n'en être pas entièrement assuré, que d'avoir pris garde qu'on peut en même façon s'imaginer étant endormi qu'on a un autre corps. » Il distingue ailleurs entre *l'intime persuasion,* l'assurance naturelle, et la *véritable science,* la *science parfaite* par démonstration. Comme Descartes, saint Augustin sait d'abord et ne sait pas qu'il existe; il le sait par sentiment, il ne le sait pas par conviction raisonnée. «Le sentiment de l'existence et de la vie est antérieur à la connaissance que nous en avons, dit l'auteur des *Etudes* sur saint Augustin. En effet, nous savons que nous *existons* avant de savoir que nous *pensons*; mais nous ignorons d'où nous savons que nous avons l'existence, lorsque nous ne savons pas que nous pensons[2].» Ne pas

---

[1] Soliloques, liv. 2, c. 1.
[2] *Études sur saint Augustin*, pag. 170.

savoir d'où l'on sait une chose, c'est ne pas en avoir la connaissance raisonnée. Or, c'est là précisément ce que cherche Descartes, et il le cherche par le même procédé que saint Augustin [1].

Voilà aussi pourquoi Descartes révoque en doute momentanément l'existence des corps. Il la connaît par sentiment, il en cherche la preuve rationnelle. Saint Augustin en doute aussi, ou du moins il la laisse dans l'ombre dès le début de son argumentation. Car il ignore *s'il est simple ou multiple, un ou composé, s'il est ou n'est pas en mouvement;* et la première vérité qu'il découvre, c'est qu'il *existe* purement et simplement; il le sait *parce qu'il pense*: or, la pensée n'a aucun rapport nécessaire avec le corps.

Mais, dit-on, celui qui repousse l'autorité du sentiment qui atteste l'existence des corps, fermera aussi les yeux à la lumière de cette vérité évidente: je pense, donc je suis. La parité n'est pas parfaite entre l'une et l'autre vérité. La pensée suppose nécessairement l'existence; la sensation et la persuasion de l'existence des corps ne sont pas inséparables de leur réalité: témoin les songes. De plus, tandis que la pensée renferme en elle absolument et *immédiatement* l'existence, la persuasion de l'existence des corps n'est

---

[1] « La certitude humaine n'est pas tout entière dans des faits intimes et indubitables. Il y a dans la raison une admirable lumière, qui répand ses clartés sur les faits contingents, quelque certains qu'ils soient déjà par eux-mêmes. (*Philosoph. et relig.*, 16e leçon, par Mgr Maret.)

donnée que par l'*intermédiaire* des sens. L'abbé Flottes nous en fournit la preuve : « Sans le toucher, dit-il, la sensation de l'odeur, du son, de la couleur, nous ferait croire que nous sommes une odeur, une couleur, un son. Sans ce tact exercé par notre volonté, nous ne saurions fixer les limites de notre personnalité ; rien ne nous assurerait que nous ne sommes pas les jouets passifs d'émotions vagues et sans cause, d'idées flottantes et de représentations fantastiques qui ne font de notre existence qu'un rêve sans interruption. »

Au reste, l'abbé Flottes constate dans son cours de philosophie la distinction entre les deux genres de conviction, et leur utilité respective. « La connaissance des êtres et des devoirs dérive de deux sources : la conviction de sentiment, la conviction rationnelle. La première se révèle dans l'âme sous la forme d'un sentiment interne et profond ; la seconde est le fruit du travail de l'esprit conduit avec ordre. Ces deux convictions ont des rapports intimes : l'une est la raison enveloppée, sa lumière est entièrement voilée ; l'autre est la raison développée par la réflexion : la raison alors éclaire quelques points de l'horizon, car il est indubitable que jamais ici-bas elle ne percera tous les nuages. La conviction rationnelle repose sur la conviction de sentiment. En effet, dans toutes les démonstrations, la chaîne des raisonnements n'aboutit finalement qu'à des faits primitifs, à des axiomes que l'on voit, que l'on sent, mais que l'on ne prouve pas.

Ces faits primitifs, les axiomes, nous sont donnés dans le sentiment de notre existence.... Douée de ces deux convictions, l'âme humaine peut remplir sa destinée et se préserver du scepticisme. Ces deux convictions se prêtent un mutuel appui, elles ont chacune des avantages qui leur sont propres. Premièrement, l'une nous éclaire, l'autre nous pousse à l'action. La conviction de sentiment est seule accessible au plus grand nombre ; la conviction rationnelle ne convient qu'aux intelligences exercées. La conviction de sentiment se révèle spontanément à tous les âges ; la conviction rationnelle est le fruit de la réflexion et suppose le développement de l'intelligence. La conviction de sentiment est un principe plus actif que la conviction rationnelle.... Dans l'enfance et la jeunesse de l'espèce humaine et des individus, c'est la conviction de sentiment qui domine : les impressions des sens sont profondes, les représentations de l'imagination pleines de vivacité ; on ne doute ni de soi-même, ni des objets extérieurs ; l'illusion paraît impossible. Mais il n'en est point ainsi dans l'âge mûr et dans la vieillesse de l'espèce humaine et des individus.... Le monde sensible n'est plus le même pour le vieillard... Quelquefois le doute et la défiance naissent dans son âme, à l'égard du monde des idées ; elles lui apparaissent alors comme des fantômes mobiles s'élevant du fond de l'âme qui, elle-même, semble n'être aussi qu'un fond sans consistance.» La conclusion est, que les deux genres de conviction doivent se prêter un mutuel appui, que, dans certains états de l'âme, leur concours est indispensable, et que, la conviction de sentiment demeurant inébranlable, une intelligence tourmentée néanmoins par le doute dans le travail de la pensée, peut sentir le besoin de se raffermir, en cherchant, comme Descartes, une conviction rationnelle.

Une autre question importante appelle notre attention. On vient de voir que M. Barthélemy Saint-Hilaire, la *Revue* des RR. Pères de la Compagnie de Jésus, et le *Wesleyan-Methodist Magazine,* s'accordent à reconnaître que l'abbé Flottes a bien établi la doctrine de saint Augustin sur le libre arbitre. Néanmoins, quelques critiques ont jugé qu'en essayant d'expliquer quelques textes dont Jansénius a abusé pour affaiblir, ou plutôt pour anéantir le libre arbitre, il s'était exprimé en des termes qui semblent porter atteinte à ce dogme fondamental de toute morale. « La volonté, dit-il, cède toujours à l'attrait le plus vif; mais le libre arbitre intervient, il a la puissance de suspendre la détermination de la volonté, pour donner le temps à la raison de présenter l'idée du devoir avec un attrait supérieur à celui de la passion. La raison délibère, la volonté cède à l'attrait le plus vif; le libre arbitre permet à la volonté de céder à cet attrait, en donnant le *coup du consentement.* »

Mais si la volonté cède toujours nécessairement à l'attrait le plus vif, elle n'attendra pas le consentement du libre arbitre pour s'y laisser entraîner, et l'on ne peut dire qu'elle demeurera en suspens jusqu'à ce que le libre arbitre lui *permette* de se déterminer. En admettant que le libre arbitre conserve encore la puissance de suspendre la détermination de la volonté, pour que la raison présente des motifs puissants en faveur du devoir, la détermination ne sera pas plus libre. Car l'évidence du devoir, l'évidence de l'intérêt, d'un immense intérêt attaché à son accomplissement, ne suffisent pas pour entraîner irrésistiblement la volonté : l'expérience le prouve. « On voit, dit saint Augustin, des insensés s'attacher aux mouvements déréglés de leur esprit, par suite d'une opiniâtreté qui leur fait repousser la lumière. » Donc, en présence de la conscience et de la passion, ou la volonté se trouvera sans contre-poids contre l'attrait de la passion, ou, si un attrait supérieur se rencontre dans les motifs offerts par la raison en faveur du devoir, cet attrait, s'il est efficace, agira fatalement sur la volonté : dans l'un et l'autre cas, il n'y a plus de liberté.

Dira-t-on que la liberté est sauve, puisque le libre arbitre commande à la raison de délibérer, qu'il prolonge à son gré la délibération, et que la volonté ne cède à l'attrait qui se trouve le plus fort, qu'au moment où le libre arbitre a donné le *coup du consentement?* Sans doute, la liberté est sauve dans ce cas; mais l'acte moral est accompli par le seul consentement du libre arbitre : la volonté n'est qu'une boule blanche ou noire que le libre arbitre laisse tomber dans l'urne.

Alors, pourquoi parler de l'attrait le plus fort et de l'adhésion nécessaire de la volonté, puisque l'acte moral est tout entier dans le choix réfléchi du libre arbitre ?

Ces objections sont graves, mais elles ne sont pas fondées sur le sens réel des propositions qu'elles combattent. Par cette volonté qui cède invinciblement à l'attrait le plus fort, il faut entendre l'inclination naturelle à ce qui est ou paraît être notre bien, inclination qui d'elle-même est indéterminée, et que dirige et fixe le choix du libre arbitre. Et par cet attrait supérieur, il faut entendre le bien préféré par le libre arbitre, et devenu supérieur par ce choix libre et réfléchi. Telle est la pensée de l'abbé Flottes, conforme à la doctrine de saint Augustin et à la vraie notion de la liberté. *La volonté et le libre arbitre*, dit saint Thomas, *ne sont pas deux puissances, mais une seule* : d'où il suit que c'est le choix même de la volonté libre qui constitue l'attrait supérieur. « Le principe de saint Augustin, que nous agissons nécessairement selon ce qui nous plaît davantage, est équivoque, dit Bergier, et si l'on prend à la rigueur le terme *plaire*, ce principe est faux. Où est le plaisir que nous éprouvons lorsque nous résistons à un penchant violent qui nous porte à une action sensuelle ? Nous n'y résistons pas par plaisir, mais par raison, en faisant effort sur nous-mêmes. C'est donc une expression très-impropre de nommer *plaisir* le motif réfléchi qui nous fait vaincre le *plaisir* que nous aurions à nous satisfaire.

Ce principe ne signifie donc rien, sinon que nous agissons nécessairement en vertu du motif auquel *nous donnons librement la préférence*, et de là il ne s'ensuit rien, puisque c'est nous-mêmes qui nous imposons librement cette nécessité. »

L'auteur des *Etudes* sur saint Augustin s'explique de la manière la plus nette dans son cours de philosophie. « Dans les actes indifférents par leur objet, dit-il, dans ceux qui rentrent dans l'ordre moral, soit qu'ils paraissent évidemment réfléchis, soit que la délibération ne se montre pas d'une manière sensible, l'homme choisit toujours, et c'est dans cette puissance de choisir que consiste sa liberté. Dans les actes évidemment réfléchis dont l'objet est contraire ou conforme à la loi du devoir, l'on voit clairement la liberté passer par trois phases. Dans la première, les passions et le devoir sont en présence : les sens sollicitent au plaisir, la conscience réclame, la raison conseille. Seconde phase : l'intelligence délibère. Troisième phase : l'homme se déclare pour la passion ou pour le devoir. Dans cet ordre de faits, la volonté a pu adhérer ou résister à la sollicitation des sens ; elle a pu peser les motifs de la conscience et les motifs des passions ; elle a pu suspendre sa détermination ; après la détermination, elle a pu s'y conformer, comme elle a pu aussi ne point s'y conformer ; elle a pu commander une nouvelle détermination, s'y conformer ou résister encore. »

En examinant la manière dont saint Augustin

envisage la question du mal, l'abbé Flottes répond solidement aux objections du protestant Basnage. Néanmoins, il se montre peu favorable à quelques principes du saint Docteur sur cette matière. Sauf le mal du péché, qui, dans la créature intelligente, est l'abus de la liberté, il croit devoir admettre dans le mal métaphysique ou de pure imperfection, et dans le mal physique, quelque chose de positif, dont Dieu est l'auteur. En réalité, l'abbé Flottes ne diffère du saint Docteur que dans la manière de s'exprimer. Exposons en peu de mots les principes de saint Augustin. Le mal, en tant que simple imperfection naturelle, est essentiel à tout ce qui est créé ; mais ce n'est pas un mal proprement dit, c'est seulement un moindre bien. L'imperfection étant essentielle à la créature, les degrés divers d'imperfection, non-seulement ne sont pas un mal en soi, mais ils sont même un bien, parce que la variété infinie des degrés de perfection sert à faire admirer la sagesse, la bonté et la toute-puissance du Créateur. Le mal physique, qui consiste dans la souffrance, semblerait plutôt être un mal purement et simplement, soit parce qu'il n'est pas, dans la créature qui souffre, une simple privation, mais un état positivement douloureux ; soit parce qu'il semble répugner davantage à la bonté du Créateur, en qui nous ne pouvons supposer un pouvoir arbitraire d'imposer la souffrance à sa créature. Mais si la somme du bien surpasse celle du mal, l'existence est encore un bienfait, et la souffrance n'est plus un mal absolu ; si elle sert au bien, soit particulier, soit général, elle ne répugne pas à la bonté du Créateur. Le mal moral seul est véritablement et absolument un mal ; mais le mal moral n'est pas une substance, il n'est pas non plus dans la substance de l'acte où se trouve le péché, mais dans ce qui manque à cet acte. Car le mal, quel qu'il soit, n'est pas une négation, mais une privation de bien : cette privation est réelle, sans doute, mais elle n'est mauvaise en soi que là où elle est contre l'ordre éternel : elle n'est contre l'ordre éternel que là où la raison commandait un acte régulier que la volonté pouvait et devait accomplir : *Quia malum privatio est boni, non negatio pura, non omnis defectus boni est malum,* dit saint Thomas ; *sed defectus boni quod natum est et debet haberi.* (1-2. q. 48.) Tous les Pères parlent comme ces deux saints Docteurs.

A quel point de vue saint Augustin a-t-il dit que la santé et la beauté sont des biens positifs, et que la maladie, la douleur et la difformité ne sont que des privations ? C'est que les unes supposent quelque chose de positif, l'intégrité et la perfection naturelle du corps humain ; les autres, privation de cette intégrité et de cette perfection naturelle. Cela lui suffisait dans son argumentation contre les manichéens : il n'y a qu'une privation, un moindre bien dans la constitution de l'homme souffrant, mais point de substance mauvaise. Mais la douleur n'est-elle pas une sensation positive ? Sans doute ; mais cette sensation n'est pas une substance, et, de plus, cette modification de l'âme est un bien, lorsqu'elle sert à faire rentrer dans l'ordre de la justice celui qui s'en est écarté par le péché.

Saint Augustin a-t-il pu dire que Dieu n'est pas l'auteur de la privation, vu qu'il est l'auteur des lois qui l'occasionnent? Cela paraît incontestable; car la privation est primitivement et essentiellement dans le néant même de la créature, et Dieu, en lui donnant l'existence, en la lui conservant, ne fait autre chose, par son action positive, que restreindre plus ou moins ce néant de la créature, par les degrés d'être plus ou moins élevés dont il la gratifie selon les vues de sa sagesse.

Ainsi entendus, les principes de saint Augustin ne diffèrent en rien de ceux de l'auteur des *Etudes*, et c'est avec une complaisance marquée que celui-ci transcrit ces belles paroles du grand Docteur : « Dieu, qui est souverainement, et qui, pour cette raison, a fait toutes les essences, lesquelles ne peuvent être souverainement, puisqu'elles ne peuvent ni lui être égales, ayant été faites de rien, ni exister d'aucune façon s'il ne leur donne l'existence, Dieu, dis-je, ne doit être blâmé pour les défauts d'aucune des natures créées, et toutes, au contraire, doivent servir à l'honorer.

« Toutes les natures, dès qu'elles sont, ont leur mode, leur espèce, leur harmonie intérieure, et partant sont bonnes; et comme elles sont placées au rang qui leur convient selon l'ordre de leur nature, elles s'y maintiennent. Celles qui n'ont pas reçu un être permanent sont changées en un état meilleur ou moins bon, selon le besoin et le mouvement des natures supérieures où les absorbent les lois du Créateur, allant ainsi vers la fin qui leur est assignée dans le gouvernement général de l'univers. Et si la beauté de cet ordre ne nous plaît pas, c'est que, liés par notre condition mortelle à une partie de l'univers changeant, nous ne pouvons en sentir l'ensemble, où ces fragments qui nous blessent, trouvent leur place, leur convenance et leur harmonie. Ce qu'on appelle mal pour quelques natures, n'est donc autre chose qu'un moindre bien pour chacune d'elles en particulier [1]. »

On voit, par tout ce qui vient d'être exposé, l'importance des questions traitées dans les *Etudes* sur saint Augustin, l'impartialité avec laquelle, malgré sa profonde admiration, l'auteur examine et juge les opinions du saint Docteur, et, lorsqu'il ne croit pas devoir les adopter, des points de contact toujours très-marqués entre ses propres opinions et celles qu'il combat dans cet illustre Père ; quelquefois même, l'opposition n'est que dans les termes. Malgré quelques imperfections, les *Etudes* sur saint Augustin nous offrent un précieux monument de philosophie chrétienne, où, par un choix sobre et intelligent de passages d'une grande beauté, les plus sublimes vérités, auxquelles la raison humaine, éclairée et fortifiée par la lumière de la révélation, a pu s'élever, se trouvent rassemblées dans un ordre logique, traçant le sentier où devront mar-

---

[1] *Etudes sur saint Augustin*, pag. 331.

cher, pour pénétrer plus avant dans les doctrines du grand évêque d'Hippone, ceux à qui la lecture des *Etudes* n'aura pas manqué d'en inspirer le désir. Nous avons rapporté plus haut le témoignage de quelques savants religieux de la Compagnie de Jésus, déclarant que la publication de ce livre était un service méritoire rendu à la philosophie. « En effet, dit un illustre écrivain dans un article remarquable sur l'évêque d'Hippone[1], le génie philosophique ne parut jamais avec autant d'éclat et de puissance que dans saint Augustin ; jamais il n'a été fondu plus heureusement avec la foi dans une vivante unité. Saint Augustin a touché à toutes les questions soulevées dans une époque si agitée et si féconde. Ses immenses travaux résument toute la science chrétienne des premiers siècles. C'est donc à lui qu'il faut nous adresser pour étudier la philosophie chrétienne ; en lui nous entendons, à peu d'exceptions près, tous les autres Pères... Il faut convenir que le Platon chrétien est supérieur au Platon païen, de toute la supériorité du christianisme sur le paganisme. Augustin n'a pas plus de génie que Platon, sous plusieurs rapports même il lui est inférieur ; mais il s'inspire à une source plus haute et plus sainte. C'est le christianisme qui épure, élève et complète le génie d'Augustin... Preuve admirable de la nécessité d'unir la raison à la foi. Et quel exemple plus noble et plus beau de la fusion harmo-

---

[1] *Philosophie et religion*, par Mgr Maret.

nieuse de ces deux choses, de ces deux vies, que l'esprit et le cœur du grand Augustin ! »

Ces magnifiques paroles en disent assez pour faire concevoir l'importance d'une œuvre tendant à faire mieux connaître la philosophie de l'évêque d'Hippone. Mais il ne sera pas inutile de rappeler les éloges décernés par la plus haute autorité qui soit au monde, celle des Souverains-Pontifes, non-seulement aux écrits théologiques d'Augustin, mais encore à ses œuvres philosophiques. « Par lui, dit le pape Martin V, nous ne sommes pas réduits à porter envie à la sagesse des philosophes, à l'éloquence des orateurs : nous n'avons pas besoin de la subtilité d'Aristote, de la sublimité de Platon, de la science de Varron, de la gravité de Socrate, de l'autorité de Pythagore, de l'habileté d'Empédocle ; Augustin seul nous offre dans ses écrits le génie et la science de tous les Pères et de tous les sages [1].

---

[1] *Sermo de transl. S. Monicæ.*

CHAPITRE XIII

Traduction des Soliloques de saint Augustin. — Dernière maladie et mort de l'abbé Flottes. — Ses funérailles. — Son caractère, ses vertus, ses principes.

De profondes études épuisent rapidement une vie sur son déclin. Néanmoins, toujours de plus en plus épris d'admiration pour le grand évêque d'Hippone, l'abbé Flottes, après un court repos, voulut en étudier encore les doctrines philosophiques et faire connaître, par de nouvelles publications, toutes les beautés que renferment, dans cet ordre d'idées, les œuvres diverses de cet illustre Père. Il entreprit, avec une patience rare, la traduction des Soliloques, qui renferment une métaphysique très-subtile, mais pleine d'aperçus dignes de ce profond génie. C'est sur ce travail qu'il a rendu le dernier soupir. La traduction était précédée d'une introduction dans laquelle il exposait le caractère particulier de ce monologue du saint Docteur, les tâtonnements de son esprit qui cherche à comprendre ce qu'il tient déjà par la foi, les inquiétudes de sa conscience qui veut s'assurer si l'œil de son âme a cette pureté nécessaire pour soutenir l'éblouissant éclat de la vérité, ses élans vers

Dieu, de qui seul il attend la lumière, et enfin les grands principes de haute métaphysique et de philosophie religieuse, qu'il établit par de longs détours qui le conduisent peu à peu à la vérité ; le tout sous une forme saisissante et avec des images qui rappellent la poésie de Platon. Cette introduction était suivie d'une analyse étendue des Soliloques, ayant pour but de marquer d'une manière sensible l'enchaînement rigoureux, sous un désordre apparent, des idées de saint Augustin. Enfin, des notes nombreuses expliquaient les difficultés du texte, ou relevaient les inexactitudes de deux traductions publiées depuis quelques années. L'œuvre était donc terminée dans son ensemble ; mais l'auteur n'ayant pu y mettre la dernière main, on a dû se résigner, quoique avec un vif regret, à priver le public de cette production, adieu suprême de ce grand esprit à l'obscure et laborieuse science d'ici-bas.

La santé de l'abbé Flottes, affaiblie par tant de travaux, n'offrait pourtant aucun sujet sérieux d'alarmes. Rien n'annonçait une fin prochaine. Ses habitudes sobres, et réglées avec une exactitude méthodique, la sérénité de son âme plus sensible dans le calme des dernières années, les douceurs d'une société intime, les charmes ineffables de la vérité qu'il goûtait avec une vivacité juvénile, et qui, par l'esprit, agissant sur le corps, semblaient communiquer la vie à ses organes, tout faisait espérer encore une longue durée à cette noble existence. L'abbé Flottes semble s'être peint lui-même dans cette page de son cours de philosophie.

« Il est des natures privilégiées qui conservent jusqu'au déclin de la vie toute la fraîcheur et toute l'énergie de leurs facultés. Les siècles passés nous en fournissent plusieurs exemples : ce sont là d'heureuses exceptions. Mais l'intelligence, malgré l'affaiblissement des forces physiques, peut conserver longtemps toute sa lucidité. Son objet ne lui est pas offert par les sens, elle le contemple immédiatement, et, quand la sensation s'émousse et s'éteint, quand les images se décolorent et s'évanouissent, les idées du vrai, du beau et du bien, qui sont le fond de l'intelligence humaine, lui apparaissent plus nettes et plus pures. A mesure que les nuages formés par les sens se dissipent, un jour plus serein brille dans les profondeurs de l'âme, et la vérité se montre entourée du plus vif éclat.

» L'homme parvenu au déclin de la vie ne doit pas s'assujétir à des soins minutieux et excessifs pour la conservation d'une santé qui va finir. La force vitale s'épuise ; il doit en user sans prodigalité, mais sans parcimonie. Ne songer qu'à ne pas mourir, c'est ne pas vivre. Mais surtout le vieillard doit mettre ses actions, ses sentiments et ses idées en rapport avec l'état de ses organes. Cette harmonie produit une douce impression. Nous nous inclinons devant le calme et la sérénité de son âme ; sa résignation nous touche ; ses cheveux blancs nous commandent le respect. Nous aimons à recueillir ses paroles, manifestation d'une intelligence dans sa plénitude. Qu'importe l'affaiblissement ou la perte de quelques facultés, auxiliaires d'un moment, données par l'Auteur de la nature au principe immortel de la pensée! L'humanité est campée sur la terre pour quelques instants, après lesquels elle doit plier sa tente. Parvenue à une autre existence, son être sera transformé : l'imagination fera place à l'intelligence pure.

» Platon nous peint sous une belle image cet état de l'intelligence commençant à sortir des illusions du temps. Un homme est enfermé dans l'obscurité d'une caverne; mais, par une étroite ouverture placée dans un coin de sa prison, son œil se promène dans la vaste étendue des régions supérieures, et contemple avec ravissement la magnificence des cieux. L'antre souterrain, c'est le monde visible; le captif dont le regard monte à la région supérieure, c'est l'âme qui s'élève dans l'espace intelligible : aux dernières limites apparaît l'idée immuable du bien; l'éternelle vérité se révèle à son esprit, il la contemple avec amour et la salue avec espérance. »

Le 22 décembre 1864, au moment de son lever, l'abbé Flottes éprouva quelque malaise. Il monte au deuxième étage de la maison qu'il habitait : c'est là qu'il prenait ses repas, qu'il vivait en société, qu'il recevait ses amis. On s'aperçoit de quelque altération dans ses traits; lui-même se plaint d'une difficulté à parler. On l'engage à redescendre dans son appartement. Il cède : un ecclésiastique de ses amis qui se trouvait présent lui offre son bras pour le soutenir ; il le refuse, descend avec précipitation, se remet au lit. Le médecin accourt : après un examen rapide de son état, il lui demande pleine liberté d'agir pour arrêter les progrès du mal. S'il le faut, répond le malade, agissez. Cette parole attestait en lui le sentiment d'un coup de la dernière gravité. L'excessive délicatesse de son organisation lui faisait ordinairement repousser tout remède d'une nature tant soit peu irritante : toute tentative à cet égard provoquait un évanouissement. Après une légère exclamation, témoignage d'affectueuse sensibilité envers la personne qui depuis plusieurs années lui prodiguait avec un pieux dévouement les soins les plus attentifs, il perdit la parole. La paralysie qui l'avait frappé faisait des progrès rapides. Son confesseur, appelé en toute hâte, le trouva jouissant de toute la plénitude de son intelligence ; le sacrement de l'extrême onction fut administré. Sa couche funèbre était entourée de prêtres, d'amis recueillis et profondément affligés. Il reçut ce sacrement avec les signes manifestes de la foi la plus vive. Pendant quatre jours, parmi les efforts tentés pour arrêter les progrès du mal, des lueurs d'espérance venaient quelquefois tempérer la douloureuse impression produite par ce triste événement. On a pu juger, dans cette circonstance, de la haute estime et des vives sympathies qu'il s'était conciliées. La ville entière fut émue : c'était comme un deuil public. On se succédait sans interruption dans la maison qu'il habitait, pour s'informer de ce qu'on avait à craindre ou à espérer. Nous vîmes des hommes graves éclater en sanglots. Toutes les classes de la société étaient confondues dans un même sentiment : tous, en s'informant mutuellement de l'état du malade, échangeaient entre eux des paroles de regret et de vénération ; ses rares talents, sa modestie, sa charité surtout, bien connue dans les rangs du peuple, étaient le sujet de toutes les conversations.

Enfin, après quatre jours de maladie, pendant lesquels le vénérable prêtre parut avoir presque constamment prêté une attention intelligente aux paroles pieuses qui lui étaient adressées, il entra dans une douce et paisible agonie, le 24 décembre, vers le milieu de la nuit, au moment où les fidèles se disposaient à aller adorer le Dieu naissant dans une crèche, pour préparer à notre mortalité une nouvelle naissance et une vie sans fin. « L'abbé Flottes est mort durant la nuit de Noël, la nuit sainte par excellence. Son âme brisait doucement les derniers liens, quand l'Église entonnait le sublime cantique des anges : Gloire à Dieu au plus haut des cieux, et paix sur la terre aux hommes de bonne volonté ! Quelle fin providentiellement heureuse pour cette pacifique nature de philosophe, si chrétiennement spiritualiste ; pour ce savant et digne prêtre, dont toute la vie a été une active prédication de l'Évangile [1] ! »

---

[1] Discours prononcé aux funérailles de M. l'abbé Flottes, par M. Germain, etc.

La cérémonie de ses funérailles fut un hommage solennel de douleur et de vénération envers le prêtre qui, pendant tout le cours d'une longue vie, avait fait briller en sa personne l'union de la science et de la vertu. Le chapitre de l'église cathédrale, ayant à sa tête MM. les vicaires-généraux, présida à cette cérémonie. Un nombreux clergé suivait le deuil : l'autorité municipale, les Facultés de médecine, des sciences et des lettres, les professeurs du lycée impérial et leurs élèves, honorèrent cette pompe funèbre de leur présence. Les rues, malgré une pluie abondante, étaient bordées d'une double haie de spectateurs dont l'attitude et la physionomie attestaient la secrète émotion. Sa dépouille mortelle fut déposée dans le cimetière du séminaire, auprès des tombes de ces vénérables prêtres, confesseurs de la foi dans des temps de persécution, qui avaient guidé ses premiers pas dans la carrière sacerdotale, et formé son âme par l'exemple des plus rares vertus. Ainsi qu'on l'a déjà vu, M. Germain, doyen de la Faculté des lettres et professeur d'histoire dans cette même Faculté, se fit l'interprète de la douleur et de la vénération publiques. Sa parole, inspirée par le cœur, fut à la hauteur du sentiment qui remplissait toutes les âmes, et du mérite éminent qu'il célébrait. Ce discours, prononcé avec émotion, en face de la tombe qui venait de se fermer, dans une salle de ce grand-séminaire où le défunt avait, pendant quatre ans, exposé les saintes vérités de la théologie catholique, semblait être la voix même du prêtre proclamant, du séjour immortel, la science, la vertu, la foi, et leur glorieuse alliance dans les splendeurs de l'éternité. Sur sa tombe a été gravée l'inscription suivante :

†

In spem resurrectionis
hic jacet
Joannes Baptista Marcellus Flottes
presbyter
theologiæ quondam ac philosophiæ
professor
archidiaconi vicariique generalis
munere functus
de religione
quam scriptis et virtutibus ornavit
optime meritus
obiit anno salutis MDCCCLXIV
ætatis vero suæ LXXVI
requiescat in pace

Bientôt après la cérémonie des funérailles, par un douloureux contraste, un service solennel fut célébré, pour le repos de l'âme du vénéré défunt, le jour anniversaire de sa naissance, dans l'église Saint-Roch. Nous devons reproduire ici le touchant hommage rendu à sa mémoire en cette circonstance, par le digne Pasteur de cette paroisse.

«.... Étrange coïncidence ! il y a soixante-seize ans qu'à pareil jour, presque à pareille heure, aux portes de ce pieux sanctuaire, Dieu venait de répandre ses bénédictions sur un modeste foyer. Une femme oubliait ses douleurs parce qu'elle avait mis au monde un enfant ; la joie était dans tous les cœurs, et ceux qui visitaient cette maison bénie, pour s'associer à la commune allégresse, s'adressaient peut-être cette mystérieuse question autour du berceau du petit Jean-Baptiste : Que pensez-vous que sera cet enfant ? *Quis putas, puer iste erit ?*

» Soixante-seize ans se sont écoulés ! Nous venons de célébrer l'anniversaire de ce jour au milieu de ces signes funèbres, et pourtant, mes Frères, tout n'est pas tristesse dans cette cérémonie. Les joies qui éclataient autour du berceau se révèlent aussi autour du cénotaphe. C'est que le petit enfant a accompli sa mission d'homme, il l'a remplie noblement ; moissonneur de Dieu, il ne s'est pas endormi du dernier sommeil avant que sa gerbe fût complète. Si le jour de la déposition du chrétien mourant dans la paix du Seigneur est appelé par l'Église le vrai jour de sa naissance, c'est la naissance du vénérable abbé Flottes que nous venons encore de célébrer, et le vieux Pasteur de cette église, le saint abbé Crespy, qui l'introduisit autrefois dans les profondeurs du sanctuaire, l'a introduit sans doute déjà au sanctuaire éternel.

» Une voix amie[1] a pu raconter sur le cercueil de

---

[1] M. Germain, doyen et professeur d'histoire de la Faculté des lettres.

l'abbé Flottes, avec toute l'éloquence du cœur, les travaux qui ont rempli une si noble existence. La cité tout entière a redit l'élévation de son caractère, l'urbanité exquise de ses mœurs, l'ardeur de ses saintes affections. Ici, en présence de l'autel, les souvenirs seuls du chrétien dominent.

» C'est dans la foi du chrétien que se forma cette belle âme. C'est à la défense de cette foi qu'elle consacra tous ses efforts. La vie du saint Prêtre simple, humble, modeste, consacrée par la passion de l'étude, ennoblie par la fidélité au devoir, vivifiée par une charité que la voix de l'indigence proclame, n'a été, j'ose le dire, qu'un rayonnement de cette foi. Sa mort douce, sans douleur, n'en a-t-elle pas été la récompense ? On l'a remarqué déjà avec tant de bonheur : c'est au moment où l'Église chantait pendant la nuit de Noël : Paix aux hommes de bonne volonté sur la terre ! que son âme a pris son vol vers le Ciel. *Fin providentiellement heureuse* pour le Prêtre dont l'existence tout entière avait été une révélation de la *bonne nouvelle* donnée aux bergers de Bethléem.

» C'est là, mes Frères, le motif de nos espérances, le sujet de notre joie au milieu des signes de deuil. C'est aussi pour nous un enseignement utile.

» Laissez-moi vous le dire, la sainte fidélité au devoir disparaît, les vieilles traditions s'évanouissent, les caractères s'énervent, les antiques vertus s'en vont ! N'est-ce point parce que la foi chrétienne est plus rare ? Et lorsque nous voyons de semblables existences s'éteindre dans la tombe, comme des astres lumineux dont l'absence obscurcit l'horizon, nous ne pouvons nous défendre d'une profonde tristesse. Réchauffons-nous donc au même foyer, inspirons-nous des mêmes principes, vivons de la même vie, et, après avoir honoré la cité comme celui que nous pleurons, nous le retrouverons dans cette région sereine où Dieu accueille ses élus, qui peuvent dire, à l'exemple de Paul et du vénérable abbé Flottes : *J'ai consommé ma course, mais j'ai conservé ma foi ; il ne me reste plus qu'à recevoir la couronne !* »

L'abbé Flottes était d'une stature médiocre ; son œil vif, son front large et tout l'ensemble de ses traits, annonçaient une grande intelligence. *Ce qui y surnageait, c'était la finesse, l'esprit, la décence et une gravité modeste.* Dans l'intimité, on était singulièrement frappé du spectacle qu'offraient, et sa simplicité presque enfantine, qui, en dehors des entretiens sérieux, faisait oublier l'homme érudit, le professeur éloquent, et cette aimable gaieté qui répandait la sérénité autour de lui, et cette parfaite égalité d'âme, inaltérable à tout événement, philosophie d'action qu'une religion profonde peut seule inspirer, et ce culte pur et sincère de l'amitié qu'il portait jusqu'au dévouement.

La simplicité qui caractérisait son langage et ses manières dans l'intimité, paraissait dans tout l'ensemble de sa vie. De cet esprit de simplicité résultait une rare indifférence pour les distinctions dont les hommes sont ordinairement avides. La seule chose à laquelle il se montrait sensible, c'était, avec l'estime publique, l'approbation de son enseignement et de ses écrits, mais sans éprouver de l'humeur lorsque ses vues et ses appréciations n'étaient point adoptées.

Nous avons raconté sa longue résistance pour la décoration de la Légion d'honneur, sa résistance bien plus sérieuse pour sa promotion aux fonctions de vicaire-général, et son empressement à se démettre aussitôt que la voix impérieuse de la conscience ne lui fit plus un devoir de subir cette charge. Deux ans après qu'il y eut renoncé, le 2 janvier 1850, Mgr Thibault lui écrivait : « Votre place dans les diptyques du diocèse est, de fait et de droit, la première. Il y aurait bien un moyen de faire que vous y fussiez *seul* de votre genre, et sans avoir besoin, pour qu'il en fût ainsi, de se creuser la tête à y suer.

» A vous, cher et illustre chanoine, de tout mon cœur d'admirateur et d'ami. † CHARLES, *Evêque de Montpellier.* »

L'abbé Flottes sentit tout ce qu'avait de délicat et de gracieux une semblable insinuation ; sa modestie la rendit sans effet.

Longtemps, par esprit de simplicité autant que par amour du toit sous lequel il avait recueilli le dernier soupir de sa mère, il refusa d'abandonner sa modeste maison, malgré la difficulté d'y loger sa bibliothèque, qui prenait chaque jour de vastes proportions. Il fallut de graves considérations et des sollicitations réitérées, pour le déterminer à prendre dans une maison amie un appartement plus commode pour ses livres, pour ses études, pour les soins nécessaires à sa santé. Son ameublement était aussi d'une simplicité antique : toute espèce de luxe en était sévèrement banni. Le luxe n'avait d'accès que dans sa bibliothèque, mais il y prenait un caractère conforme à l'esprit sérieux et élevé du maître. Ce n'était point par la splendeur des reliures, qui souvent n'est que le vain amusement d'une fastueuse ignorance, mais par la beauté des éditions, par la rareté et par l'importance des ouvrages, que brillait cette magnifique collection. « Sa bibliothèque était pour lui l'objet d'une vraie passion, mais non d'une passion jalousement égoïste. L'abbé Flottes n'achetait pas de nouveaux livres pour le vain plaisir de les avoir ou de les montrer : il colligeait en bibliophile et en savant. Sa bibliothèque est, au point de vue de certaines branches littéraires ou théologiques, une des plus remarquablement spéciales. Aussi a-t-il voulu assurer l'intégrale conservation de ce précieux trésor, en le léguant à la ville de Montpellier[1]. » L'autorité municipale a accepté ce don avec reconnaissance : elle a décidé qu'une galerie particulière, ornée du portrait du donateur, serait construite pour recueillir ce riche dépôt de plus de 12,000 volumes.

Sa passion pour les livres n'était pas, a-t-on dit, une passion égoïste. Il se faisait un bonheur de les

---

[1] Discours de M. le professeur Germain.

prêter. Cette facilité à faire part de son trésor lui a occasionné des pertes qui mettaient sa philosophie à l'épreuve. Quelques volumes des œuvres de saint Jean Chrysostôme, édition des Bénédictins, qu'il avait prêtés à un amateur d'un âge très-avancé, lui furent rendus notablement maculés en plusieurs endroits : c'était un coup sensible pour un bibliophile ; sans témoigner aucun mécontentement, il se hâta d'échanger cet exemplaire contre un autre.

Quoique sa bibliothèque fût si considérable, les rangs doubles et quelquefois triples, sa mémoire retenait parfaitement la place occupée par chaque livre. Ses amis venaient quelquefois le soir lui demander quelque ouvrage dont ils avaient besoin. Sans lumière, dans l'obscurité de la nuit, il sortait de l'appartement où il passait ses soirées, pénétrait dans un autre appartement séparé, traversait plusieurs pièces, descendait par un étroit escalier communiquant avec la grande salle qu'ornait sa principale collection, et derrière les rayons sa main allait saisir le volume demandé.

Son goût décidé pour l'accroissement de sa bibliothèque s'arrêtait invariablement devant les limites que lui traçaient la charité la plus généreuse envers les pauvres, et la ferme résolution de ne jamais contracter aucune dette. Une magnifique bible polyglotte de Walton fut impitoyablement refusée par cet unique motif, malgré les facilités qui lui étaient offertes pour cette acquisition.

Quoique la théologie et la philosophie fussent les objets ordinaires de ses études, le goût de l'abbé Flottes et son ardeur pour la science ne se renfermaient pas dans cette sphère. L'histoire profane comme l'histoire ecclésiastique, la littérature ancienne et moderne, lui étaient familières. Il avait quelque connaissance de la langue hébraïque, qu'il avait étudiée pour mieux apprécier les réponses faites aux difficultés sur l'ancien Testament. Il lisait tous les ans le texte entier des évangiles en grec, étudiait souvent dans le texte original les Pères de l'Église d'Orient.

Dans les diverses questions qu'il traitait, soit en conversation, soit dans son cours de philosophie, son esprit allait d'abord et directement aux principes les plus élevés, et par une argumentation vigoureuse en déduisait la solution cherchée. On était étonné de la promptitude et de la fidélité de sa mémoire dans les questions de fait.

Sa conversation, lorsqu'elle ne prenait pas un caractère sérieux par l'importance de son objet, était toujours douce, polie, pleine d'amabilité. Si le sujet s'élevait, qu'il s'agît d'apprécier un ouvrage de littérature, de prononcer sur une question de philosophie, de théologie ou de politique, on admirait la fécondité de son esprit, la variété de ses connaissances ; sa parole, dans la discussion, prenait une animation inaccoutumée ; quelquefois, dans le choc des opinions, elle s'échauffait jusqu'à revêtir une apparence d'irritation : la discussion close, quel que fût le résultat, son âme reprenait à l'instant toute sa grâce et sa sérénité ; tout nuage avait disparu, et de la tempête il ne restait pas la trace la plus légère.

Les rares qualités de cette nature d'élite lui avaient, dans toutes les positions et dans toutes les circonstances, conquis de vives et solides affections. Élève à l'École centrale, professeur au grand Séminaire et au Lycée, professeur à la Faculté des Lettres, écrivain de mérite, directeur des âmes, il n'avait pu contracter de nombreuses et inévitables relations, sans faire sentir autour de lui le charme puissant qu'exerce toujours l'étendue de l'esprit jointe à la bonté du cœur.

Chose étonnante ! cet homme si avide de connaître, dont l'esprit voyageait sans relâche dans le monde si vaste de l'histoire, de la politique, de la littérature, et dans les régions plus élevées et infiniment plus vastes qu'ouvraient devant lui la philosophie et la théologie, cet homme n'avait jamais quitté, pas même un seul jour, sa ville natale. Il ne connaissait aucun des villages les plus rapprochés ; il entendait à toutes les heures du jour le sifflement des locomotives, prodigieuse invention de ces derniers temps : il ne les connut jamais que par les descriptions qui lui en furent faites ; il n'eut jamais la curiosité d'aller contempler de ses propres yeux, à quelques pas de sa demeure, ces longues files de chars rapides emportés par une puissante vapeur, et entraînant avec eux des populations entières. Et cependant, peu d'hommes ont eu au même degré la connaissance du monde. Le cœur humain, ses faiblesses, ses ressorts invisibles, avaient fait souvent l'objet de ses méditations : sa sagacité naturelle lui faisait aisément démêler les vues cachées, les mobiles secrets, et saisir le nœud des affaires. On connaît la réponse de Massillon à quelqu'un qui lui demandait comment il avait appris à faire des peintures si vraies des passions, et surtout de l'amour-propre. « C'est, dit-il, en me sondant moi-même. » L'abbé Flottes étudiait son propre cœur, et il observait autour de lui. Une personne admise à son intimité lui disait un jour : « Je me trouve souvent dépeinte au naturel dans votre cours. — C'est, répondit-il, que souvent je prends chez vous le sujet de mes leçons. »

Avec un esprit d'une grande pénétration, la direction des consciences lui ouvrait les replis les plus profonds et les mouvements les plus délicats du cœur humain ; l'expérience qu'il y acquérait rendait aussi sa direction infiniment utile. On pourrait croire que ses études philosophiques le rendaient étranger aux maximes de la vie intérieure, et antipathique aux pratiques communes de la piété. La simplicité qui formait le caractère dominant de toutes les habitudes de sa vie, formait aussi le caractère de sa piété : l'ostentation et la singularité lui déplaisaient ; mais il approuvait, il conseillait, il pratiquait pour lui-même tout ce qui a reçu la sanction de l'Église, tout ce que consacre un usage commun parmi les fidèles. Il voulait que la piété ne se révélât au dehors que par l'accomplissement exact des devoirs de la religion, et ne se distinguât que par la constance et l'uniformité. Nous avons sous les yeux les écrits où sont consignés les sentiments que le Saint-Esprit lui avait inspirés pendant les retraites des ordinations auxquelles il avait pris part, et les résolutions qu'il avait adoptées pour répondre à la grâce des saints Ordres. Nous avons parcouru des lettres adressées à des personnes dont il était le guide dans les voies du salut, un règlement de vie pour une personne vivant dans le monde. Tout y est plein de sagesse et d'onction; point d'exagération ni d'affaiblissement des principes évangéliques ; point de vaines abstractions : tout y est éminemment pratique.

Depuis la maladie si grave dont il fut atteint en 1829, il ne pouvait plus célébrer la sainte Messe que le dimanche et les jours de fête. Les vertiges auxquels il était sujet lui faisaient appréhender quelque fâcheux accident, toutes les fois qu'il se disposait à remplir cette auguste fonction du sacerdoce : il lui est arrivé plusieurs fois d'être obligé de s'interrompre quelques instants et de s'appuyer avec effort contre l'autel. Dans cette appréhension, il célébrait le saint sacrifice avec une rapidité qui trouvait une pleine compensation dans la gravité de son maintien et le recueillement visible de son esprit. Tous les soirs, à dix heures précises, la société choisie dont il était le centre se séparait. Suivi de son domestique, car il n'avait jamais permis qu'une femme habitât dans le logis qui lui était affecté, il descendait dans son appartement, récitait ses prières, méditait; et lorsqu'il avait à préparer ses leçons de philosophie, il lisait quelques pages relatives au sujet qu'il se proposait de développer; puis, jusqu'à minuit, il en faisait, en se promenant dans son cabinet, la matière de ses réflexions. Ses nuits étaient presque toujours tourmentées par des insomnies; des étouffements pénibles le mettaient souvent dans la nécessité de se lever et de se promener dans sa chambre jusqu'à ce que le calme revînt. On avait peine à concevoir comment, après des nuits si fatigantes, il pouvait, pendant le jour, déployer cette parfaite sérénité d'esprit et cette vivacité d'intelligence qui brillaient dans sa conversation. Aussitôt après son lever, il récitait quelque partie de l'office marqué pour chaque jour dans le bréviaire. Il ne manqua jamais, ainsi que nous l'avons déjà dit d'après une confidence faite dans l'intimité, d'ajouter aux prières ecclésiastiques une lecture du nouveau Testament et de l'Imitation de J.-C., ce livre, *le plus beau qui soit sorti de la main des hommes, puisque l'Evangile n'en vient pas.* Un recueil très-volumineux de cahiers manuscrits nous a révélé l'étude sérieuse et continuelle qu'il avait faite des saintes Écritures : il savait que, selon la magnifique expression d'un Concile, ces livres, dictés par le Saint-Esprit, *sont la substance de notre sacerdoce.*

Sa charité envers les pauvres était immense. Des notes trouvées dans ses papiers constatent cette largeur de charité au temps même où ses ressources étaient fort restreintes. Plus tard, jouissant de revenus plus considérables, il s'imposa la loi inviolable de les consumer jusqu'à la dernière obole dans le courant de chaque année, sans toucher néanmoins à quelques fonds que sa mère avait eu la prévoyance d'assurer. Ces revenus, il les divisait en trois parts : une pour son entretien, une pour les pauvres, une autre pour sa bibliothèque. Mais cette bibliothèque ayant acquis un vaste développement, la part des pauvres s'accrut de tout ce que cessa d'absorber son goût des richesses littéraires largement satisfait; la sobriété de son régime, la simplicité de son ameublement, l'uniformité de sa vie, ne reçurent aucune atteinte de l'augmentation de ses revenus.

Ses dispositions testamentaires sont un précieux monument de sa charité par les legs considérables qu'il fait en faveur des pauvres, et de son respect pour les saints canons relativement aux biens ecclésiastiques. « Ma maison, dit-il, mes actions (sur l'État, etc.), ma rente, ont été acquis par ma mère avec mes deniers. Jusqu'à sa mort, arrivée en 1831, elle a fait tout ce qu'elle a voulu de mon traitement universitaire. Après sa mort, j'ai pris et toujours exécuté la résolution de ne point faire d'économies ; je me suis seulement permis d'acheter un petit jardin. D'après les canons, les revenus ecclésiastiques appartiennent aux pauvres ; le prêtre n'a que le droit d'en prélever ce qui est nécessaire *à sa nourriture et à son entretien.* Ce que je laisse n'ayant pas été acquis avec les revenus ecclésiastiques, je suis maître d'en disposer comme je l'entends. »

On a vu, dans le cours de cette histoire, qu'à des luttes courageuses pour la défense de la vérité, à des travaux continuels pour la propagation des saines doctrines, l'abbé Flottes a toujours associé des combats d'un autre genre ; je parle de l'exercice non interrompu d'un saint ministère dans la direction des consciences. Il l'a exercé jusqu'au dernier jour, ce ministère de paix et de réconciliation ; car c'était une de ses maximes que, quelles que fussent l'importance et l'utilité réelle de ses travaux scientifiques, il ne convenait pas que la grâce de l'onction sacerdotale demeurât stérile quant à son effet direct, la sanctification des âmes.

Nous n'aurions pas suffisamment dépeint cette noble physionomie que nous avons essayé de reproduire, si nous n'ajoutions ici, comme derniers traits qui la caractérisent, les principes dont l'abbé Flottes a toujours fait profession, et qui ont été dans tous les temps la règle de sa foi, de son enseignement et de sa conduite. Prêtre, professeur, écrivain, la pureté de sa foi, l'orthodoxie de son enseignement sont toujours hors d'atteinte. En philosophie, il repousse ce scepticisme déguisé sous le nom de doctrine de l'autorité générale et de traditionalisme, qui, l'un et l'autre, annihilent la raison humaine et la déshéritent de la vérité, sous le spécieux prétexte de la lui assurer d'une manière plus certaine; il les compare, avec Leibnitz, à l'étrange aberration d'un homme qui voudrait s'arracher les yeux pour mieux voir les satellites de Jupiter à travers un télescope. Il proclame la puissance de la raison par rapport aux vérités fondamentales de la religion et de la morale, et établit la théorie de la certitude et les notions qui constituent toute la dignité humaine, sur les bases reconnues par les plus grands génies, saint Augustin et saint Thomas, Descartes et Bossuet. Il n'admet pas que, sans une révélation expresse, une âme douée de nobles facultés soit incapable de remonter de l'effet à la cause, de la nature à son Auteur suprême, ni que l'esprit humain ne puisse jamais être qu'un simple écho des voix que les siècles se transmettent les uns aux autres. En religion, il proclame la nécessité et l'existence d'une révélation surnaturelle qui supplée à la faiblesse de la raison et lui ouvre des horizons infinis qu'elle n'eût jamais soupçonnés ; une autorité vivante, perpétuelle, infaillible, divinement établie pour maintenir dans toute sa pureté cette révélation surnaturelle. Cette autorité infaillible, il la reconnaît dans l'Église catholique, dans le corps de ses pasteurs. Admettant ce qui est certain et reçu de tous les catholiques, il rejetait ce qui est douteux, et dès-lors nul dans la pratique, dit sagement Fénelon [1], *infallibilitas non certa, in praxi nulla*. Il n'admettait donc point

---

[1] *De summi pontif. auct.*

ces doctrines peu sûres d'elles-mêmes, variables comme les opinions humaines, tantôt accordant, tantôt refusant au Pontife romain l'empire de la terre avec les clefs du royaume d'en haut; définissant l'infaillibilité pontificale tantôt comme *presque de foi,* tantôt comme *certaine,* tantôt comme *très-probable,* selon le caractère et le génie particulier de ses défenseurs ; tantôt exempte de toutes conditions, tantôt soumise à des formalités diversement déterminées. A ces variations, à ces incertitudes, il ne reconnaissait pas le caractère éclatant des vérités catholiques. Ainsi il n'était, ni avec Bellarmin, dont le sentiment n'étant pas de foi, de l'aveu de ce théologien, n'est plus qu'une opinion qui ne peut servir de règle de la foi ; ni avec l'abbé de Lamennais, dont les théories, hostiles ou favorables au saint Siége sans aucune mesure, varient selon son humeur ou le besoin des systèmes qu'il conçoit ; ni avec le tranchant et paradoxal comte de Maistre, qui établit l'infaillibilité *à priori* sur la souveraineté, sachant bien que ses adversaires placent l'autorité suprême et toute décision définitive dans le consentement des Églises, dans l'Église universelle ; ni avec le pieux Fénelon, gallican comme Bossuet sur les questions de l'infaillibilité personnelle du souverain Pontife, de la supériorité respective du Concile œcuménique et du Pape, de la distinction entre le saint Siége et le Pontife qui l'occupe ; et puis, par un ultramontanisme singulier, faisant de l'Église particulière de Rome, *indépendamment de son chef,* la source de toute infaillibilité dans l'Église universelle, en lui attribuant le privilége de garantir de toute erreur, ou d'infirmer et de redresser les décisions les plus solennelles du souverain Pontife, comme il attribue au souverain Pontife, d'accord avec l'Église particulière de Rome, le privilége de juger et de redresser les décisions du corps épiscopal tout entier [1]. Les principes de l'abbé Flottes étaient ceux qui furent promulgués dans les conciles de Constance et de Bâle, ceux de Bossuet, ceux des cardinaux de la Luzerne et de Bausset, ceux de l'éloquent évêque d'Hermopolis, ces principes qui n'ont point empêché l'Église gallicane d'être une des plus belles portions de l'Église universelle, une Église toujours féconde en grands Saints et en grands Docteurs. En remontant le cours des siècles, ces principes lui paraissaient nettement formulés dans Tertullien, saint Irénée, saint Augustin, saint Vincent de Lérins, qui tous font consister la règle de la foi dans le consentement commun manifesté par une profession publique et perpétuelle, ou par une décision expresse du corps des pasteurs : *sequamur universitatem, antiquitatem, consensionem.* Cette doctrine lui était chère, en ce qu'elle ôte aux incrédules, aux hérétiques, aux princes et aux peuples, des préventions qui les éloignent de l'Église. « *Incredulorum*, dit-il dans ses aphorismes, *arguit calumnias, regum et populorum depellit timores, hæreticos, schismaticosque ad veram Ecclesiam attrahit.* »

[1] *De auctorit. summi pontif.*, et *Epist. 4 ad E. card. Gabrielli.*

Ami de la paix, ce n'était pas sans douleur qu'il voyait jetées en pâture au public, et devenues l'objet des controverses les plus passionnées, ces graves questions, qui, disait-il, n'auraient jamais dû sortir de l'enceinte des écoles, et que les docteurs ne doivent discuter, lorsque l'intérêt de la religion leur en fait un devoir, qu'avec une sage réserve et une parfaite modération, sans s'écarter jamais de ce principe : dans les choses nécessaires, unité; dans les choses douteuses, liberté; dans toutes, charité : *in necessariis unitas, in dubiis libertas, in omnibus caritas.*

Mais dans le même temps qu'il repoussait des doctrines contestées, l'autorité du saint Siége, avec toutes ses prérogatives unanimement reconnues par les catholiques, lui était infiniment vénérable. On se rappelle ces lignes d'un de ses écrits contre l'abbé de Lamennais : « Tous les prêtres français reconnaissent la nécessité et éprouvent le besoin de se presser autour de la *chaire romaine*, « tant célébrée, dit Bossuet, par les Pères, où ils ont exalté comme à l'envi la principauté de la chaire apostolique, la principauté principale, la source de l'unité, et dans la place de Pierre l'éminent degré de la chaire sacerdotale; l'Église-mère, qui tient en sa main la conduite de toutes les autres Églises; le chef de l'épiscopat, d'où part le rayon du gouvernement; la chaire principale, la chaire unique en laquelle seule tous gardent l'unité. »

En morale, comme dans les questions dogmatiques, l'abbé Flottes repoussait toutes les opinions singulières, toute maxime relâchée, et ne s'attachait qu'aux doctrines consacrées par l'Écriture, les Conciles, les saints Docteurs et les théologiens éminents qui se recommandent par l'étendue de l'érudition, la solidité du raisonnement, l'esprit vraiment évangélique, et l'estime de l'univers chrétien. Plein de respect pour ces illustres organes de la science sacrée, il n'avait que du mépris pour ces théologiens téméraires qui, voulant tout mesurer, non avec la règle de l'Écriture et de la tradition, mais avec l'étroit compas d'une raison sans portée, sont, dit Bossuet, la honte de la théologie.

En politique, ses principes étaient, respect et soumission envers l'autorité temporelle, modération, charité, dévouement envers tous les membres de la société, sans tenir aucun compte de la diversité des opinions. Le prêtre, disait-il, est, comme la sœur de charité, chargé de panser les blessés de tous les partis. Sur ce principe, qui sauvegardait l'indépendance et la dignité de son ministère, il s'est constamment abstenu de prendre part aux élections dans lesquelles il avait droit de suffrage, et il a résisté, non sans regret, mais avec une inébranlable fermeté, aux sollicitations d'hommes recommandables appartenant à des partis divers et faisant, en faveur de leur candidature, un appel chaleureux à l'amour du bien et au sentiment de l'amitié.

Cette règle qu'il s'était prescrite était toute personnelle ; il ne l'érigeait pas en principe exclusif et absolu. S'il voulait se tenir renfermé dans l'enceinte du sanctuaire, il ne condamnait pas le ministre des autels qui, dans des temps de crise, croyait devoir descendre, avec la prudence convenable, dans l'arène où s'agitent les passions politiques. La France occupait une large place dans ses affections ; mais il y a différentes manières de la servir. Quand la patrie est tout à la fois déchirée par les factions et menacée par les armes étrangères, le soldat paie noblement sa dette en repoussant de sa vaillante épée l'ennemi du dehors. A ses yeux, le plus redoutable ennemi de la prospérité publique, c'était l'esprit d'incrédulité, et sa mission à lui était de le combattre par l'influence pacifique de son ministère et de son enseignement, dans l'étendue de la sphère où la Providence l'avait placé. « Le sentiment religieux, disait-il dans une de ses leçons philosophiques, ne saurait être étranger à l'amour de la patrie ; il l'ennoblit et le fortifie en lui donnant un caractère sacré. Ce sentiment est la seule base solide de l'ordre social. Quand il vient à s'affaiblir ou à s'altérer, l'édifice social doit s'en ressentir. Or, ajoutait-il, tout se lie dans cet ordre comme dans l'ordre physique, et tout homme fidèle à la mission qu'il a reçue du Ciel est utile au monde. »

L'abbé Flottes, nous l'avons déjà dit, n'a jamais quitté, même un seul jour, sa ville natale : « il y a vécu pendant près de 76 ans, comme en public. » Pendant ce long intervalle, ses concitoyens ont eu sous les yeux le spectacle d'une vie mêlée de spéculation et d'action, toujours simple, uniforme, réglée sur les maximes les plus sages, vouée tout entière à un enseignement, écho fidèle des plus saintes traditions, avec une constance qui ne s'est jamais démentie, que n'ont jamais découragée ni l'inattention de la foule, ni le triomphe apparent des doctrines contraires : aucun événement d'un grand éclat n'a marqué cette longue carrière ; mais, pour les esprits capables d'apprécier ce qui est véritablement grand, une telle constance dans la recherche, l'enseignement et l'application pratique de la vérité, sans autre ambition que celle d'être utile, paraîtra sans doute, à elle seule, un grand événement.

Si l'âme qui s'attache à la vérité trouve dans l'union de son intelligence avec cette vérité nécessaire, éternelle, immuable, un gage de son immortalité ; certes, pour celui qui fait de cette vérité souveraine l'objet de son culte, qui consacre tous les jours de sa vie à la défendre et à la propager, qui lui érige un trône au fond de son cœur, la mêle à toutes ses aspirations, la transforme, par une active application de toutes les facultés de son être, en amour de Dieu et des hommes ; pour celui-là, sans doute, la mort est une amie secourable dont la main, la dégageant des entraves d'une chair corruptible, l'introduit dans les splendeurs éternelles de la lumière infinie.

APPENDICE

Les limites dans lesquelles nous avons dû nous renfermer en écrivant cette Vie, ne nous ont pas permis de faire connaître toute l'importance et la beauté de l'enseignement philosophique de l'abbé Flottes. Nous avons dit qu'un précis de cet enseignement fut inséré dans quelques journaux. La partie la plus considérable de ce même enseignement fut plus tard reproduite avec une certaine étendue ; et le recueil de ces Leçons, distribué en plusieurs brochures, renferme la matière de deux gros volumes in-8°.

Les cours de 1839, 1840, 1841, ont pour objet les sources de la connaissance humaine. L'analyse de ces leçons fut insérée dans le *Courrier du Midi*. Là sont traitées des questions de haute métaphysique, les lois qui président au premier éveil de l'intelligence et du sens moral, ainsi qu'à leur développement, les questions d'unité, d'identité, d'espace, de temps, de causalité, de substance, etc., et les caractères propres des diverses facultés de l'âme.

Quelques leçons données pendant le cours de 1843 furent également analysées et ce précis publié dans le même journal. Elles exposaient les merveilles de la parole, image de la pensée, miroir de l'homme intérieur, lien de la société, instrument puissant pour la vérité comme pour l'erreur ; son origine, ses lois, sa division en prose et poésie, et les caractères distinctifs de l'une et de l'autre.

Le cours de 1844 fut reproduit dans la même forme. L'habitude, sa nature, son origine et les principes qui concourent à sa formation, son influence sur les organes, sur l'esprit et sur la volonté, les avantages et les dangers qu'elle présente, sa puissance pour le bien comme pour le mal, la nécessité d'une sage direction, les moyens qui doivent être employés pour corriger les habitudes dangereuses et pour fortifier celles qui portent au bien : tel est le sujet de ces leçons, toutes éminemment pratiques et de la plus haute importance pour la conduite de la vie.

Les leçons du savant professeur, depuis 1848 jusqu'en 1856, ont été recueillies avec plus d'étendue que les précédentes. Elles traitent du perfectionnement moral de l'humanité, de nos facultés intellectuelles et de leur développement, du sens moral, du sentiment religieux : là se rattachent une foule de questions du plus grand intérêt. On voit, par la nature des sujets indiqués, et d'après ce que nous avons dit de la hauteur de vues, de la vigueur de raisonnement et de l'éloquence du professeur, combien *il est à re-*

gretter que toutes ces leçons n'aient pas été données par lui-même au public, ou du moins que ce qui en a été conservé par les soins de quelques-uns de ses auditeurs, ne soit pas reproduit en une nouvelle édition, dont la science, la morale et la religion retireraient incontestablement les plus grands fruits. Celles qui traitent du sentiment religieux offrent une magnifique démonstration des principes fondamentaux de toute religion et de l'excellence du christianisme.

Pour donner une idée de cet enseignement, nous reproduirons ici le discours prononcé par l'abbé Flottes à la séance solennelle de la rentrée des Facultés en 1848. C'est le programme d'un vaste sujet qu'il a développé dans un intervalle de huit années; c'est aussi comme un abrégé de toute sa philosophie.

Du but et de la loi du développement de nos facultés.

Messieurs,

L'Europe est tourmentée de nos jours par des besoins de réforme et de réorganisation. Partout les intelligences s'agitent, et ce travail de la pensée, qui pourrait produire momentanément le chaos, peut donner naissance à une ère nouvelle. L'Université française ne doit rester, ni étrangère, ni indifférente à ce mouvement des esprits; elle a reçu la mission de développer toutes nos facultés, en les appliquant aux divers objets de la connaissance humaine.

Appelé à l'honneur de porter aujourd'hui la parole devant vous, j'ai cru que quelques réflexions sur le but et la loi du développement de nos facultés seraient en harmonie avec notre époque et avec l'enseignement qui m'est confié.

Le monde physique est le théâtre et l'objet de transformations continuelles : elles sont le résultat des rapports nécessaires qui existent entre des moyens et une fin. La marche de l'humanité est incessante, mais ses évolutions s'exécutent d'après des lois, les unes fatales, les autres dépendantes dans l'application du concours de notre volonté. En effet, par son corps, l'homme subit nécessairement les lois de la matière ; par son activité intellectuelle et morale, il choisit le but qu'il assigne à ses facultés, et il met en œuvre librement les moyens qui peuvent le faire atteindre. Or l'humanité qui, suivant Pascal, *peut être considérée comme un même homme qui subsiste toujours*, fait des progrès, si elle aspire à ses véritables destinées, en se conformant aux lois qui la régissent, et rétrograde, ou s'égare, en poursuivant des destinées indignes d'elle ou impossibles. Il est donc d'une haute importance, surtout dans les crises sociales, de rechercher avec soin le but et la loi du développement de nos facultés. La philosophie se livre à cette étude.

Je me hâte de le dire, la Psychologie n'embrasse pas l'homme tout entier. Pour connaître le *dynamisme hu-*

main, l'intervention de la Physiologie est indispensable. Je ne l'ai point oublié, et pour suppléer à mon insuffisance, je me suis inspiré des leçons d'une autorité que nous sommes accoutumés à admirer, et qui, sans *vieillir*, continue de parer la science des grâces de l'esprit, et de mettre à son service les trésors de l'érudition [1].

Deux questions doivent être résolues : Quel est le but du développement de nos facultés? Quelle en est la loi?

Messieurs, l'homme a un corps; ses sens le mettent en contact avec le monde physique. Il éprouve le besoin d'aimer; ses affections l'unissent à ses semblables. La vérité est la vie de son intelligence, sa conscience lui révèle la loi du devoir, et le sentiment religieux qui le porte vers l'Être infini a de profondes racines dans sa nature intellectuelle et morale. Les sens, les affections, l'intelligence, le sens moral, le sentiment religieux, sont des puissances ou des facultés distinctes, mais aucune d'elles ne demeure isolée ; elles servent tour à tour de moyen et d'instrument les unes aux autres. Leur objet est différent, leur fin est unique : c'est le bonheur de l'homme par son perfectionnement. Or, le perfectionnement des êtres consiste dans la fidélité avec laquelle ils se conforment à leur nature. Les puissances ou facultés de l'homme, pour contribuer à sa félicité, en le rendant meilleur, doivent donc être développées conformément à leur nature.

La sensibilité physique a donné lieu à deux erreurs contraires professées dans l'antiquité. La première, renou-

---

[1] M. le professeur Lordat, auteur de l'*Insénescence du sens intime*.

velée de nos jours, voit tout l'homme dans les organes, réhabilite la chair, proclame le culte du plaisir, et ordonne de développer et de satisfaire tous les appétits sensuels. La seconde suppose que le corps nous est étranger, et fait dire au sage, malgré les répugnances de la nature, que la douleur n'est pas un mal. Ces deux erreurs doivent être également repoussées. L'une nous avilit, l'autre nous inspire un fol orgueil. Pascal l'a dit : *l'homme n'est ni ange ni bête.* Il tient de tous les deux. La sensibilité physique doit donc être développée dans un but moral.

La sensibilité physique nous pousse à désirer le plaisir et à éviter la souffrance. Rechercher le bien-être, c'est agir d'après les conditions de notre existence corporelle; mais une loi de cette existence nous défend de poursuivre le plaisir comme un but. Cette loi est-elle violée, on subit la nécessité de renouveler fréquemment la sensation agréable; car, plus cette sensation est répétée, plus elle s'affaiblit, et le besoin de la reproduire renaît toujours plus impérieux, à tel point que la sensibilité s'émousse ou se déprave. Alors l'économie du corps humain est troublée, et la force vitale décroît avec rapidité. Telles sont les conséquences funestes de l'excès de plaisir. Aussi la Providence a-t-elle voulu que le bien-être qui est l'effet de la santé fût possédé presque sans être senti.

La recherche trop ardente du bien-être est une source de désordres moraux : de là une cupidité qui veut se satisfaire à tout prix. Il semble, dit Platon, que l'or et la vertu soient placés des deux côtés d'une balance, et qu'on ne puisse ajouter au poids du premier, sans que l'autre devienne au même instant plus léger. L'excès de plaisir étouffe le sens moral, amoindrit la liberté, produit l'ennui qui conduit au suicide, et fait naître quelquefois chez les peuples ce malaise et ces inquiétudes qui occasionnent les bouleversements. Cependant le plaisir peut devenir un principe de perfectionnement. Lorsqu'il est accepté comme un moyen, il sert de degré pour arriver à la vertu, en facilitant l'accomplissement d'un devoir.

La sensibilité physique concentre l'homme dans son existence individuelle. Mais nous sommes faits pour la société ; et la sympathie et la bienfaisance nous ont été données. Par ces affections sociales, nous nous répandons hors de nous-mêmes, et nous confondons notre bonheur particulier avec le bonheur commun. En effet, la sympathie nous montre d'autres nous-mêmes dans tous les hommes, nous attire vers eux et nous fait compatir à leurs maux. La bienfaisance nous porte à les secourir. Ces affections ont un caractère désintéressé. La générosité est en germe dans la sympathie ; elle se développe dans la bienfaisance et devient abnégation, dévouement, sacrifice. La sympathie et la bienfaisance sont spontanées : la réflexion leur donne pour auxiliaires et pour règle ces axiomes moraux, base des droits et des devoirs des hommes entre eux : Faites aux autres tout ce que vous voudriez qu'ils vous fissent, et ne leur faites point ce que vous ne voudriez pas que l'on vous fît.

Trop souvent ces saintes inspirations de la nature sont comprimées par les intérêts et les passions. L'esprit de parti, la diversité des croyances, la rivalité des nationalités et des races élèvent des barrières entre les citoyens, entre les peuples. Il est temps que ces barrières s'abaissent. Le genre humain est une immense famille dont les membres doivent être unis par les liens d'une fraternité universelle. C'est le cri de la conscience et de la raison. Autrefois, sur le théâtre de l'ancienne Rome, on disait, aux applaudissements du peuple : je suis homme, et rien de ce qui intéresse l'homme ne m'est étranger. Le sentiment qui inspira ces paroles est exprimé dans nos lois; il doit passer dans nos mœurs et recevoir incessamment toutes les applications possibles. C'est dans cette voie que l'humanité doit marcher.

Pénétrez plus avant dans la nature de l'homme, vous y découvrirez d'autres facultés ou puissances qui le mettent en rapport avec l'être infini. Vous apercevrez au fond de son intelligence les idées des vérités immuables qui, suivant Bossuet, *sont quelque chose de Dieu ou plutôt qui sont Dieu même.* C'est sur cette base que s'élève l'édifice de la connaissance humaine. Enlevez ces idées, et l'âme n'existe pas comme principe intelligent : elle n'est plus qu'un flambeau éteint. La vérité est donc la vie de l'intelligence. Aussi voyez avec quelle ardeur l'esprit humain poursuit ce qui est vrai, avec quel transport il l'accueille ! Il s'efforce continuellement d'étendre l'horizon de ses connaissances. A mesure qu'il avance vers cet horizon, qui fuit sans cesse devant lui, il se dilate et semble respirer plus à l'aise.

L'idée et l'amour du vrai sont associés en nous-mêmes à l'idée et à l'amour du bien. Écoutez la voix intérieure de la conscience : elle proclame la loi du devoir. Appréciez ses sentiments les plus intimes : n'est-il pas vrai qu'elle s'indigne contre l'injustice, qu'elle repousse avec dégoût ce qui n'est pas honnête, qu'elle s'épanouit à la vue du bien ?

Les idées du vrai et du bon n'apparaissent pas dans l'âme comme de simples abstractions; elles sont accompagnées de la croyance invincible à l'existence d'un sujet infini en qui elles subsistent éternelles et immuables. Cette croyance implique le sentiment religieux, ce besoin que l'âme éprouve de s'unir à la vérité même et à la souveraine bonté. Or, l'âme sent que ce besoin n'est pas satisfait sur la terre, et elle s'élance vers une autre existence, où il lui sera donné de jouir de la vérité et de la bonté absolue.

Nous venons de le constater, il y a dans l'homme une vie intellectuelle, une vie morale et une vie religieuse. Cette triple vie, source de sa dignité et de son bonheur, doit être continuellement développée. La fécondité de nos facultés intellectuelles et morales ne sera jamais épuisée ici-bas; nous ignorons toujours leur puissance, et nous ne les poussons point jusqu'aux limites qu'elles auraient pu atteindre. L'expérience l'atteste. Si vous recueillez vos souvenirs personnels, Messieurs, n'y trouverez-vous pas que, placés dans une situation difficile, vous vous êtes sentis tout à coup armés d'une énergie d'intelligence et de cœur dont vous avez été étonnés vous-mêmes ? Des circonstances extraordinaires n'ont-elles point quelquefois fait éclore subitement l'héroïsme et le génie ? Souvent aussi des âmes qui renfermaient des germes de talent et de vertu ont été frappées d'une stérilité malheureuse : la culture ou une exposition favorable leur ont manqué.

Dieu est la vérité, la beauté, et la bonté absolue. La vérité, c'est l'être, la cause suprême ; la beauté est la splendeur du vrai ; la bonté en est la perfection. Ces trois formes sont inséparables dans la nature divine. Leurs idées le sont aussi dans l'esprit humain, et elles donnent naissance à la vie intellectuelle, à la vie morale et à la vie religieuse. Ces vies ont donc entre elles des relations intimes, et leur développement doit être simultané. Le vrai et le bon sont inséparables de leur nature. L'homme, doué de la liberté, a le pouvoir de les séparer dans sa conduite. Il ne fait que trop souvent ce funeste usage de sa puissance. Tantôt il développe son esprit en négligeant la culture de son cœur ; tantôt il abuse de la vérité pour satisfaire ses passions. D'autres fois « il entend, dit Bossuet, tant de vérités sans entendre en même temps que toute vérité vient de Dieu, semblable à celui qui, renfermé dans son cabinet, se sert de la lumière sans se mettre en peine d'où elle lui vient. »

Hâtons-nous d'ajouter : c'est l'amour du vrai pour lui-même, et non une vaine curiosité, qui doit déterminer le développement de l'intelligence. Sans doute nous pouvons faire tourner les conquêtes de la pensée au profit de l'industrie et des arts. L'homme manifeste sa grandeur par les applications de la science. Car si, pour me servir des expressions de Pascal, « le roseau pensant se montre plus noble que l'univers qui l'écraserait, parce que l'avantage que l'univers a sur lui, l'univers n'en sait rien, » il donne encore des preuves de sa supériorité sur le monde physique, en lui arrachant le secret de ses lois dans l'intérêt de l'humanité. Néanmoins, il est bon de le faire remarquer, l'esprit humain a fait les découvertes les plus importantes lorsque, placé sur les hauteurs de la spéculation, il rendait à la vérité un culte désintéressé. Apollonius, Képler, Newton, Volta, au moment où ils reculaient les limites de la science, ne songeaient pas aux conséquences pratiques de leurs découvertes.

Le développement de la vie morale a pour objet d'établir en nous-mêmes l'empire de l'amour du bien, et de rendre habituelle la soumission de la volonté à la loi du devoir. Pour obtenir ces résultats, nous avons le sens moral, qui instinctivement repousse le mal et aspire au bien, et le sentiment religieux qui s'élève vers la source éternelle de l'ordre et de la justice. Le sens moral et le sentiment religieux étroitement unis, seraient incomplets l'un sans l'autre. Ils doivent être développés avec une égale ardeur. En effet, si l'on développe le sens moral en négligeant le sentiment religieux, on reconnaît la loi du devoir ; mais, en la séparant du législateur qui l'a promulguée, on lui enlève la sanction la plus efficace. Si, au contraire, on se préoccupe du sentiment religieux au détriment du sens moral, on se rend coupable d'une dérision impie.

On vient de le montrer, l'acceptation du plaisir comme un moyen, l'exercice de la bienfaisance, la connaissance du vrai, la pratique du bien, les espérances du sentiment religieux, nous perfectionnent et nous rendent heureux.

Le bonheur de l'homme par son perfectionnement, tel est donc le but du développement de nos facultés. Quelle en est la loi ou la condition nécessaire? Cette condition nécessaire, Messieurs, c'est l'effort et le sacrifice. Le perfectionnement de l'humanité est à ce prix.

Des phénomènes curieux se révèlent dans l'économie du corps humain. Le mouvement qui use la vie est une condition nécessaire pour la communiquer et l'entretenir. Les besoins instinctifs sont une souffrance. Le plaisir la remplace quand on les satisfait. La fatigue, quelquefois la douleur, succèdent au plaisir. La sensation agréable se trouve ainsi placée entre deux sensations plus ou moins pénibles. La première, qui rend plus vive la sensation agréable qui suit, nous presse de pourvoir à notre conservation ; la seconde nous commande de nous arrêter, et nous protége contre la prolongation et l'excès du plaisir. C'est par les avertissements de la douleur que la Providence nous indique ce qu'il faut faire ou éviter pour maintenir la vie dans son état normal. Ces avertissements sont une loi qui souvent nous impose la résistance et exige de notre part des efforts.

Nous éprouvons aussi des sensations pénibles suivies du seul plaisir qui résulte de la cessation de la douleur ; car nous sommes exposés aux infirmités et aux maladies. Je le sais, on l'a proclamé avec raison, « l'homme vivant dans la simplicité primitive est sujet à peu de maux, et nos vices nous rendent sensible le mal physique. » Mais il n'en est pas moins certain que nous sommes assujettis ici-bas à des souffrances inévitables. La nature morale doit donc venir en aide à la nature physique. La résignation n'est pas seulement une vertu, elle est encore un remède qui calme la douleur. « Et qui ne sait pas supporter, dit Rousseau, un peu de souffrance, doit s'attendre à beaucoup souffrir. »

La sympathie et la bienfaisance se développent par le dévouement, c'est-à-dire, par l'abnégation et le sacrifice. On ne saurait le révoquer en doute, la sympathie nous attire vers nos semblables, et l'exercice de la bienfaisance est accompagné d'un charme puissant. Mais des obstacles opposent une résistance opiniâtre à ces affections sociales. Une lutte s'engage entre les penchants qui inspirent l'amour de l'humanité, et les instincts qui veulent lui substituer cet égoïsme qui fait que les individus se juxtaposent sans être unis. L'homme grandit avec la générosité qu'il déploie dans cette lutte qui est un devoir pour lui. Sa nature lui offre une heureuse disposition qui le soutient dans ses efforts. Vous le savez, nous nous attachons avec ardeur aux idées et aux personnes pour lesquelles nous avons souffert. Ainsi la tendresse maternelle s'accroît par sa sollicitude, et nous nous passionnons pour nos croyances si elles sont persécutées. Les sacrifices que nous faisons à l'humanité doivent donc raviver notre amour pour nos frères.

L'esprit, dans l'exercice de son activité, perçoit les objets, les compare, constate les analogies et les contrastes, saisit le rapport des moyens à la fin, de l'étude des effets s'élève jusqu'à la cause, et parvient enfin à la découverte des lois qui régissent le monde physique et le monde moral. Ces opérations qui produisent la connaissance humaine, supposent nécessairement l'attention. Or, l'attention plus ou moins longue, plus ou moins pénible, suivant la diversité des objets que l'esprit veut connaître, est toujours un effort. En effet, par elle, le *moi* se replie sur lui-même, impose à l'esprit le sujet qu'il doit examiner, et détermine la durée et le mode de l'examen. La connaissance humaine est donc acquise par le travail de l'esprit, et les fruits de ce travail n'arrivent à une maturité parfaite que lorsqu'ils ont été fécondés par une longue réflexion. Des inspirations soudaines, il est vrai, illuminent quelquefois l'intelligence ; mais ces révélations sont une grâce qui a été longtemps sollicitée par l'attention, cette prière de l'âme qui a soif de la vérité. La prière est enfin exaucée, et la patience du génie obtient sa récompense. Les facultés intellectuelles se développent donc par l'exercice, elles s'affaiblissent et s'émoussent lorsqu'elles restent dans l'inaction.

L'empire de soi et l'amour du bien sont les deux éléments de la vie morale. Par le premier, l'homme exerce une puissance sur ses facultés. Le second est l'élan généreux de l'âme qui se porte avec dévouement vers ce qui est conforme à l'ordre, à la justice, à l'honnêteté. L'empire de soi et l'amour du bien sont en butte à des attaques vives et souvent répétées. Les passions s'efforcent de nous enlever la possession de nous mêmes, d'étouffer ou de corrompre le sens moral. Une lutte est inévitable; notre dignité et notre bonheur dépendent du succès. En effet, ébranlez l'empire de soi, il n'y a plus d'harmonie entre les facultés : elles se développent sans règle. Les unes restent inactives, les autres acquièrent une énergie désordonnée. Ainsi la sensibilité surexcitée tombe dans des aberrations, l'imagination trop exaltée s'égare, les affections trop vives sont des tourments. Pascal l'a dit : « Les qualités excessives nous sont ennemies ; nous ne les sentons plus, nous les souffrons. » Les vertus elles-mêmes doivent être tempérées les unes par les autres. Développées isolément et poussées à l'extrême, elles dégénèrent en défauts.

Supposez que le sens moral soit altéré ou affaibli, l'empire de soi n'est plus qu'un instrument aveugle dirigé par un guide impuissant ou trompeur. La dignité de l'homme exige donc qu'il conserve dans toute sa pureté l'amour du bien, et qu'il possède la force de l'âme, cette fermeté courageuse qui ne recule point devant les difficultés et persévère dans la résistance. Cependant sa vie morale peut recevoir des atteintes plus ou moins graves : car la volonté succombe quelquefois dans la lutte du bien et du mal. Une expiation personnelle est alors nécessaire : elle s'opère par la souffrance. L'homme la trouve dans le repentir ; les individus se réhabilitent par cette douleur, les peuples se régénèrent par les sacrifices.

Le sentiment religieux nous fait espérer, après un séjour passager sur cette terre, une autre existence au-delà du tombeau. Les tendances du sentiment religieux et de la sensibilité physique se heurtent et se combattent. Les unes nous tournent vers la beauté éternelle, les autres nous poussent vers les plaisirs du corps. Aussi, lorsque l'âme prend son essor vers le séjour invisible, ses ailes alourdies par les organes retombent bientôt vers la terre. L'intelligence infinie est le soleil du monde intelligible, les yeux de l'âme seule peuvent le contempler. Mais, observe Platon « cette contemplation prolongée ici-bas n'est pas sans danger pour elle. »

Souvent les penchants du corps sont exorbitants ; quelquefois le sentiment religieux menace de tout absorber. L'âme doit réprimer ces diverses tentatives d'usurpation. Elle tient les rênes, et elle doit diriger ses facultés de telle sorte que les justes exigences des sens et les besoins légitimes du sentiment religieux soient également satisfaits. Concluons : l'effort, le sacrifice, telle est la loi du développement de nos facultés.

Nous venons de rechercher le but et la loi du développement de nos facultés. Nous nous sommes livrés à cette étude avec les lumières de la raison et les inspirations de la conscience.

Gardons-nous, sous prétexte de rehausser l'éclat des lumières surnaturelles, de condamner à une impuissance absolue nos facultés intellectuelles et morales. La conscience et la raison sont des guides que Dieu nous a donnés. Une révélation extérieure suppose l'autorité des idées du vrai et du bien vivantes dans les profondeurs de notre nature. Pourrions-nous adhérer avec confiance à cette révélation, si nous ne trouvions en nous-mêmes la croyance à un Être infini, inaccessible au mensonge et à l'erreur? N'est-il pas vrai que nous appliquons les règles de la critique lorsque nous discutons les faits qui sont le fondement du Christianisme? Et quand cette religion sainte nous instruit sur notre origine, notre nature, nos devoirs, notre destinée, si nous sommes saisis d'admiration et profondément émus, n'est-ce point parce que ses enseignements ont un écho dans l'âme? Cette harmonie nous frappe, et nous écoutons avec un respect égal la voix du dehors et la voix intérieure. Nous sentons qu'elles viennent du Ciel toutes les deux. C'est en prêtant l'oreille aux accents de la voix intérieure, que Bossuet et Fénelon composèrent deux chefs-d'œuvre, deux hymnes en l'honneur de la divinité. Mais, pour être justes, il faut proclamer hautement les bienfaits du Christianisme. Le Dieu de la raison ne parle pas au cœur comme le Dieu de l'Évangile. L'espérance de l'immortalité que nous donnent les pressentiments de la conscience et les conjectures de la raison, devient une certitude complète quand elle est confirmée par les promesses positives de la religion chrétienne. Cette révélation nous dispense d'un examen long, difficile, au-dessus de l'intelligence du plus grand nombre, et néanmoins nécessaire pour dégager la vérité renfermée dans les divers systèmes qui ont été conçus pour expliquer le mystère de notre origine, l'énigme de la vie, et pour découvrir le secret de notre destinée.

L'Évangile est une philosophie divine et la seule vraiment populaire. Il n'ambitionne point de refaire ici-bas l'humanité; il se propose seulement de la rendre meilleure, de la secourir, de la consoler. On lui fait violence quand, par un abus du langage, on veut faire sortir de son sein des principes qui n'y sont pas et qu'il repousse. Il sait que les inégalités naturelles, les maladies et les passions ne seront jamais bannies de la terre ; et il prêche la résignation qui prévient le désespoir, la prière et le repentir qui soutiennent et purifient, la charité supérieure à la bienfaisance, la charité qui élève celui qui reçoit jusqu'à l'identifier avec Dieu même, et fait bénir la Providence parmi les hommes, en attendant qu'elle se justifie pleinement à leurs yeux dans une autre existence.

La charité, le dévouement, l'amour, c'est l'âme du Christianisme ; c'est le baume qu'il répand sur les plaies de l'humanité ; c'est le charme par lequel il l'attire. Cette toute-puissance du dévouement chrétien, nous l'avons vue dans des jours de douloureuse mémoire, lorsqu'un bon pasteur est venu avec simplicité et avec joie offrir sa vie pour protéger les jours de ses ouailles, et s'est montré, au moment suprême, absorbé par deux sentiments : la crainte de la gloire, et des vœux pour que son sang fût le dernier versé.

Jeunes hommes, l'avenir est à vous. C'est vous qui devez développer les idées qui seront exprimées dans les lois et passeront dans les mœurs. Vous vous rappellerez que l'humanité n'est heureuse que lorsqu'elle se perfectionne, et que son perfectionnement est une conquête, le prix de nobles efforts. Croyez-le bien, les dévouements sublimes à l'humanité sont inspirés par le Christianisme, et songez que la France semble avoir reçu le privilége d'en donner l'exemple à l'univers.

Principales dates de la vie de l'Abbé FLOTTES.

Jean-Baptiste-Marcel FLOTTES est né à Montpellier le 16 janvier 1789, du mariage de Pierre Flottes, sous-chef au bureau militaire du département, et de Françoise Martin.

Après les premières études, il entre, en 1801, à l'École centrale, où il termine son cours d'humanités, en juillet 1804.

En 1802, il fait sa première communion dans une maison particulière. Bientôt après, il est mis sous la direction de M. Théron, ancien jésuite, curé de Notre-Dame depuis le rétablissement du culte jusqu'en 1812, époque de sa mort.

En décembre 1804, il commence à étudier la théologie, sous M. Théron, et sous M. Crespin qui devint un peu plus tard curé de la paroisse Saint-Roch.

Le 18 mars 1809, il est admis à la tonsure, par Mgr M.-N Fournier, évêque de Montpellier; il reçoit les ordres mineurs le 19 mars 1811.

Entré au séminaire le 31 octobre 1813, il est immédiatement nommé professeur de théologie dogmatique, et le 13, il est ordonné sous-diacre.

Le 5 mars 1814, il est promu au diaconat, et à la prêtrise le 26.

Il continue à professer la théologie au séminaire, depuis 1813 jusqu'au mois d'octobre 1817.

Le 8 février 1815, il est nommé aumônier provisoire du Collége royal de Montpellier, sans renoncer à sa chaire de théologie.

Le 13, Mgr Fournier lui confère le titre de chanoine honoraire de sa Cathédrale.

Le 4 avril 1816, il est institué aumônier titulaire du Collége royal.

Chargé de la chaire de philosophie au même Collége royal de Montpellier, le 2 octobre 1817.

Docteur ès-lettres par collation de grade, le 8 juin 1818.

Officier de l'Université, le 5 juillet 1823.

Professeur titulaire de philosophie au Collége royal, le 6 octobre 1825.

En 1830, à la suite d'une grave maladie, il se démet de son titre d'aumônier du Collége royal.

Nommé par Mgr Thibault, évêque de Montpellier, promoteur diocésain près son officialité, le 19 juin 1836.

Professeur de philosophie à la Faculté des lettres de Montpellier, le 12 octobre 1838, et installé en cette qualité, le 5 janvier 1839.

Vicaire-général de Mgr l'évêque Thibault, depuis le 20 février 1844 jusqu'au 19 mai 1848.

Chevalier de la Légion d'honneur, par ordonnance royale du 25 avril 1847.

Admis à la retraite, sur sa demande, et nommé professeur honoraire de la Faculté des Lettres de Montpellier, le 8 mai 1857.

Décédé le 25 décembre 1864, et inhumé le 27, dans le cimetière du séminaire de Montpellier.

Principales publications de l'Abbé FLOTTES.

L'abbé Flottes a laissé parmi ses papiers, comme une sorte de testament littéraire, la notice qui suit :

« Plusieurs fois, dans les Journaux et dans les Recueils bibliographiques, j'ai été confondu avec M. J.-S. Flotte, qui, comme moi, a été professeur de philosophie dans l'Université. On m'a attribué des ouvrages dont il est l'auteur, et on a attribué à ce dernier des écrits qui sont de moi. Mon intention est de rectifier ces erreurs par la publication, après ma mort, de la note suivante :

Jean-Baptiste-Marcel Flottes, né à Montpellier le 16 janvier 1789, a fait ses études littéraires et scientifiques à l'École centrale de l'Hérault. Il a étudié la théologie sous la direction de deux curés de Montpellier. Son cours théologique était terminé, lorsque le Séminaire diocésain fut organisé. Il y a été, pendant quatre ans, professeur de théologie. Il a été aussi aumônier et professeur de philosophie dans le Collège royal et à la Faculté des Lettres de Montpellier. Voici la liste exacte des écrits qu'il a publiés :

I. Introduction aux ouvrages de Voltaire, par un homme du monde qui a lu avec fruit ses ouvrages immortels. In-12, Montpellier, 1816. *L'Ami de la religion et du roi* a parlé de cette Introduction dans l'automne de 1816.

II. Errata du 3ᵉ volume de l'*Essai sur l'indifférence en*

matière de religion, ou Observations critiques adressées à M. l'abbé de la Mennais, par un ancien professeur de théologie. In-8°, Montpellier, 1823. — Cet Errata a donné lieu à une lettre que j'ai fait insérer dans le *Journal des Débats*, le 13 mai 1824.

III. M. l'abbé F. de la Mennais réfuté par les autorités mêmes qu'il invoque, ou Observations critiques sur la *Défense* de cet illustre écrivain ; par M. l'abbé Flottes, etc. In-8°, Montpellier, 1824.

IV. M. l'abbé F. de la Mennais réfuté par les autorités mêmes qu'il invoque, ou Observations critiques sur le 3e et le 4e volume de l'*Essai*, pour faire suite aux Observations critiques sur la *Défense;* par M. l'abbé Flottes, etc. In-8°, Montpellier, 1825.

V. M. l'abbé F. de la Mennais réfuté par M. le comte J. de Maistre, ou Supplément aux Observations critiques sur la *Défense* et sur les 3e et 4e volumes de l'*Essai;* par M. l'abbé Flottes, etc. In-8°, Montpellier, 1826.

VI. Aphorismatibus in quatuor articulos Declarationis anno 1682 editæ, ad juniores theologos, auctore F. D. L. M., alia opponuntur aphorismata, auctore J.-B.-M. F. In-8°, Montpellier, 1826.

VII. Exposition de la doctrine de Benoît XIV sur le prêt, sur l'usure, et sur divers contrats par lesquels on fait valoir l'argent. In-8°, Montpellier, 1826.

VIII. Observations sur la brochure de M. l'abbé F. de la Mennais intitulée : *Des progrès de la Révolution et de la guerre contre l'Église;* par M. l'abbé Flottes, etc. In-8°, Montpellier, 1829.

IX. M. l'abbé Flottes a fourni à l'*Encyclopédie moderne* les articles suivants : Éternité, Évangile, Évocation, Excommunication, Expiation, Fêtes, Hérésies, Hiérarchie, Idolâtrie, Indulgences, Jubilé, Légendes, Liturgie, Livres saints, Martyrs, Messie, Miracles, Saints-Pères, Prophéties, Résurrection, Révélation, Saints, Sacrements, Sacrifice, Théologie.

X. Des attaques dirigées contre les études philosophiques : Discours prononcé le 4 janvier 1839, à l'ouverture du cours de philosophie de la Faculté des Lettres, etc. In-8°, Montpellier, 1839.

XI. De l'esprit philosophique : Discours prononcé le 25 novembre 1839, à l'ouverture du cours de philosophie de la Faculté des Lettres, etc. In-8°, Montpellier, 1839.

XII. M. l'abbé Flottes a fourni à l'*Encyclopédie du XIX° siècle* les articles : Saint Anselme, Virginité, Tradition, Trinité, etc.

XIII. M. l'abbé Flottes a fourni plusieurs articles à divers recueils périodiques, notamment aux *Tablettes du clergé* et à la *France catholique* de 1825.

XIV. Études sur Pascal. In-8°, Montpellier, 1846.

XV. Du but et de la loi du développement de nos facultés : Discours prononcé le 6 novembre 1848, à la rentrée solennelle des Facultés. In-8°, Montpellier, 1848.

XVI. Leçons sur les Sources de la connaissance humaine, analysées dans le *Courrier du Midi*, par M. Loubers, censeur au lycée de Montpellier. 1839-1840-1841.

XVII. Précis analytique des leçons du premier semestre de 1843, par M. Léonard Raichlen, docteur de Genève. In-8°, Montpellier, 1843.

XVIII. De l'habitude. Compte-rendu des leçons de 1844, par le docteur Bordes-Pagès. In-8°, Montpellier, 1845.

XIX. Leçons de philosophie recueillies pendant les années scolaires de 1848-1849, 1849-1850, 1850-1851. Trois brochures in-8°, Béziers.

XX. Allocution adressée aux détenus de la prison départementale de Montpellier, le 29 août 1844. In-8°, Montpellier, 1844. »

Depuis la rédaction de cette notice, l'abbé Flottes a continué d'écrire des articles pour l'*Encyclopédie du XIXe siècle ;* en voici l'énumération complète :

Anselme (S.) ; — Cyrille d'Alexandrie (S.) ; — Cyrille de Jérusalem (S.) ; — Culte ; — Croyance ; — Controverse ; — Duperron (Cardinal) ; — Dualisme ; — Dieu ; — Démonologie ; — Être ; — Esprit ; — Espace ; — Étendue ; — Émanation ; Eucharistie ; — Exorcisme ; — Frayssinous ; — Gassendi ; — Gnostiques ; — Hume ; — Ignorance ; — Immensité ; — Immolation ; — Immortalité ; — Immutabilité ; — Impénitence ; — Imperfection ; — Impossibilité ; — Incarnation ; — Indifférence ; — Infidèle ; — Infini ; — Innocence ; — Intelligence ; Intention ; — Intercession ; — Intérieure (Vie) ; — Intrusion ; — Invocation ; — Irrégularité ; — Jérôme de Prague ; — Joie ; — Juridiction canonique ; — Justice ; — Malebranche ; — Marie (Ste-Vierge) ; — Martin de Tours (S.) ; — Matérialisme ; — Métaphysique ; — Millénaires ; — Mœurs[1] ; — Molinos ; — Mono-

---

[1] L'article *Mœurs*, suivi par erreur de la signature *Laurentie*, est de l'abbé Flottes. Il avait, en outre, rédigé un article qu'il fit imprimer séparément sur la Théurgie, cette sorte de religion philosophique d'Ammonius Saccas, de Plotin, Porphyre, Jamblique, etc., dont le but était de justifier le paganisme en tournant ses fables en allégories, et de combattre le christianisme par une fausse et superstitieuse imitation de ses dogmes, de ses rites sacrés et de ses miracles.

théistes; — Montan et Montanistes; — Morale; — Mortification; — Paganisme; — Pascal; — Péché; — Pélagianisme; Platon; — Platonisme; — Possessions; — Préjugés; — Prédestination; — Prières; — Procession; — Purgatoire, — Rationalisme; — Raison; — Raisonnement; — Sociniens; — Spinosa; — Témoignage; — Trinité; — Tradition; — Théosophes; — Théocratie; — Virginité.

L'abbé Flottes a aussi complété l'ensemble de ses leçons de philosophie sur le Perfectionnement moral de l'humanité, par l'émission, en 1853, d'un nouveau fascicule de 115 pages, résumant son cours des années scolaires 1851-1852 et 1852-1853. Il a ensuite donné un dernier volume de leçons, pour les années 1853-1854, 1854-1855, 1855-1856, où il traite de nos Facultés intellectuelles et de leur développement, du Sens moral et du Sens religieux, de la Constitution morale de l'humanité (702 pages in-8°). Béziers, Granié, 1855, 1856 et 1858.

Il a enfin publié, en 1857, une *Étude* (de v-336 pages in-8°, avec portrait lithographié) *sur Daniel Huet, évêque d'Avranches*, et en 1861 ses *Études sur saint Augustin, son génie, son âme, sa philosophie*. In-8° de xi-655 pages, avec portrait lithographié. Montpellier, Félix Seguin, 1861.

ERRATA.

Page 20, ligne 1 : de la capitale; *lisez*, influent.
Même page, ligne 11 : *supprimez*, de la capitale.
Page 219, ligne 2 : devraient; *lisez*, devaient.
Page 248, ligne 7 : une négation; *lisez*, une pure négation.
Page 256, ligne 21 : 22 décembre; *lisez*, 21 décembre.

TABLE DES MATIÈRES

Préface.................................... v

Chapitre premier. Naissance, éducation, premiers essais littéraires de l'abbé Flottes. — Ses rapports avec le Dr F. Bérard. — Sa nomination à une chaire de théologie du séminaire diocésain. — Son ordination sacerdotale........... 1

Chapitre II. L'abbé Flottes, aumônier et professeur de philosophie au lycée de Montpellier. — Son zèle et sa prudence dans l'exercice du saint ministère. — Ses prédications........... 42

Chapitre III. Polémique contre l'abbé de Lamennais... 55

Chapitre IV. Continuation de la polémique contre l'abbé de Lamennais........................ 76

Chapitre V. Coopération à l'Encyclopédie moderne et à l'Encyclopédie du xixe siècle. — Maladie grave. — Érection d'une Faculté des lettres à Montpellier. — L'abbé Flottes, professeur de philosophie à cette Faculté. — Heureux résultats de son enseignement............ 95

Chapitre VI. L'abbé Flottes, vicaire-général. — Décoration de la Légion d'honneur ; ses efforts pour décliner cette distinction. — Démission du titre et des fonctions de vicaire-général. — Discours à la rentrée solennelle des Facultés, le 6 novembre 1848.— Témoignages honorables rendus à son enseignement..... 115

Chapitre VII. L'abbé Flottes se démet des fonctions de professeur à la Faculté des lettres. — Divers écrits donnés au public.— Études sur Pascal. 136

Chapitre VIII. Succès des Études sur Pascal. — Jugement sur les Provinciales.............. 164

Chapitre IX. Étude sur Huet.................. 178

Chapitre X. Étude sur Huet (suite)............. 201

Chapitre XI. Étude sur Saint Augustin.— Accueil fait à cette publication........................ 216

Chapitre XII. Examen critique des Études sur saint Augustin........................... 235

Chapitre XIII. Traduction des Soliloques de saint Augustin.— Dernière maladie et mort de l'abbé Flottes. — Ses funérailles. — Son caractère, ses vertus, ses principes............... 253

APPENDICE. 281

Discours sur le but et la loi du développement de nos facultés................................ 283
Principales dates de la vie de l'abbé Flottes.......... 299
Principales publications de l'abbé Flottes........... 301

EN VENTE CHEZ LES MÊMES LIBRAIRES

Principales Publications de M. l'abbé FLOTTES.

Errata du 8ᵉ volume de l'*Essai sur l'indifférence en matière de religion*, etc. In-8°, 1823.

M. l'abbé F. de Lamennais réfuté par les autorités mêmes qu'il invoque, observations critiques sur la *Défense*, etc. In-8°, 1824.

M. l'abbé F. de Lamennais réfuté par les autorités mêmes qu'il invoque, observations critiques sur le 3ᵉ et sur le 4ᵉ volume de l'*Essai*, etc. In-8°, 1825.

M. l'abbé F. de Lamennais réfuté par M. le comte de Maistre, etc. In-8°, 1826.

Observations sur la brochure de M. l'abbé F. de Lamennais, intitulée : *Des progrès de la Révolution*, etc. In-8°, 1829.

Études sur Pascal. In-8°, 1846.
    Ces Études ont été autorisées par l'Université.

Études sur Daniel Huet, avec son portrait. In-8°, 1857.

Nouvel éclaircissement d'un fait concernant les Provinciales, pour faire suite aux *Études sur Pascal*. In-8°, 1858.

Études sur saint Augustin, son génie, son âme, sa philosophie, avec son portrait. In-8°, 1861.

De la pluralité des mondes, par Émile FILACHOU, docteur ès-lettres. 1 vol. in-12 broché : 1 fr. 50 c.

Aperçus fondamentaux de Philosophie mathématique, par É. FILACHOU, docteur ès-lettres. 1 vol. in-8° broché : 4 fr.

Vue philosophique de la chute de l'humanité en Adam, par l'abbé GAY. 1 vol. in-8° broché : 6 fr.

Études sur l'ordre naturel et sur l'ordre surnaturel, par l'abbé CROS. 1 vol. in-8° broché : 6 fr.

Armorial de la Noblesse du Languedoc, généralité de Montpellier, Bas-Languedoc, Gévaudan, Vélay, Vivarais, par Louis de LA ROQUE, avocat à la Cour impériale de Paris. 2 vol. grand in-8°, ornés d'environ 400 blasons, broché : 35 fr.

MONTPELLIER, TYP. DE BOEHM ET FILS.

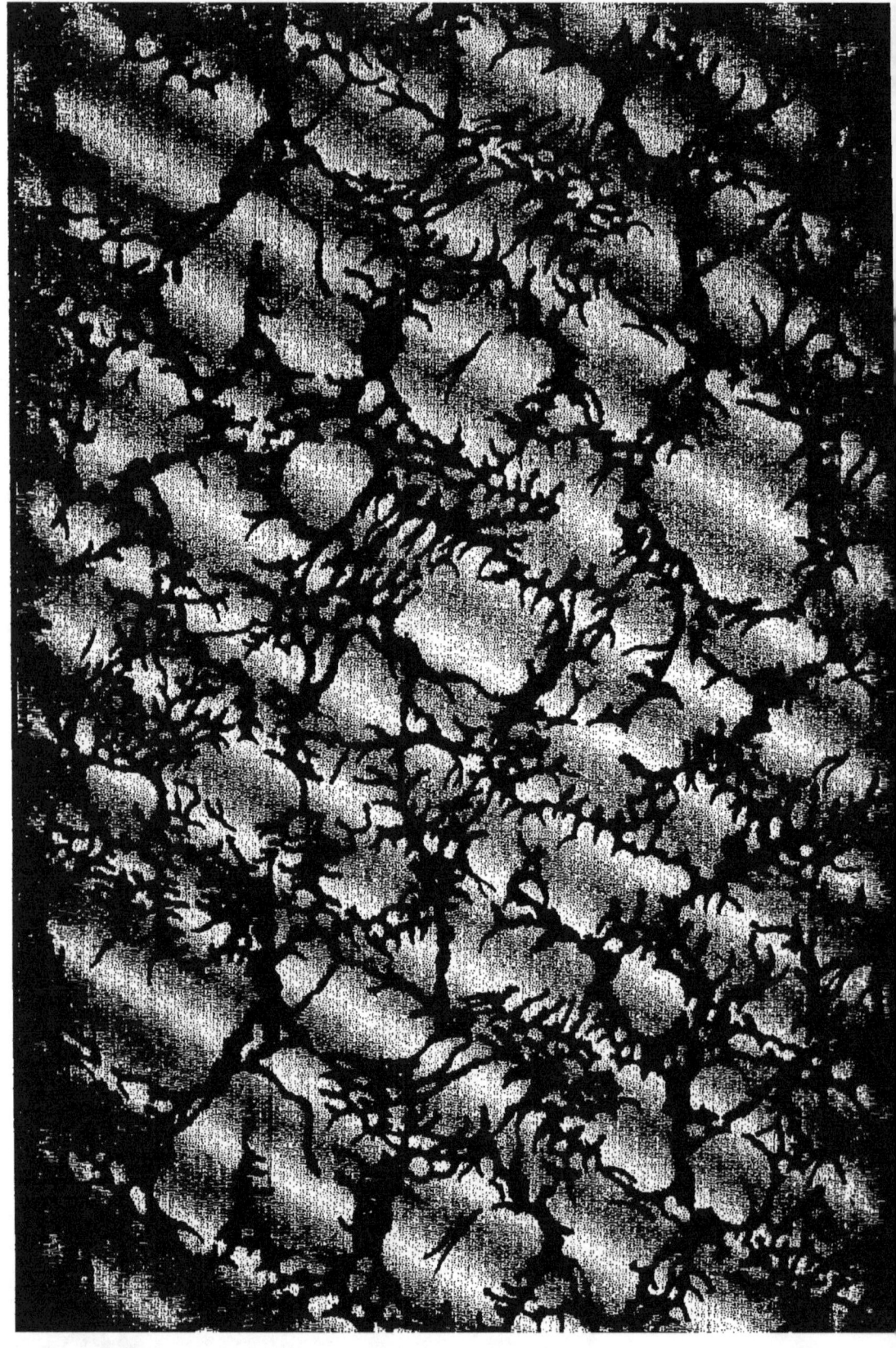

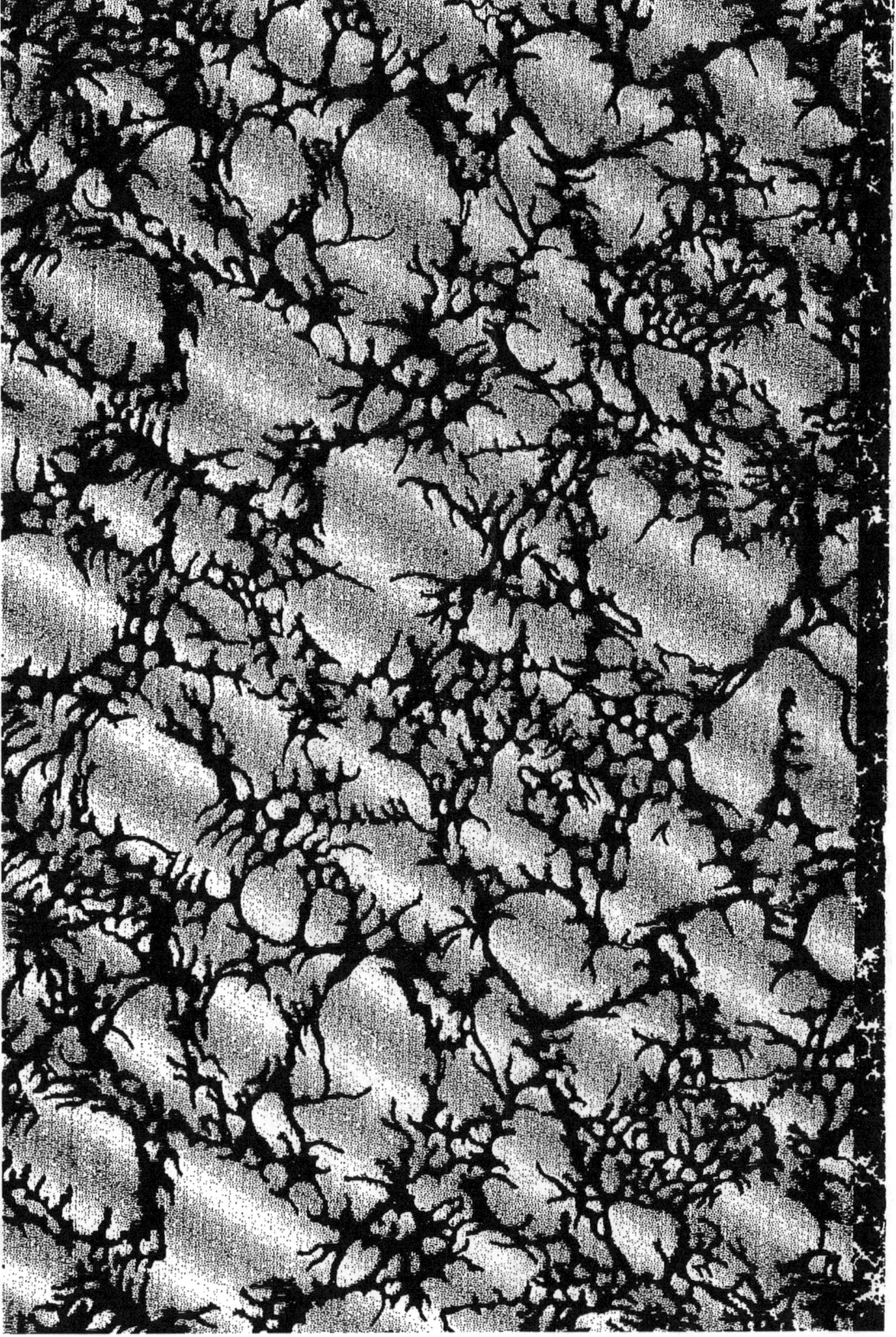